JN070197

The Digital Transformation of Public Relations:
Innovate Policy Communication with Digital Technology.

広報DX

次世代の社会を担う 情報発信の新指針

衆議院議員　前内閣総理大臣補佐官

秋葉賢也

Akiba Kenya

LINE／政府CIO補佐官 砂金信一郎

ヤフー メディア チーフエディター 岡田聡

東海大学文化社会学部 広報メディア学科 教授 河井孝仁

インターブランドジャパン エグゼクティブディレクター 薄阿佐子

慶應義塾大学 政策メディア研究科 特任教授 田代光輝

博報堂 顧問 立谷光太郎

プリファードネットワークス 富永朋信

宣伝会議『広報会議』編集長 森下郁恵

QuizKnock CEO 伊沢拓司

地方PR機構 代表理事 殿村美樹

PRDESIGN JAPAN 代表取締役 佐久間智之

宣伝会議

“誰ひとり取り残さない”

～No one left behind～

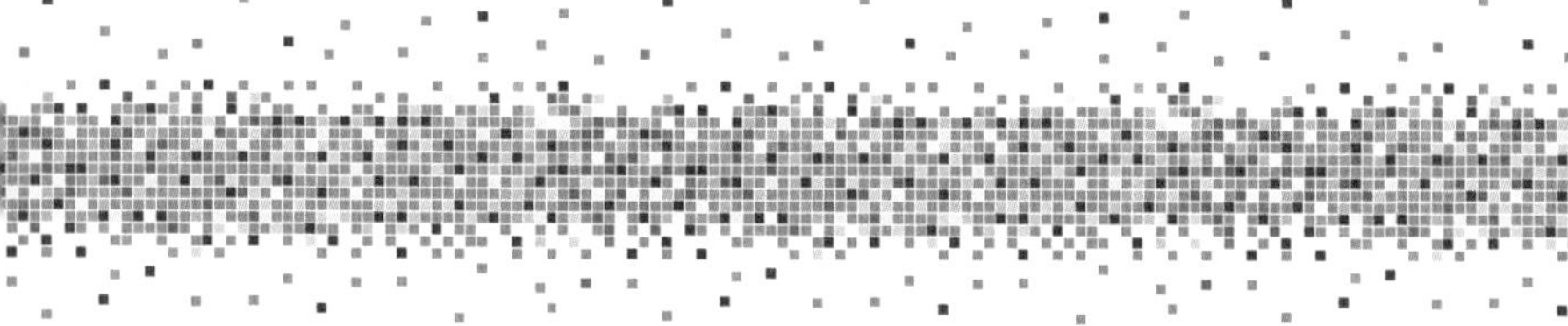

はじめに

秋葉　賢也

新型コロナウイルスの蔓延で、日本が、世界が、大きく揺れた2020年に「全世代型社会保障改革に関する広報の在り方会議」を開きました。その名の通り、時期を同じくして進んでいた「全世代型社会保障検討会議」に関連し、全世代型社会保障の趣旨を国民一人ひとりのライフスタイルやライフステージに合わせてよりわかりやすく、丁寧に伝えるための広報のあり方を探ろうと考え、立ち上げた会議です。

なぜ、こうした会議が必要と考えたか。政策にまつわる従来の広報は、どうすれば正確な情報が届くかという点に終始するものでした。しかし、正確な情報を届けるというのは手段です。では目的は何でしょうか。それは、誰一人取り残さず、きちんと制度を活用してもらい、その便益を享受してほしい、ということにほかなりません。

商品やサービスについて正確な情報を届け、正しく使用してもらい、機能を生かしていただく。「商品やサービスをきちんと使ってもらいさえすれば、その良さは必ず実感いただける」――表現は異なれど、民間企業の方々であれば、同じ思いを有しているものと推察します。

この点において、行政も民間も、違いはありません。政策、制度もそのように考えているのです。国や自治体、規模の大小こそあれ、国民もしくは住民の公益に適う政策、制度を考え、実現にこぎつけています。ニーズに応えたい、という理想は同じであり、利用いただければ皆さんの助けになる。そう考えているのです。しかし、知られない。これは、官民を問わず、私たちの前に立ちはだかる課題と言えるのではないでしょうか。

冒頭に申し上げたとおり、本書の背景には〈社会保障〉がありました。しかしながら「在り方会議」を通じて見えてきたのは、前述のような、より本質的なコミュニケーション上の課題でした。そこで本書は、会議に参加いただいた各分野の専門家の方々が、それぞれの視座から、課題を解決する考え方、知見をご披露いただく構成としました。そのときに、大きな助けとなるものとして挙げられたのが、「デジタル技術」です。

本書のタイトルには「デジタルトランスフォーメーション（DX）」と掲げました。もちろん、「デジタル化」とは異なる意味と考えます。古くはレコードからCDへの変化もデジタル化でした。昨今ではインターネットによる音楽配信が進んでいます。そのように音楽がデジタル化したことで私たちの聴取体験は変化しました。記録メディアを持ち運ばずとも、非常に膨大で多様な音楽コンテンツにアクセスできるようになったのです。それを前提としたビジネスが生まれ、市場が広がっています。

情報コミュニケーション技術（ＩＣＴ）が社会に浸透することで、経済や社会に変革がもたらされる。これがＤＸです。そして経済や社会に変革が起きるならば、必ず私たち国民一人ひとりの慣習や振る舞いにも変化が生じてきます。

「在り方会議」を進め、本書の編集、制作を進める過程で、ひとつ大きな変化がありました。２０２１年に設置されるデジタル庁です。同庁では、デジタル技術をいっそう活用することで、（１）情報・知識を世界的規模で入手・共有・発信する（２）多様で大量の情報を、適正かつ効果的に活用するといった手段を介し、あらゆる分野において、創造的かつ活力ある発展を可能とする社会を実現する、という使命が課せられています。

「あらゆる分野における創造的かつ活力ある発展が可能となる社会」、これを実現するには社会を構成する、あらゆるカテゴリーにおける改革が必要です。本書の大テーマである広報においても、その業務に携わる方や、広報業務とかかわりのある部署などにおける働き方、業務慣習が変革を迎えてこそ、広報のＤＸがなされたと言えます。

かつて、私が師事した松下幸之助さんは、もしご自身が街頭演説をされるとしたら「まず皿回しをして、皿を落として割って注目させる」と言われたことがあります。

それを受けて私は、「一般的に選挙運動とはこういうもの」という思い込みを捨て、選挙カーではなく、自転車に乗ったり、息子たちと一緒に撮った写真でポスターを作ったりと、固定観念にしばられず、工夫を凝らしてきました。

限界や限度、規制、そういうものがあることは十分承知です。それをデジタル庁では取り払い、日本のデジタル化を図る司令塔としての役目を果たそうとしています。しかし、司令塔だけで事が成された試しは洋の東西、古今を問わず、ありません。実際に変革を担うのは、現場の一人ひとり、私たちなのです。

「在り方会議」、そして本書では、非常に質の高い知見を集められたのではないかと自負します。これを我々だけの財産に留めず、読者の皆さんと共有し、〈デジタル後進国〉などと揶揄される現状を打破するために一石を投じたい。そう考えています。

改革を阻害する「広報とはこういうものだから」という思い込みを取り払い、融通無碍に広報の業務を見つめ直し、官民を問わず、広報コミュニケーションがこれからの社会でどのようにあるべきかを考えていただく際の一助になれば幸いです。

広報DX 次世代の社会を担う情報発信の新指針

CONTENTS

PART I

〈広報〉にまつわる課題と、改革に向けた眺望

CHAPTER 1

PART II
イノベーションの加速は〈広報〉が担う

PART

〈広報DX〉のグランドデザイン

PART V

〈広報DX〉の以前・以後で変わらない本質

PART I

〈広報〉にまつわる課題と、改革に向けた眺望

The Digital Transformation of Public Relations:
Innovate Policy Communication with Digital Technology.

CHAPTER 1

行政広報の本義と、その進化における課題

東海大学文化社会学部
広報メディア学科　教授
河井 孝仁

1 広報の淵源

1-1 国民の健康や財産を守るための情報提供

行政広報と、企業広報や非営利組織における広報とは、どのように異なり、どのように重なるのか。また、進展するデジタルトランスフォーメーション（DX）は、行政広報をどのように変化させるだろうか。

冒頭から大文字の話になるが、行政広報は一定程度、その内容について憲法に前提を求めることになる。他方、企業広報を考えるとき、また、非営利組織の広報を考えるときに、

日本国憲法を直接的に前提として考えることはほとんどないはずだ。実は、この点に行政広報の特異性がある。

日本国憲法前文では「そもそも国政は、国民の厳粛な信託によるものであつて、その権威は国民に由来し、その権力は国民の代表者がこれを行使し、その福利は国民がこれを享受する。これは人類普遍の原理であり、この憲法は、かかる原理に基くものである。」と述べられている。

さらに、芦辺信喜（2019）によれば「個人はさまざまな事実や意見を知ることによって、はじめて政治に有効に参加することができる」という[1]。これは「知る権利」が参政権的な役割を演ずる理由であり、なんとなれば知る権利には「積極的に政府情報等の公開を要求することのできる権利であり、その意味で、国家の施策を求める国務請求権ないし社会権（国家による自由）としての性格をも有する点に、最も大きな特徴がある」[2]。

そして、知る権利は「表現の自由」の一端であり、憲法第二十一条にて規定されているものだ。憲法上の知る権利だけでは具体的な国の作為を求められるものではない。しかし、行政広報に期待されるものとしては、次の役割があるだろう。すなわち、国民が代表者に対し厳粛な信託を行うよう（自己統治）、そして、国民が福利を適切に享受できるよう（自己実現）、国民自身の的確な行動促進を図る役割である。そしてそのために国民は、自らが信託した国政に対し、「可視化」を期待しうる（何を可視化するかについては後に説明する）。

具体的な請求権を規定する実定法としては、「行政機関の保有する情報の公開に関する法律（情報公開法）」がある。行政文書の開示を請求する権利を定め、行政の説明責任を明らかにしている。また、知らない／知らされないことで国民の健康を損ないかねないものであることから、「医薬品、医療機器等の品質、有効性及び安全性の確保等に関する法律（薬機法）」では、その第一条の二で、「国は、この法律の目的を達成するため、医薬品等の品質、有効性及び安全性の確保、これらの使用による保健衛生上の危害の発生及び拡大の防止その他の必要な施策を策定し、及び実施しなければならない。」と定めている。改正によって国の責務をより明確にしているのは、かつての薬害問題の発生時、製薬企業や行政による情報伝達が不十分であったためだ。

1-2 情報流通の意義

片や企業はどうだろうか。基本的には憲法第二十二条が保障するように自由である（営業の自由）。しかしそこには、「公共の福祉に反しない限り」という但し書きが付く。これは経済的自由が社会活動の中で発揮されるものであり、その過程において他者の人権との衝突を避けなくてはならないという規定である。

よって企業も消費者契約法や、特定商取引法、景品表示法といった個別法において一定の規制を受ける。何を言ってもいいわけではなく、何も言わなくていいわけでもない。消費者が、消費者利益を実現するためには、事業者から商品についての情報が正確に伝わることが不可欠な上、通常、事業者のほうが消費者よりも優位にあるためである。ただし行政には個別の消費者の利益を直接に守る義務はなく、事業者を規制すると結果的に、事実上、消費者に利益がもたらされる、ということだ。

つまるところ、私たちは、知る／伝えるの相互行為の下、社会を運営していると言える。私たちは、適切な情報なくして適切な行動を取ることはできないし、他者とのかかわり＝コミュニケーションの中で生きているのだ。

私たちが幸せに生き続けるには、国政を代表者へ信託するだけでは不十分だ。人々は、多様な非営利組織や企業にも一定の役割を委ねたり、委ねられたりすることで生活している。このことを日本という地域を経営する取り組み、地域経営と考えるのであれば図1のような模式図をつくることができる。この図を吟味することで、先に述べた行政による可視化と市民の的確な行動促進という行政広報のふたつの役割が、より明らかに見えてくる。

ところで、社会保障制度においても外国人住民への一定の福祉制度が財政上措置されているように、社会を構成するのは、日本国民だけではない。このことを鑑み、以降では必要に応じ、主体的な構成員という意味で、国民ではなく市民ということばを用いたい。

2 行政による可視化

2-1 国民による的確な評価のために

まず、行政による可視化について考えてみよう。ここまで、行政による可視化という言葉を用いながら、何を可視化するのかを明らかにしてこなかった。

その答えを出すために、図1の模式図を確認しよう。最も上の枠に「市民」という文字がある。市民のうち国民は国政を信託する権限を持つ。

信託とは白紙委任ではない。国民は、信託に基づいた行動が的確に行われているかを十分に評価することが求められる。市民から行政に伸びている双方向矢印はそのことを意味

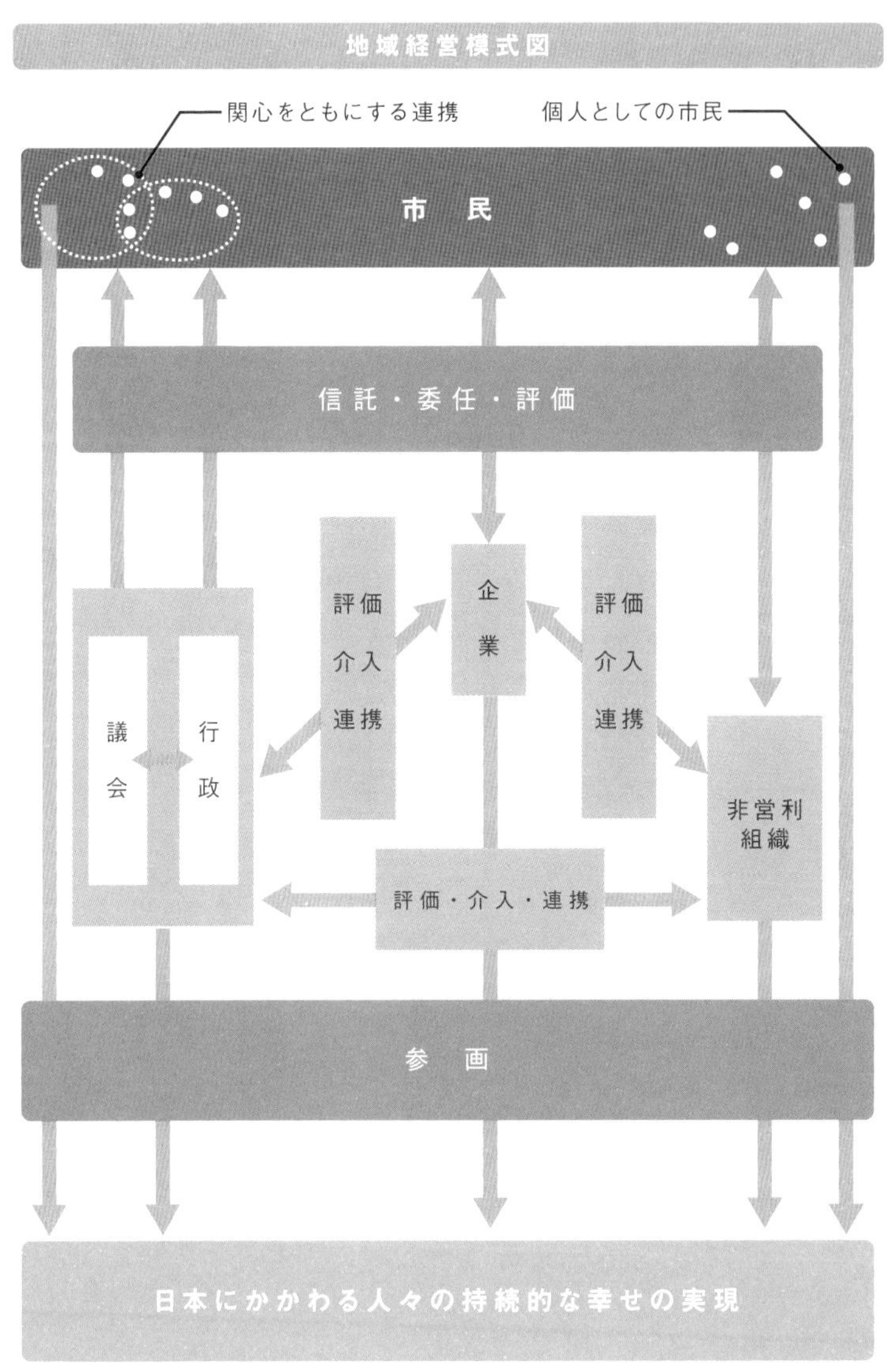
地域経営模式図
関心をともにする連携
個人としての市民
市 民
信託・委任・評価
評価
介入
連携
企
業
評価
介入
連携
議
会
行
政
非営利
組織
評価・介入・連携
参 画
日本にかかわる人々の持続的な幸せの実現

図1

する。

国民による的確な評価のために必要なことが、行政の可視化だ。行政による可視化とは何を可視化するのか。その最初の答えは、行政による行政自身の可視化ということになる。しかし、答えはこれだけではない。

図1の模式図の中段には、行政だけではなく非営利組織と企業がある。先に述べたように、人々は、多様な非営利組織や企業にも一定の役割を委ねることで生活している。

ただし、非営利組織や企業は、日本に生きる人々の全体からの委任を受けているわけではない。あくまで一部の人々の、限定された関心について、それぞれの専門性に基づいて活動しているにとどまる。

一方で、日本国憲法に定められた議会制民主主義の下、国民の代表者である国会議員から選ばれた内閣総理大臣および内閣総理大臣が任命した国務大臣により組織される内閣は、国民全体の信託を受けた存在であり、日本の行政を担う。

このことは、行政広報が行政自身の可視化にとどまらず、日本に生きる人々が幸せを実現するために、限定的な活動を委ねている非営利組織や企業の可視化についても、相当の役割を持つことが求められることを意味するだろう。

行政による可視化とは何を可視化するのか。二つめの答えは、行政による、市民からの〈委任〉を受けた存在である非営利組織や企業の取り組みの、可視化になる。

2-2 公文書の管理と活用の困難さ

これらふたつの答えについて、さらに深く掘り下げていこう。

最初の、行政による行政自身の可視化。この点は企業広報や非営利組織による広報でも同様な部分がある。多くの株式会社は四半期利益を公開し、少なくない企業がCSR報告書を発行している。また、非営利組織も活動報告をしている。

行政による行政自身の可視化も、自らの行動が信託に足るだけのものであることを説明するために行われなければならない。ただし、可視化の深度は、行政広報が日本国憲法に直接基づくことから、企業広報や非営利組織による広報よりも、さらに深い。

行政は、自らの活動をさまざまな媒体により明確化しようとしている。各種の白書、青書、報告書などの基礎資料が発行されている。

行政による取り組みの途中経過や結果を示す素材としての公文書が的確に保存され、必要や請求により開示可能となっていることも、行政による行政自身の可視化として、きわめて重要な要素と考えることができる。先に述べた白書、青書、報告書などの基礎資料だけでは、十分な評価が困難なことは少なくない。その不足を補うためには、素材としての公文書が的確に管理されていなければならない。

しかし、紙媒体を中心とする公文書は、物理的な劣化はもとより、保管場所の制限、探索の困難などにより、行政による行政自身の可視化としての基礎であるにもかかわらず、十分な活用が困難であったと考えられる。

2-3 公文書管理におけるDX

公文書管理におけるDXは、ここでの可視化を飛躍的に広げることにつながるはずだ。信託をした国民が行政の評価を行う際に、公文書が適切に存在すること、その公文書を適切に探索可能とするDXが求められる。

信託をした国民が行政を的確に評価するための行政広報としての、行政による行政自身の可視化は、EBPM（Evidence Based Policy Making）、つまり「証拠に基づく政策立案」という視点からも重要である。EBPMをさらに詳しく述べれば、「統計データや各種指標など、客観的エビデンス（根拠や証拠）を基にして、政策の決定や実行を効果的・効率的に行うこと」ということができるだろう。

ここでは、エビデンスとして可能な限りの定量化が求められ、さらにその政策の結果についても、できる限りの定量化が必要になるはずだ。それによって、国民が行政を評価することが可能になる。ここでもDXは大きな力を発揮するであろう。

このことに関して、ダッシュボードという発想が有効になる。ある政策の束としての取り組みの結果生まれたさまざまな状況を、定量的に一覧化したダッシュボードに表示することが、EBPMにとっても、市民による行政評価にとっても重要だ。

新型コロナウイルス感染症対策においては、ダッシュボードによる可視化が積極的に行われた。特筆すべきこととして、このダッシュボードの作成にシビックテックと呼ばれる市民による取り組みがあったという。なぜ、市民がかかわることができたのか、そこにはオープンデータという考え方と、それに基づく実践があったからだ。

オープンデータとは、誰でも自由に入手や使用、加工、再配布などができるよう広く一般に公開されているデータを指す。行政が保有するデータをオープンデータ化することで、さまざまな用途にデータが利用できるようになる。特に、デジタル利用するために、コンピュータが読み取れる形式でオープンにすることが求められる。さらに、行政のオープンデータをカタログ化することで、より利用しやすくなる。これは、既に政府や自治体で取り組まれていることだが、より一層のＤＸの進展を図ることで、行政による可視化を実現することにつながる。

行政広報の一環としての行政による可視化の2つめの視点は、行政による、市民からの委任を受けた存在である非営利組織や企業の取り組みの、可視化だった。行政は、国民の一般的な信託を受けた存在として、法的に認められた範囲で収集した非営利組織や企業の取り組みについての情報を、市民に可視化することが求められると考えられるからだ。市民が自らの幸せを実現するために非営利組織や企業に委任していることが、的確に実現されているのかを、非営利組織や企業自身が明らかにすることが必要なことは当然である。

それに加えて、行政は、それらの情報がより有効に活用されるため、一覧化して比較可能にするなどによる可視化を行うことが必要になるだろう。非営利組織や企業の持つ情報についても、可能な範囲でのオープンデータ化を促し、それらをダッシュボードに組み込むことで、市民は、行政・非営利組織・企業に行っている信託、委任が的確に実現されているかを評価できるようになる。こうした収集および集積を適切に実現するためにもＤＸの進捗が求められる。

行政広報と、企業広報や非営利組織による広報の相違点として、自身にとどまらない網羅的な可視化の支援を挙げることもできるだろう。行政広報はそのような責務を持っていることを十分に意識する必要がある。

3 行動促進としての広報

3-1 社会資源の適切な利用

図1の模式図をあらためて確認しよう。

市民の枠から下段にある、「日本にかかわる人々の持続的な幸せの実現」という枠に双方向矢印が伸びている。市民が幸せを実現するためには、行政や企業、非営利組織が構築・提供した社会資源を適切に活用することが必要になる。

本来は利用できるにもかかわらず、それらの社会資源を知らないために十分に活用できない状況では、幸せを実現することが難しい。あるいは社会資源の存在を知っていても、自らの問題として適切に理解できていなければ同様なことが起こるだろう。さらに、その社会資源を十分に信頼してもらう手立てや、実際の行動につながるきっかけが用意されていなければ、社会資源の利用は期待できないことになる。

社会資源は構築、提供されれば、それだけで市民の幸せが実現されるのではなく、行政広報により適切な利用が促されてこそ、一人ひとりの幸せが可能になる。

模式図の別の部分を見てみよう。

市民と行政・企業・非営利組織の間にある矢印は双方向矢印になっている。つまり、国民には、自らの幸せの実現につながる取り組みについて行政への的確な信託を行うとともに、行政を評価する積極的な行動が促される。これは市民と企業、非営利組織の間においても同様だ。

ほとんどの場合、自らの幸せは人々の多様な関係のなかで実現される。そのことを考えれば、市民に、自らに直接かかわる施策やサービスだけではなく、日本という国にどのような課題があるかを見つめ、課題解決につながる適切な信託、委任、さらには直接的な行動が求められる。放置しているとそうした行動が行われないと考えれば、何らかの手段で行動を促すことが期待される。

そのためには、市民に、先に述べた、自らの幸せが孤立したものではなく、人々の多様な関係のなかで実現されるものであることを、十分に意識してもらうことも必要になる。多様な人々が住むネットワークにより構成されている日本という国の持つ魅力や可能性を、自らの暮らしに紐づけながら考え、この国に生きることの意欲の高進を促すことが意義を持つ。

3-2 行動促進の3要素

ここまで、行政広報、そのうちの行動促進としての行政広報について述べてきた。最初が、顧客としての市民に社会資源の的確な活用を促す「行政サービス広報」、次に述べたのが、主権者としての国民、さらには市民に、日本における課題の認識とその解決への行動を促す「政策広報」、最後に、住民としての市民に日本という国の魅力を認識してもらい、この国に住み、関わろうとする意欲、行動を促す「地域広報」。行動促進としての行政広報には、この3つの要素がある。

企業の場合、こうした行動促進、特に顧客の行動促進を実現する取り組みは「広報」という視点からは考えられないことが多いかもしれない。広報部門ではなく宣伝部門やプロモーション部門の仕事としてとらえられるのではないだろうか。あるいは、主権者ともいえる株主の行動促進は、上記とはさらに異なるＩＲ部門が担当していることもあるだろう。行政広報では、広報とプロモーションが弁別されて取り組まれず、一体として行われていることも、企業広報との相違として挙げられると考える。

以上、あらためて確認すれば、行政広報には、①可視化と、②行動促進の２つの役割があり、行動促進には、㋐行政サービス広報、㋑政策広報、㋒地域広報の３つの要素がある。

4 メディア活用戦略モデル

4-1 各メディアの機能を「棚卸」する

行動促進としての行政広報を的確に実現するためには、メディア活用戦略モデルという発想が有効だ【図２】。

メディア活用戦略モデルは、①前の傾聴、②認知獲得、③関心惹起、④探索誘導、⑤着地点整備（信頼供給・共感形成）、⑥行動促進、⑦情報共有支援、⑧後の傾聴というフェイズ（段階・側面）によって成立している。

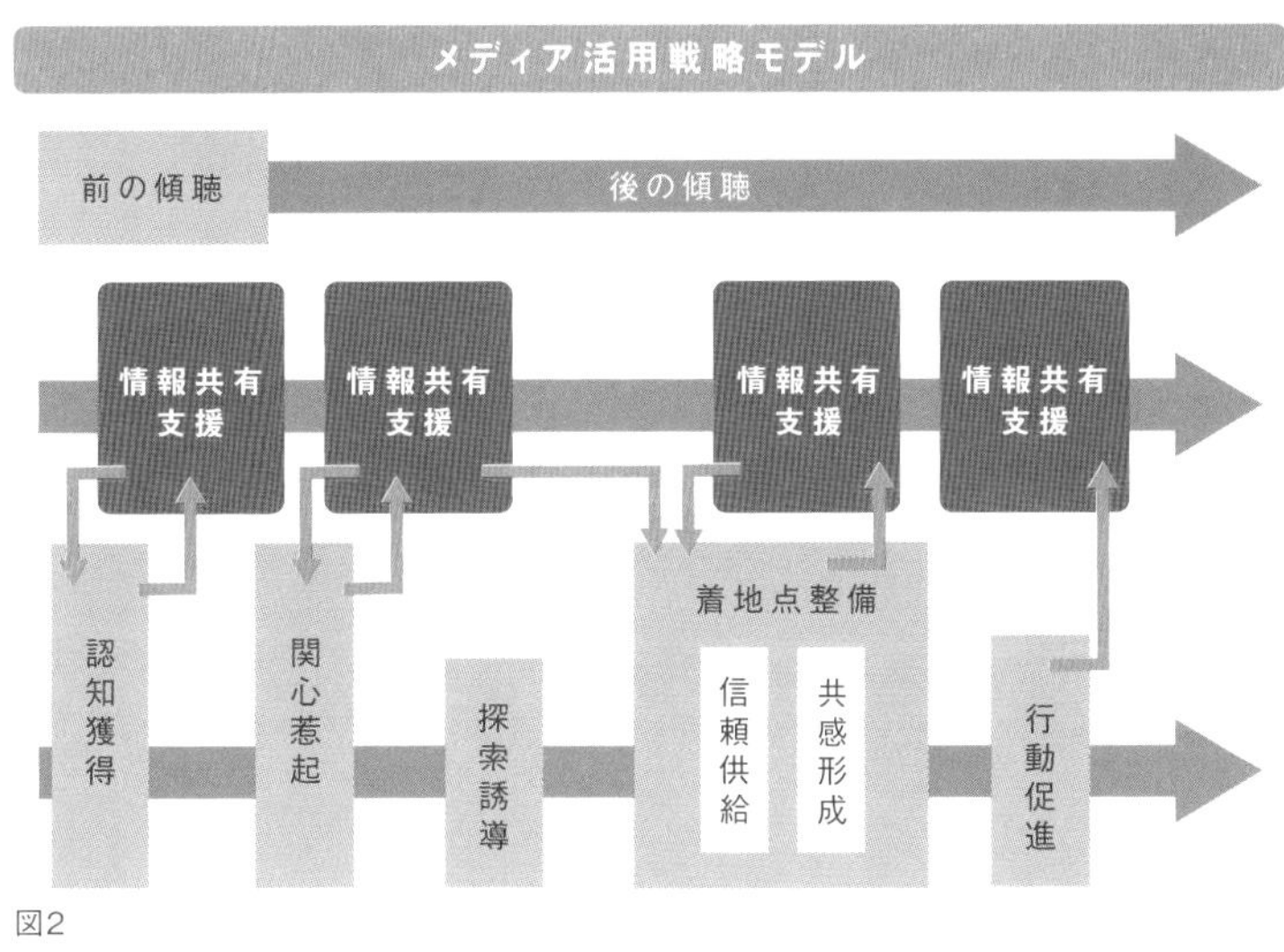

図2

ここで活用する「メディア」とは、マスメディアやソーシャルメディアにとどまらず、情報流通によって人と人、人とモノ、人とコトを仲介する仕掛けとして広く考えるとわかりやすい。たとえば、イベントもメディアであり、施設もメディアになり得る。政策・施策も人がコトを起こすための仕掛けと考えれば、広義のメディアの一つとして考えることができる。

行政広報に用いるメディアを考える際には、二つの区分方法に留意することが必要だ。一つは、トリプルメディアという区分、もう一つはプルメディア、プッシュメディアという区分である。

トリプルメディアは、メディアを、オウン

ドメディア、アーンドメディア、ペイドメディアの3つに区分する考え方だ。

オウンドメディアは主体となる組織、ここでは行政が管理するメディアだ。広報誌や公式Webサイトがそれにあたる。アーンドメディアは行政以外の主体が管理するメディアだが、行政の力によって獲得できるメディアになる。テレビのニュース枠、新聞の記事、人々のリツイートなどが、アーンドメディアだ。ペイドメディアは金銭を支払うことによって活用できるメディアで、端的に言えば行政が出稿する広告である。

プルメディア、プッシュメディアという区分は、情報を伝える対象が訪れてくることを待つのか、行政がこちらから押しかけていくのかという区分になる。多くの人々にとって公式Webサイトはプルメディアであり、行政が発注作成して駅貼りされたポスターはプッシュメディアになる。

ただし、同じメディアであっても、情報を伝えたい相手によって、プルとして機能するのか、プッシュとして機能するのか違う場合もあるので、注意する必要がある。

メディア活用戦略モデルによって行動促進を実現しようとするときには、情報を伝え、行動を促したい対象者にとって、どのようなオウンドメディアがあり、それが、どのような状況でプルメディアとして働くのか、もしくはプッシュメディアとして働くのかを明らかにしておく「棚卸」の発想が求められる。棚卸の結果、不足しているオウンドメディアがあれば、他者との連携によって、そのメディアを補完する必要がある。

4-2 個々のフェイズの整理

ここからは、メディア活用戦略モデルの①前の傾聴、②認知獲得、③関心惹起、④探索誘導、⑤着地点整備（信頼供給・共感形成）、⑥行動促進、⑦情報共有支援、⑧後の傾聴について紹介する。

①前の傾聴

行政には広聴という言葉があるが、ここでの傾聴は必ずしも広聴と同じ意味ではない。広聴は、行政の周囲で何が語られているかに広く目配り、耳配りをすることで、今、何が起きているのか、今、私達はどう考えられているのかを聞き取るものだ。傾聴は広聴の一環をなすものだが、聴く内容、聴く相手が限られていることが特徴。

前の傾聴では2つの「聴くこと」がある。

ひとつは、認知獲得以降のフェイズで用いる定量的な成果指標を定めるための調査だ。どれほど知られているのか、行動を促進したい対象者がどれほど関心を持っているのか、どれほど信頼しているのか、どれほど共感しているのか、どれほど行動しているのか、どれほどシェアしているのかを事前に確認する。期待する行動を促すために、それぞれのフェイズで現状よりどれほど指標を高めればいいかを決めるための作業になる。

もうひとつは、行動を促進したい対象者が、どのようなメディアを用い、どのような内容に共感するのかを確認する作業。これにより、無駄のない効率的なメディア活用ができるようになる。

②認知獲得

認知獲得は行動を促進したい対象者に限らず、多くの市民に「知ってもらう」ためのメディア活用だ。

この点は企業による顧客に対するマーケティングとは異なる部分がある。企業が行うマーケティングでは、多くの場合、顧客の範囲・属性を定めたうえで情報を提供し、購入という行動を促すことから始める。商品やサービスを買ってもらいたい人々に確実に情報を届けることが優先される。マーケティング予算が潤沢な企業等においては、まれに市民の全体に広い認知を取るメディア活用を行うこともあるが、必ずしも一般的ではない。

しかし、税を資源とする組織である行政にとっては、認知獲得フェイズは重要な意味を持つ。認知獲得は積極的可視化と言い換えることもできる。

税が資源であるということは、広報する行政サービスの利用者以外にも広いアカウンタビリティが求められるということになる。Webサイトに掲載してあるという消極的可視化は当然必要だが、それだけにとどまらず、認知獲得を積極的に行うことで納税者に十分な納得が得ることが求められる。この点は企業によるマーケティングには薄い、しかし行政としてはきわめて大事な部分になる。

認知獲得に必要なメディア活用とはどのようなものだろうか。まず、プッシュメディアが必須だ。待っているメディアであるプルメディアでは、積極的可視化はできない。また、行政のオウンドメディアだけでは広い認知を獲得できないと考えられる。そのため、アーンドメディアに働いてもらうことが必要になる。新聞記事、テレビニュース、オンラインのクチコミが広い認知を可能とする。

アーンドメディアを獲得するために必要な考え方として「誘発ポイント」がある。誘発ポイントには、ドミナント、トレンド、ギャップ、シンパシーの4つの要素が考えられる。ドミナントには圧倒という意味がある。その施策が日本で初めてのものであること、世界で最も優れたものであることを、いずれかの切り口で提起することができれば、アーンドメディアの注目を得られる。

トレンドは流行に乗ることだ。巷で流行っていることにかかわらせながら語ることによって、アーンドメディアを獲得することができる。

そして、従来からの変化を強く明確に示すこと、行政に持たれているイメージとは異なった切り口で情報を提供すること。これがギャップである。こうした切り口によって、アーンドメディアからの注目を得ることが可能になるだろう。

そのうえで、シンパシーが重要になる。シンパシー、共感をまとわせるには、弱みを持つ人々を支えるというストーリーが求められる。それも、具体的な人、存在にフォーカスすることが有効だ。行政が、具体的な人にフォーカスすることが苦手であれば、地域メディアなどと連携することも意義を持つと考える。

行政の持つオウンドメディアやオウンドメディアと連携した地域メディアが、こうした4つの要素を持つコンテンツ（内容）の情報を訴求し、それによってアーンドメディアを動かすことができれば、広い認知を獲得することができる。納税者にとっても、行政が何をやっているのかが見えやすくなり、説明責任を果たす一環となる。

③関心惹起

関心惹起のフェイズからは情報の訴求対象者が異なってくる。セグメンテーション（区分）という考え方が大事だ。

ここで必要な発想が、施策対象者と広報対象者は必ずしも一致しないという考え方である。この点は行政において理解されていないことが多く、特に注意が求められる。施策対象者全体の関心を一気に惹き起こそうとするのではなく、関心を惹き起こしやすいセグメント（区分結果）にした上で、それらを組み合わせることで、施策対象者全体からの関心を惹き起こすことが適切な対応だ。

社会保障制度のあり方について関心を惹き起こそうとしたときに、社会保障制度は国民全般が対象だから、国民の関心を得るためにはどうしたらいいかと考えるのでは成功しない。

未就学児を育てているひとり親の関心を惹きつけるには、どのメディアを使い、どんな内容を掲載すればいいか。75歳以上の健康な女性の関心を高めるには、どんなメディアを使い、どのような内容を知らせればいいか。それぞれ考え、優先順位をもって関心を惹起することが必要になる。

近年、ソーシャルメディアによるインフルエンサーを利用した情報提供が注目されている。行政広報でも積極的に活用できるだろう。ただし、インフルエンサーを関心惹起フェイズで活用するのであれば、単にフォロワー数の多少で重要性を考えるのでは不足だ。どのようなコンテンツ提供者なのか、どのようなフォロワーがついているのかを見極めて活用することが求められる。

④探索誘導

探索誘導は、プッシュメディアによる関心惹起からプルメディアである着地点に誘導するフェイズ。関心惹起に用いたメディアに付属させる仕掛けになる。探索誘導にどのような仕掛けを用いるかは、セグメントされた広報対象者が使いやすい仕掛けであること、関心惹起に用いたメディアから着地点のメディアにスムーズに誘導できる仕掛けであることを考慮する。

広報対象者が若年層であり、関心惹起に用いたメディアが紙媒体で、着地点がスマートフォン向けのWebサイトであれば、探索誘導の仕掛けとしては二次元コードが適切になるという発想である。

⑤着地点整備

セグメントされた広報対象者が使いやすいプルメディアが着地点となる。プルメディアにはプッシュメディアに比べて詳細な内容を記載できる。

このフェイズには2つの機能がある。一つは信頼供給であり、もう一つは共感形成。人は信頼だけでも共感だけでも、次の行動には移りにくいと考えられる。情報内容が確かだと理解し、さらに心が動かされることで行動につながる。

信頼供給には、多くの広報対象者において公共的な組織という情報発信主体や、データによる裏付けが行われた情報内容などが意義を持つ。ただし、一部の広報対象者にとって、行政が信頼性のある組織だと考えられていない場合がある。その際には、十分なファクトをデータとして提供することがさらに重要になる。

セグメントされた広報対象者を行動促進のフェイズに移行させるためには信頼供給だけでは不十分だ。さらに行動促進に向けて進めるためには共感の形成が必要になる。

共感を形成するために求められる発想にソーシャルという考え方がある。ここでのソーシャルとは「社会的な」という意味にとどまらず「社交的な」という意味が重要になる。社交の場に誘い込まれ、行政が期待する行動につながる多様な意見を得ることで、セグメントされた広報対象者は、その行動や、その行動を支持する人々に共感を持つことになる。ここでもストーリーという発想が必要だ。必ずしも順調ではないが、ついには何事かを成し遂げる物語が共計を形成する。共感を形成する着地点に必要なコンテンツだ。

以上からは、ソーシャルを重視するとはオンラインのＳＮＳ（ソーシャル・ネットワーキング・サイト）を利用するということにとどまらず、オフラインの社交的な集まりも共感形成の着地点となるだろう。

また、共感形成の着地点としては、オウンドメディアや連携する地域メディアだけでなく、シェアメディアの集積も十分な意義を持つ。本章では、シェアメディアをアーンドメディアの一つとして考えているが、同じアーンドメディアであるマスメディアとは異なる共感形成の力を持つ。

シェアメディアを共感形成の着地点として用いるためには工夫が必要だ。関心惹起のフェイズで多くのポジティブなシェア（情報共有）を獲得し、獲得した情報共有内容を一覧化することで、共感形成の着地点とすることが可能になる。

たとえば、関心惹起のためのプッシュメディアであるリーフレットに「興味を持った方は、ぜひ、関連した写真にハッシュタグ〇〇〇〇を付けて、Ｉｎｓｔａｇｒａｍに投稿してください。投稿の中で素敵な写真を表彰します」と記載する。そのうえで、当該ハッシュタグを付けたInstagram投稿写真を一覧化できるWebページを作成すれば、伝えたい情報内容にかかわる多様かつ共感性の高い投稿が可視化され、共感形成のための着地点とすることができる。

⑥行動促進

整備された着地点で信頼を供給し、共感を形成することができれば、行動促進に向けた取り組みへの準備が十分にできあがる。

行動促進のためのメディア、つまり、人とコトを仲介し、期待する「コト」を促すものとして、イベントや政策・施策がある。イベントや政策・施策というメディアにおいて行動を促すためには、それらのメディアに「ナッジ」を組み込むことが求められる。

ナッジとは「肘でつつく」という意味の英単語だ。行動を促すためにどのように肘でつつけばいいのか。ここで考えることは、行動へのハードルを下げることと適切なインセンティブを設計することである。

インセンティブは、金銭的・物品的な「おまけ」には限らない。広報対象者が、そのイベントや施策というメディアにかかわることで「新たな仲間ができる」「他者から認められる機会になる」「自分は意味のある存在だと認識できる」なども意義のあるインセンティブとなるだろう。

ここで参考になる考え方に、J・バーガーの提起するSTEPPSがある。STEPPSは口コミを誘発するための考え方として紹介されているが、少し視点を変えれば、行動促進におけるナッジを考えるうえでも十分に役立つ。

STEPPSは、Social currency・Triggers・Emotion・Public・Practical Value・Stories の頭文字をとったものである。以下は筆者の視点も加えて若干の補正を行った説明だ。

Social currency（いい気分が得られる）は、行動すると褒められる、心理的な満足を得る、仲間内になった気持ちになるというインセンティブである。Triggers（きっかけ）は、日常の中でその行動を思い出すようなきっかけ。そうしたきっかけが豊富にあると、行動のハードルが下がる。Emotion（高揚感）は、高揚した状況をつくりだし、行動への躊躇を小さくするというハードルを下げる仕掛けを指す。Public（みんなが行っている）は、多くの人々が既に実行している、実行しようとしていることを可視化することでハードルを下げる仕掛けである。Practical Value（実用的な価値）は、モノ・カネという実用的な価値というインセンティブ。そしてStories（物語）は、行動を促したい対象者が「意味のある存在」として役割を果たす物語が提供されるというインセンティブだ。

行動促進のメディアに、こうしたSTEPPSを意識した、ハードルを下げる仕掛け＋インセンティブとしてのナッジを組み込むことが意義を持つ。

⑦情報共有支援

情報共有支援は、認知獲得・関心惹起・探索誘導・着地点整備・行動促進の各フェイズをパワーアップするフェイズだ。

情報共有支援フェイズは、スマートフォン、SNSの一般化によって特に注目されるフェイズとなった。多くの人々が手軽に情報を発信できるようになり、その情報はどこかで共通した意識を持っている人々に影響するようになっている。

一方で、インフルエンサーやアドボケイッツと呼ばれる、オンラインを中心として影響力を持った人々や、ブランドに対して強い意欲を持ち、オンラインを中心に積極的な擁護を行う人々が生まれ、可視化されるようにもなった。

こうした状況を踏まえ、インフルエンサー、アドボケイッツを含めた多様な人々が、オウンドメディアで発信した情報内容を共有するよう支援することで、認知獲得・関心惹起・

探索誘導・着地点整備・行動促進の各フェイズはさらに力を増す。その例となる、着地点整備における共感形成のための情報共有の意義については、既に述べたところだ。

情報共有支援の仕掛けも基本的には行動促進フェイズで示したナッジ、ハードルを下げる仕掛け＋インセンティブ、ＳＴＥＰＰＳと同様である。これらを仕込んだ仕掛けを用意することで、情報共有を積極的に支援することが可能となる。

⑧後の傾聴

最後のフェイズである後の傾聴は、それぞれのフェイズが適切に働いているかを評価するフェイズだ。

十分に認知獲得ができているか、十分に関心惹起できているか、十分に探索誘導できているか、十分に信頼確保できているか、十分に共感形成できているか、十分に行動促進できているか、十分に情報共有が行われているかを評価する。ここでの「十分」とは、前の傾聴時に設定した各フェイズの成果指標を満たしているかを確認することで明らかになる。傾聴方法にはフェイズごとにさまざまなものがあろう。

媒体の配布数、視聴者数、問い合わせの数、ソーシャルヒアリング、フォロワー数の増加などエンゲージメントの変化、フォーカスグループインタビュー、アンケート、Ｗｅｂ

サイト分析、広報モニターの活用などを、それぞれのフェイズに適したものを選択することが望まれる。

ここで重要なことは、フェイズごとに後の傾聴を実行することだ。期待する行動が実際に実現したのかを評価するだけでは、後の傾聴の意味がない。どのフェイズで流れが「詰まっている」のかを傾聴することで、その部分を補正することで、無駄のない適切なメディア活用が可能になる。

行動促進のための行政広報を的確に行うためには、こうした各フェイズを的確に実現するメディア活用戦略モデルの発想が必須であろう。

行動促進のための行政広報は、こうした綿密な戦略を行うことで可能となる。なんとなくパンフレットやポスターを作り、イベントを行うのでは、セグメントされた広報対象者の行動変容を効果的に行うことはできない。そうした点に留意した行政広報が求められる。

5 行政広報の今後の展望

5-1 ポータブルガバナンス

これからの行政広報を考える際に、ＤＸを避けて通ることはできまい。本章でも、行政による可視化としての広報において、ＤＸの意義を検討した。

それでは、行動促進のための行政広報ではＤＸはどのように機能するのだろうか。さまざまな役割を果たすが、ここでは、行政による可視化としての広報を含めた、一つの可能性を提示したいと思う。

それは、ポータブルガバナンス、携帯できる協治という考え方だ。そして、ポータブルガバナンスの一端を担う、スマートフォンや将来開発されるだろう進化したデバイスに掲載されるアプリケーションである。

このポータブルガバナンス・アプリは行政による行政自身の可視化、企業や非営利組織の取り組みの可視化、行動促進のための行政広報に必要なメディア活用戦略モデルの８つのフェイズをすべて実現可能なスーパーアプリとなる力を持つ。

ポータブルガバナンスでは、提供の承認を得た個人情報と紐付けられながら、市民のそれぞれに必要な情報が個別的に提供される。情報元は政府に限らず、地方自治体、非営利組織、企業なども考えられる。それらの情報元から提供される広い意味での公共的な情報がポータブルガバナンスに掲載されることになる。

つまり、情報元のサプライサイドの都合による、情報元ごとの提供ではなく、情報を必要とするもののデマンドサイドから集約された、自律的な情報収集ができるのだ。

情報の受信はアフォーダンスに、アンビエントに行われることが必要だろう。アフォーダンスとは、その佇まいによってストレスなく、むしろ誘い込まれるように行動できる存在の仕方ということができる。アンビエントは環境に溶け込み、あたかも空気のように受け入れられることを意味する。こうした情報の見せ方によって、いつのまにか次の行動に移ってしまうようなデザインが求められる。

メディア活用戦略モデルにおける前の傾聴では、アンケート調査などによる意識的な回答だけではなく、ポータブルガバナンス・アプリを分析することで、個人が特定されない範囲での、集合的な意識されないふるまいなども確認できるのであれば、より的確な傾聴が可能となる。

認知獲得では、広報対象セグメントに依存しない、広く情報を発信するブロードキャスト機能が有効になるだろう。

関心惹起は、ポータブルガバナンス・アプリの強みだ。あらかじめ活用の許諾を得た個人情報や配信を希望した情報内容により、セグメントされた対象に「刺さる」情報提供が可能になる。

行政による可視化の際に述べたダッシュボードはDXの活用により、政策の経過、結果を見える化するものだ。ポータブルガバナンス・アプリでは、パーソナルダッシュボードという発想が用いられる。自らにかかわる政策成果、行政への問い合わせの処理状況などが、このパーソナルダッシュボードに一覧化されることで、信頼供給に結びつく。

AIを利用することで、セグメントされた広報対象者それぞれの特性に応じた回答をするチャットボットなどを組み込むことで、信頼を供給することも考えられる。

共感を形成するためには、ガバナンス（協治）という考え方が重要である。行政（ガバメント）だけではない、非営利組織や企業からの情報、さらに情報共有支援により発信され、集約されたソーシャルな情報が、個々の関心事ごとに閲覧可能になれば、共感形成には有効だ。

5-2 市民を顧客にとどめない

ポータブルガバナンスには行動促進のためのナッジを組み込むことも求められる。このためには、DXにより、申請や問い合わせ、さらには投票などを含めて、市民と行政とのやりとりのほとんどをリモートで実現可能にしておくことが意義を持つ。その上で、ポータブルガバナンス・アプリが存在することは、期待する行動へのハードルを十分に下げることにつながる。ポータブルガバナンス・アプリにSocial currency（いい気分になる）、Triggers（きっかけ）、Emotion（高揚感）、Public（みんなが行っている）、Practical Value（実用的な価値）、Stories（物語）を組み込む方法は、DXにより、さらに多様に考えられるだろう。

そのうえで、ポータブルガバナンスという考え方にとって重要であることは、市民を顧客にとどめないという発想である。国民は日本国憲法に記述されるように主権者だ。また、日本国籍を持たずに国内に在住する人々にも、一定の範囲において、この国について発言する権利を有している。

そのために、ポータブルガバナンス・アプリには、市民が行政を的確に監視し、評価できる仕組みが設けられることが必須になる。使いやすい公文書探索、開示請求の仕組み、オープンデータによる情報提供、ダッシュボードによる行政の可視化を徹底的に進めることは当然だ。

ポータブルガバナンス・アプリでは、傾聴にとどまらない広聴機能を充実させ、市民の意見、非営利組織の意見、企業の意見が可視化されることも求められる。さらに、市民によるポータブルガバナンス・アプリ自体への評価を促す仕組みも組み込まれることが必要だろう。

行政広報の大きな転換につながる、DXを用いたこのようなソリューションが、十分なセキュリティと個人情報保護に留意しつつ、進展することを期待している。

【1】芦部信喜 著、高橋和之 補訂『憲法』、第七版、岩波書店、2019年

【2】同右

CHAPTER 1

行政広報の本義と、その進化における課題

河井 孝仁

東海大学文化社会学部
広報メディア学科教授

河井 孝仁 かわい・たかよし

博士(情報科学・名古屋大学)。東海大学文化社会学部広報メディア学科教授。静岡県庁、(財)静岡総合研究機構等を経て、2010年から現職。総務省地域情報化アドバイザー、公共コミュニケーション学会会長理事、日本広報協会広報アドバイザーなども務める。

CHAPTER 2

行政広報は暮らしと命を守るもの

PRDESIGN JAPAN 代表取締役
佐久間 智之

1 企業と行政、共通の課題

1-1 伝えたつもりでも伝わらない

2020年から拡大した新型コロナウイルス感染症による人々の不安は、計り知れないものとなった。少しでも改善しようと行政は給付金など、さまざまな事業を展開した。しかし、「いつ・どこに・どのようにすればよいのか」といった情報が正しく伝わらない、伝えられないなどの課題も浮き彫りとなった。

コロナ禍以前と同様に、行政は「どうしたら住民が理解できるだろうか」「この表現やデザインで内容がしっかりと伝わるだろうか」ということまで考慮せず、当たり前のように一方通行の情報発信をしてきてしまった。それが、行政情報が伝わらない要因のひとつではないだろうか。

伝えたつもりでも伝わらない——。

たとえば布マスクを2枚郵送することを決定したとき。「なんで2枚だけなんだ！うちは4人もいるのに！」という声が国民からあがるなど、さまざまな議論がなされた。課題はしっかりと国民にその意図が「伝わっていない」ことにもあるように思う。「布マスク2枚郵送」だけフォーカスされると「えっ⁉」と驚いてしまうが、その意図が少しでも伝われば、また違った見方ができたはずだ。

そこで、「なぜ布マスクを2枚郵送するのか」という疑問を4つに分けて答える形にしたものがP54の図1。ここでのポイントは、多くの伝えなければならないことから、客観的に見て疑問を持たれそうな要点を4つに絞り、Q&Aにしていることだ。

行政や自治体の広報や通知などでよく目にするお知らせ情報では、「ただし」や「※」などの注釈ばかりになっているものがある。それは「ここに載っているでしょう」と後からクレームがあったときに言い訳ができるようにするためだ。結果、事細かに情報を掲載

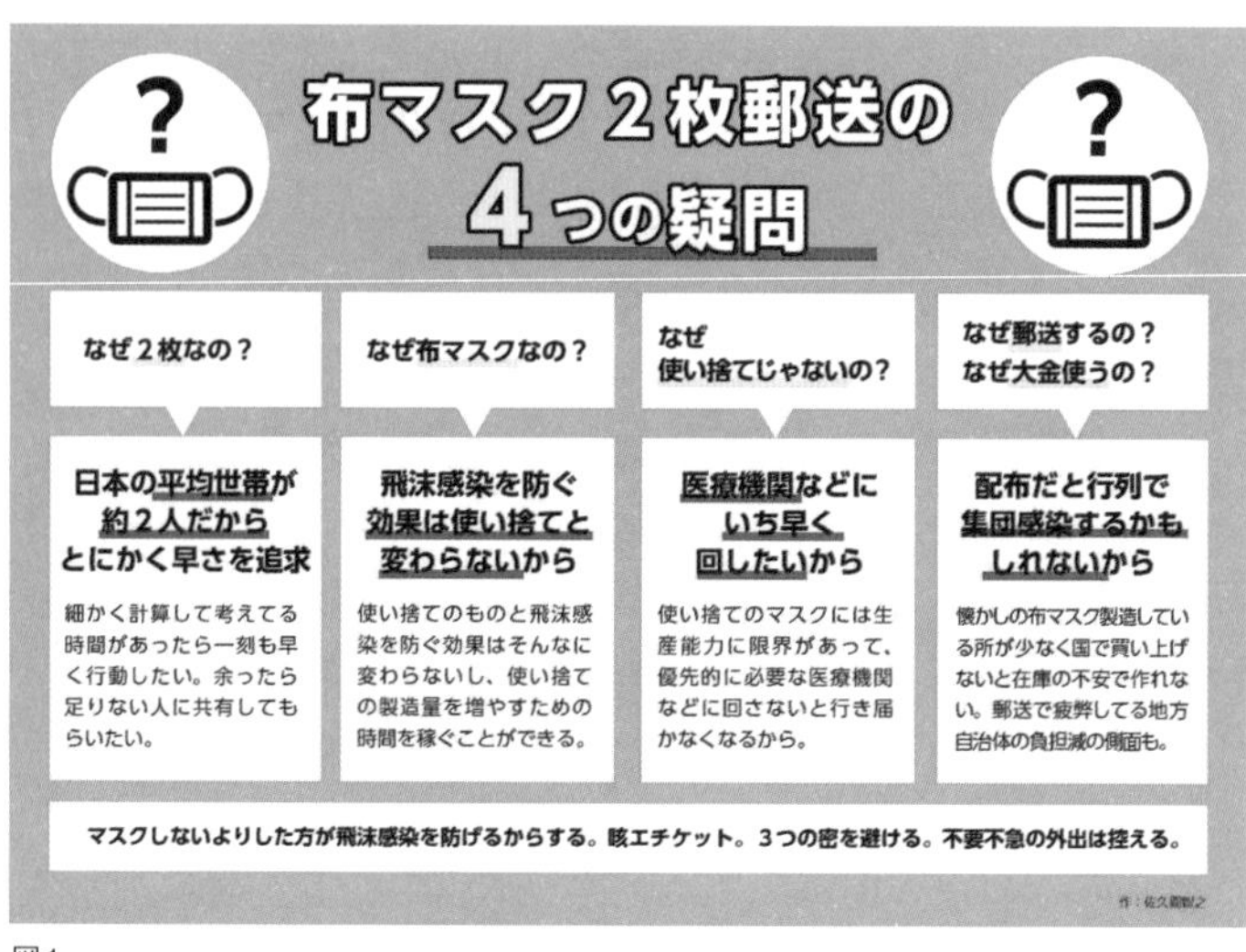

図1

しすぎているために、本質がわかりにくくなってしまう。つまり行政は「伝えている」ばかりで、相手に「伝わること」への意識が希薄になっているのだ。

これが行政広報の一つの課題だが、企業でも同様だろう。つまり、情報をどのようにして相手に「伝わる」ようにするかは、官民共通の課題であると言える。

1-2 情報リテラシーによる不利益

一方、行政と企業の広報には圧倒的な差がある。企業は相手（消費者）のターゲットを絞ることができ、一定層にリーチできれば良しとできる。しかし、行政は全国民、住民に情報を届けなければならない。情報による格差が生じ、それを知らなかった人が不利益を被らないようにする必要がある。

たとえば介護支援が必要とされる家族のAさんとBさんがいた場合。Aさんは行政広報に関心が全くないため介護保険制度を知らず、相談先もわからず、介護保険の認定制度があることも知らなかった。結果、介護サービスを受けられず、衰弱してしまった。一方で隣に住んでいるBさん家族は、行政広報を平時からチェックしていたために介護制度について理解していた。だから地域包括支援センターや民生委員に相談をし、介護サービスを受けられている。

このように、情報リテラシーによって差が出てしまう。そんなことが日本中で起きていてもおかしくない。

1-3 届かせるところまで考える

インターネットができる人とできない人によって受け取る情報に差が出てしまうことを「デジタル・ディバイド」と呼ぶ。インターネットの利用が増えれば増えるほど、ネットを見られない高齢者との情報格差は広まる一方だ。しかし行政・自治体はまんべんなく、広く情報を届ける必要がある。デジタル化が進めばそれだけ取り残されてしまう人が発生する可能性があり、それをフォローするにはデジタルだけでなく「アナログ」な方法も模索しなくてはならない。

たとえば、豪雨災害などが発生した際、自治体は防災無線を流す。しかし、反響したり、豪雨で音がかき消されてしまったりで、内容を聞き取れない家庭も少なくない。「Webサイトに同様の内容を掲載しています」「Twitterで配信しています」と答えてしまいがちだが、インターネット環境がない場合もある。

そこで対策の一つとして多くの自治体では、「電話で防災無線の内容を確認できる」サービスを提供している。肝心なのは、何か起こってからではなく、平時のときに電話で防災無線の内容を確認できることを広報や自治安心、危機管理課などが周知し、住民に留意してもらうことだ。つまり、（電話でのサービスがあるからいい、ではなく）どうすれば情報が伝わるのか、届かせるところまでを考えることが重要なのだ。

広報紙や通知書、Webサイトで使う「書体」も重要である。見やすい書体、読みやすい書体を用いて国民に情報提供すること、そしてディスレクシア（読み書きが苦手な学習障害）の子どもたちにも配慮しなくてはならない。

また、ダイバーシティがうたわれる昨今、行政としては在住外国人への配慮もすべきだ

写真1

ろう。たとえば両親が外国人で子どもは日本の学校に通っていた場合、学級通信など日本語で書かれたものを保護者が読めないということも現実に起こっている。PDFの文字データがあれば自動翻訳で多言語化して配信するなど、外国人だからという理由で情報格差を生まないようにしている自治体も増えてきている【写真1】。

いざというときになってから書体を見直したり、多言語化、デジタル化しようとするのでは遅い。日頃からきちんと届かせるための取り組みを進めるべきである。その差を浮き彫りにしたのが、新型コロナウイルス感染症の拡大だったのではないかと思う。

新型コロナウイルスといえば緊急事態宣言

が出されたころ、地元の記者クラブに所属している記者たちも在宅勤務にならざるを得なかったが、ＦＡＸで送るのが当たり前だったプレスリリースのあり方を考えさせるものだった。地元紙の記者は自治体・行政からの情報がのどから手が出るほど欲しかったのに、届きづらくなったのだ。

これは、日常に戻れば解決される、一時的な問題だったのだろうか。答えは否である。地元新聞社だけでなく、全国キー局も地方の情報に飢えている。記者クラブにＦＡＸを投げるだけではリーチできないメディアは数多い。たとえばインターネットでのプレスリリース配信は、日本中のメディアの目にとまるための方策のひとつである。

私がアドバイザーを務めている北本市では積極的にインターネットでプレスリリースを配信している。結果、それまで取り上げられることのなかったメディアから問い合わせが激増し、「いままでなぜやらなかったのか」と後悔するほど、効果を見せている。

1-4 行政による「アリバイ広報」

いかに素敵な事業や住民にとって重要な政策でも、住民に「伝わって」いなければ意味がない。ラブレターを夜な夜な書いても相手に渡さなければ意味がないのと同じように、どのようにして情報を伝わるものにするか、これがコミュニケーションデザインの考え方だ。これは行政だけのものではなく民間も同じであろう。いくら自社製品について「これは良いものだ!」と自負していても、相手にその情報が届かなければ意味がない。

行政が広報するものの多くは文字が多く、本質がわかりにくくなりやすい。人混みの中で会話をしていると聞き取りにくいのと同じように、無駄な文字、言葉はノイズ(雑音)でしかない。ノイズを除去することがコミュニケーションデザインでは非常に重要なポイントだ。

民間企業は思い切って文字や情報を削りやすい一方、行政は先述したように情報格差があってはならないという意識が強すぎて、幕の内弁当のように「あれもこれもそれも」伝えてしまう傾向にある。結果、全く見られず読まれないので、細かく説明する以前に手にも取られず、結局のところ、情報格差を生んでしまっている。これに気が付かず「アリバイ広報」になっていることは、くりかえし指摘しておきたい。

1-5 自治体広報紙はプッシュ型メディア

自治体広報というと、まず頭に浮かぶのは「広報紙」ではないだろうか。商業雑誌などは、興味を抱いた読者が手に取り、購入するのに対し、自治体の広報紙は、質のよしあしに関係なく、半ば一方的に届く「プッシュ型」のメディアである。

しかし、プッシュ型であっても、情報が多様化してきた現代では、生き残ることはできないだろう。手に取り、読まれなければ、掲載内容がいかに有益であっても、何も始まらない。その自治体でなければできない企画をし、魅力ある誌面を提供しなければ、住民はそっぽを向いてしまう。

インターネット社会となり、自治体でもWebサイトやソーシャルメディアを活用しているが、これらは「プル型」のメディアである。プル型のメディアは読者が能動的にたどりつくものである。だから、自治体の活動に興味のない住民が自治体のWebサイトを閲覧することはまずない。

それに比べて、印刷媒体の広報紙は、読み手の興味のあるなしにかかわらず、手元まではたどり着けるメディアなのだ。そこから興味を持って開いてもらえさえすれば情報を届けられる強みがある。また、インターネットを利用していない高齢者との、貴重な接点でもある。

2 『広報みよし』制作ストーリー

2-1 読まれない広報紙は税金の無駄

実際、私が以前、(三芳町の) 介護保険担当だったころ、訪問先のマンションのチラシ捨て箱の中に、明らかに読まれていない、きれいな状態の『広報みよし』がたくさん捨てられているのを目の当たりにしたことがある。その時に思ったことは二つ。

・税金の無駄遣い
・もったいない

「税金の無駄遣い」は、言うまでもないだろう。読まれずに捨てられるということは印刷費・製本費、配達委託費など、住民の皆さんからいただいている税金が無駄になっているということだ。

そして、「もったいない」にはこんな思いがあった。当時の私は、介護認定申請の受付を窓口でしていたのだが、直接窓口へ申請に来るのは介護を受ける人ではなく、その家族。

ほとんどは介護受給者のお子さんたちだった。先に述べた行政の広報紙に対し、「自分に関係ない」と思っている世代だ。広報紙内には介護保険や認知症予防講座などの情報が掲載されているのだが、知らない人がほとんどだった。

なぜ読まないのかを尋ねると「つまらないから」「自分には行政とは関係ないから」という答えが大半を占めていた。

手に取って読まれない広報紙は「税金の無駄」である。そこで「読まれる価値のある広報紙を作ろう」と広報担当を志願し、２０１１年４月から『広報みよし』の制作に携わるようになった。

2-2 読者の分母を増やす

まず手に取ってもらうため、表紙のデザインを２０１１年10月号でリニューアルした。ロゴをひらがなからローマ字に変えたのだ【写真３、４】。この変化の反響はすさまじく、「外国かぶれか」「大和魂はどこにいった」との苦情が連日寄せられてしまった。

しかしロゴをローマ字にしたのには、しっかりとした理由がある。高齢者は比較的、時間がある。だから表紙が良くても悪くても、ダサくても、結局どんな広報紙でも、手に取

写真3

って読む確率が高い。しかし、若者はそういかない。だからコンビニエンスストアの雑誌コーナーに陳列されていても見劣りしない表紙を作ることで、まずは「手に取ってもらう」ことが重要ではないかと考えたのだ。

結果、私が広報担当になる前の2010年から2015年の統計結果（三芳町住民意識調査）を見ると20代の広報紙読者が増え、かつ70代の高齢者はなんと94％も読むという結果になった。

魅力的な表紙になれば、いままで全く広報紙に興味のなかった若者層が手に取り読む可能性が高くなる。「高齢者」だけだった読者が「高齢者＋若者」となり、分母

Miyoshi
12
みよし
SUSTAINABLE DEVELOPMENT GOALS
三芳町は持続可能な開発目標（SDGs）を支援しています
ミヨシノミライ
未来を変える力。
広報クイズ
三芳町財政状況

Miyoshi
8
広報 みよし
TOPIC
まつりの季節がやってきた
みよしまつり
いも掘りまつり
ケンコー・トキナー協働
フォトコンテスト開催
三芳スマートIC
フル化事業化決定
インディアカチーム
ひまわり
ワールドカップ出場
5か国語対応
電子書籍化決定
今月の表紙
特集 地方と呼ぶには近すぎる 日本一東京に近い町
三芳創生
まち・ひと・しごと
LOVE MIYOSHI
恋が芽生えるまち
トカイナカ。

Miyoshi
12
みよし
めぐり愛
ささえ愛
たすけ愛
子育て特集 愛のある町。

Miyoshi
9
Sep. 2015
広報 みよし
IRUMA TOHE
特集 もしものとき、大切なのは協力する地域のつながり
if
地域を地域が守る。

写真4

が増える。だからどんなに苦情があってもひらがなに戻すことはなく、ローマ字で貫き通しながら、同時に変える理由も説明してきた。結果、高齢者からは「垢抜けて素敵な表紙だ」と評価されるまでになった。

2-3 読む価値のある広報紙づくり

しかし、表紙がよくても、内容に読む価値がなければ意味がない。従来の『広報みよし』は特集もなく、お知らせ情報ばかりでデザインも面白味に欠けていた。そこで考えたのが「住民が主役」の広報紙づくりだ。それまでは一方的に行政の情報を伝えていたにすぎなかったのだが、「住民が紙面に登場して、一緒に町の魅力を伝える」「三芳町でなければ作れない特集」「企業と住民が参加する地域活性化」を意識し、次のような紙面改革を行った。

①住民が紙面に登場して、一緒に町の魅力を伝える

『広報みよし』内に「AR動画で学ぼう！ 日本手話」というコーナーを設け、三芳町在住のろう者の方が、紙面とAR（拡張現実）動画に登場し、町の魅力や旬な情報を手話で届けるという試みを日本で初めて実施した（現在はYouTubeでのみ配信）。

また、特集記事内にも積極的に住民に登場してもらい、住民自身が町の魅力を読者に訴

できることから、できる範囲で、子どもたちに手を差し伸べる

地域が繋がり、笑顔が生まれる、子ども食堂。

笑顔と会話ある食卓を子どもたちに届けたい。

地域が繋がる場

若葉サロン 認知症 Cafe

"一人で悩まずに、一緒に誰かと考え、話すことはとっても大切です"

54歳で認知症の診断

同じ悩みをもつ家族が集まるサロン

誰もが当事者となる可能性を秘めている

"同じ悩みを分かりあえる居場所を作りたかった"

若葉サロン 認知症 Cafe

6月23日・7月28日・8月25日
9月29日(全て火曜日)
13：30～15：30 藤久保公民館

中身も商業誌のようなデザインに。一方で、住民が主役の自治体広報誌であることを忘れてはならない。

えかける仕組みにした。まちの人である住民は行政が持ちえない訴求力を持っている。行政の足りない力を住民が登場することで埋めることができるのだ。登場する住民がまちの当事者となり、一層まちに関心を持つ。身近な情報を住民が紙面で伝えれば、広報誌はコミュニケーションツールとしての力をさらに発揮できる。

②三芳町でなければ作れない特集

これは、自治体広報紙の存在意義をなす重要なポイントである。2016年4月に障害者差別解消法が国で制定された直後、『広報みよし』2016年3月号で障害者差別の解消をテーマに特集を組んだ【写真5】。紙面には町内で一生懸命働く障がいのある人たちがたくさん登場する。取材時には必ず笑顔の写真を撮影しようと決めていた。法律の説明や問題提起はほとんどせず、身近なところで障がいを持ちながらも働いている人たちがいることを知り、ふれ合うことこそが差別解消につながると思ったからだ。

大切にしたのは、登場する人たちすべてが三芳町の住民であり、三芳町でなければ作ることができないということ。障害者差別解消法は国の制度だが、それを身近なものにするには、やはり主役である住民の力が必要なのだ。

さらに2015年7月に「LOVE MIYOSHI SNAP撮影会」と題した企画を実

農業と福祉の連携を都市近郊型農園で実現

能力を「農力」に変える。

開放的な空間が、心のケアになっている。

野菜販売所「ぶんぶん」

農福連携は後継者不足解消手段となる

朝

特別扱いはしない

都心に近い三芳町は大きな魅力

MIYOSHI | 4

写真5

施した、三芳町が好きな人で、「LOVE MIYOSHI」のフォトプロップスを持つことを条件に参加を募ったところ、206人の住民が参加した。

参加者全員を『広報みよし』平成28年8月号に掲載し、三芳町を愛する人たちが紙面で読者に町の魅力を笑顔で訴えるという、住民の力と広報紙の力でシビックプライド醸成とシティプロモーション、住民の当事者化を図った。三芳町を愛する人、つまり「まちの人」の力によって広報紙が作られていることを示すねらいだ。町をPRするという共通する目的のために行政と住民が協働で実現できたケースと言えるだろう。

我が子の笑顔を皆さんに届けてみませんか？小学校入学前のお子さんを募集しています。（町内在住者に限ります）
住所、氏名、連絡先、お子さんの名前（ふりがな）・生年月日を記入し、写真を郵送またはメール（2MB以内）で送付ください。
窓口でも受け付けます。※過去に掲載したお子さんも、掲載後1年経過していれば掲載できます。（写真返却不可）

クイズ＆アンケート

問秘書広報室☎258-0019 内312
<郵送での申込み>〒354-8555 秘書広報「みよしのアイドル」係
<メールでの申込み>hisyo@town.saitama-miyoshi.lg.jp まで

（前回の答え）「Juice=Juice」。90通の応募がありました。

今月のプレゼント（5名様）

パン工房KUU　天然酵母パンの詰め合わせ

【お店から】
地産地消を心がけて、自家天然酵母を使用したパンを作っています。食パン一斤と旬のパン等をセットにして当選者5名様にプレゼントします。

プレゼントの提供をいただいたのは上富の「パン工房KUU」さん。
三芳の隠れた小さなおいしいパン屋さんです。

店主の
金谷恵美さん

パン工房KUU　住所：上富436　☎050-3603-5746

クイズ正解者の中から抽選でプレゼントが当たります。当選者には引換券を発送します。（商品の発送はいたしません。）引換券をお店に持参し、プレゼントと交換してください。

▶広報クイズ
Q. 三芳町にある企業「大﨑電気工業株式会社」が製造しているのは？
「○○量計」

▶アンケート
Q1 今月号でよかった内容や写真があれば教えてください。
Q2 取り上げてほしい内容や企画があれば教えてください。
Q3 広報に関するご意見・ご感想、町内で活躍されている人、おすすめのお店などありましたらお聞かせください。

■応募方法
○に入る言葉を記入し、住所、氏名、年齢、アンケート、おたより、ペンネームを書いて、下記の方法でご応募ください。

〒354-8555
秘書広報「広報10月号」係
<メールでの応募>
hisyo@town.saitama-miyoshi.lg.jp
件名→「広報10月号係」まで

10/17締切
スマホからQRコードで簡単にクイズ応募できます。

広報クイズのプレゼントを提供していただけるお店を随時募集しています。詳細は秘書広報室までご連絡ください。

広報みよしの「取材・紙面編集・写真撮影・デザイン・レイアウト・文書作成・画像加工・校正」など印刷以外の作業は、全て広報担当職員が行っています。
AR（拡張現実）も「動画撮影・編集・ARへの同期作業」など全ての作業を広報担当職員が行い、印刷・製本以外の費用は一切かけずに、低コストで広報みよしをお届けしています。

人口と世帯（平成28年8月末現在）
人口：38,291人
（男19,168人／女19,123人）
世帯数：15,964世帯

広報みよし　第956号10月1日発行
発行人：三芳町長　編集：秘書広報室　☎049-258-0019
〒354-8555 埼玉県三芳町藤久保1100番地1
広報配布について：シルバー人材センター☎049-258-7171

UD FONT by MORISAWA
P-A10005
VEGETABLE OIL INK
印刷製本：岩岡印刷工業株式会社

写真6

③企業と住民が参加する地域活性化

これは広報みよしの裏表紙で実施している「広報クイズ」のコーナーで実践している地域活性化につながる試みである【写真6】。クイズでプレゼントする商品や割引券は、協賛企業を募り、代わりに広報紙で企業と商品をPRするという建て付けだ。住民は広報紙を読み、クイズに答え応募することで、まちへの関心を持つ。当選者には引換券を渡す。つまり、店舗を訪れるというのがポイントだ。商品を発送することはせず、町内の企業（店舗）に当選者が直接足を運ぶことで、新たな町の魅力を発見し、企業としてもほかの商品が売れる可能性や新規顧客獲得へとつながるという狙いがある。いまでは全国の広報紙で広報クイズを行うようになった。

この広報クイズの重要な点は、住民からの意見を「広聴できる」こと。設問にはクイズのほかにアンケート項目を入れており、広報や行政についての意見を応募の数だけもらうことができる。よかった記事や今後取り上げてほしいコンテンツ、行政に対しての意見を直接聴くことができることは、行政にとって貴重な財産になる。

3 広報紙による関心惹起と行動変容

3-1 カブトムシとタガメ

実は私は、埼玉県三芳町とは縁もゆかりもない。生まれ育ったのは東京都板橋区だ。しかし、だからこそ三芳町を多角的に、かつ客観的に見ることができたのではないかと思う。そして、これは大きな武器であるとも考えている。

三芳町の広報担当となって感じたのは、磨けば輝くダイヤの原石がゴロゴロしているということだった。たとえば、三芳町は自然と緑が豊かで、夏になるとカブトムシを通勤途中の林で採取できる。いまでも昆虫が大好きな私にとって、東京・池袋の東武百貨店の屋上で買っていたカブトムシが身近なところにいるなんて、夢のような話である。

さらには、タガメだ。実はタガメもカブトムシ同様にデパートで売られており、子どものころに衝撃を受けたことを覚えている。図鑑でしか見たことのないタガメを家で飼えるぞ——つがいで「1万5000円」だった。お年玉をはたいて購入した。

この話を地方の自治体職員にすると、驚きの声をあげる。タガメは稲を荒らす「害虫」で、害虫に1万5000円も払うなんてありえないという人や、そもそも昆虫にお金を出すなんて信じられないという人。見方によって、害虫だったり、宝物だったり。当たり前のものが、実はほかの人から見たら貴重な宝物がある可能性を、どの自治体でも秘めているのではないだろうか。まさに灯台下暗しだ。

「うちのまちは何も魅力がない」「特産品もないしPRできない」という自治体職員がいるが果たして本当に魅力がないのか。私はこうしたことを口に出してしまう自治体職員は怠惰であると思う。自分の町の魅力を発見できないのは恥ずべきことで、その自治体の広報紙はつまらない、読む価値のないものではないかと思量する。

これは広報担当者だけではなく、行政職員として、公務員として、すべての人が持たなければならない視点である。ダイヤの原石は地域の魅力だけではなく、各担当課がやっている事業や制度、仕組みなども、住民にとっては宝物だということだ。だからこそ、お知らせやチラシ、ポスター、そしてさまざまなメディアを活用していき、誰ひとり取り残しのない行政広報をしなければならないのだ。

3-2 関心惹起から行動変容へ

次に『広報みよし』で取り上げたことがきっかけ（関心惹起）となり、住民の行動変容につながった事例をいくつか紹介したい。

①竹間沢車人形特集

三芳町には日本に3地域しか現存しない伝統芸能「車人形」がある。100年以上の歴史があり、いまも地元の人たちが受け継がれてきた灯を消すまいと尽力しているのだが、それを知る住民は少なく、毎年12月に開催する公演も空席が目立っていた。そこで平成24年12月号で特集したところ【写真7】、発行直後の2012年12月16日に行われた公演はなんと満席に。「大観衆の前で演じることができて感無量だ」と出演者の一人に言ってもらうことができた。

特集 受け継がれる灯

写真7

出演者は車人形の存在を周知したいが、その方法がない。ニーズをアンテナを立てることでキャッチし、住民ができない〈穴〉を自治体広報紙が補完するのだ。当然取材や撮影に住民は全面協力してくれる。なによりこの特集は三芳町でなければできないものだ。住民と協働で作った広報紙が、多くの目にとまり、車人形という伝統芸能を知り、公演に足を運ぶ。

②ホタル特集

三芳町では自然のホタルを観ることができる。以前は全く広報紙で取り上げることはなく、知る人ぞ知るものだった。しかしこれはキラーコンテンツになり得ると感じ、なぜホタルが舞うのかを調査し、その背景

写真8

には地元の人たちの思いがあることをつかんだ。そして住民が登場し、なぜホタルが舞うのかを読者に訴求するような特集を組んだ（平成25年6月号・平成28年6月号、【写真8】）。結果、多い日には700人以上が訪れる観光スポットとなった。会場では活動資金の募金をしているのだが、再度特集を組んだところ、前年とは比べ物にならない寄付金が寄せられたという。地域の人たちの思いが広報紙を通じて届いたのではないだろうか。

こんなエピソードもあった。ホタルの写真を撮るために8時間ほど現場にいたのだが、ホタルを見に来た家族の一人が「このホタルは地元の人たちの思いを乗せて飛ん

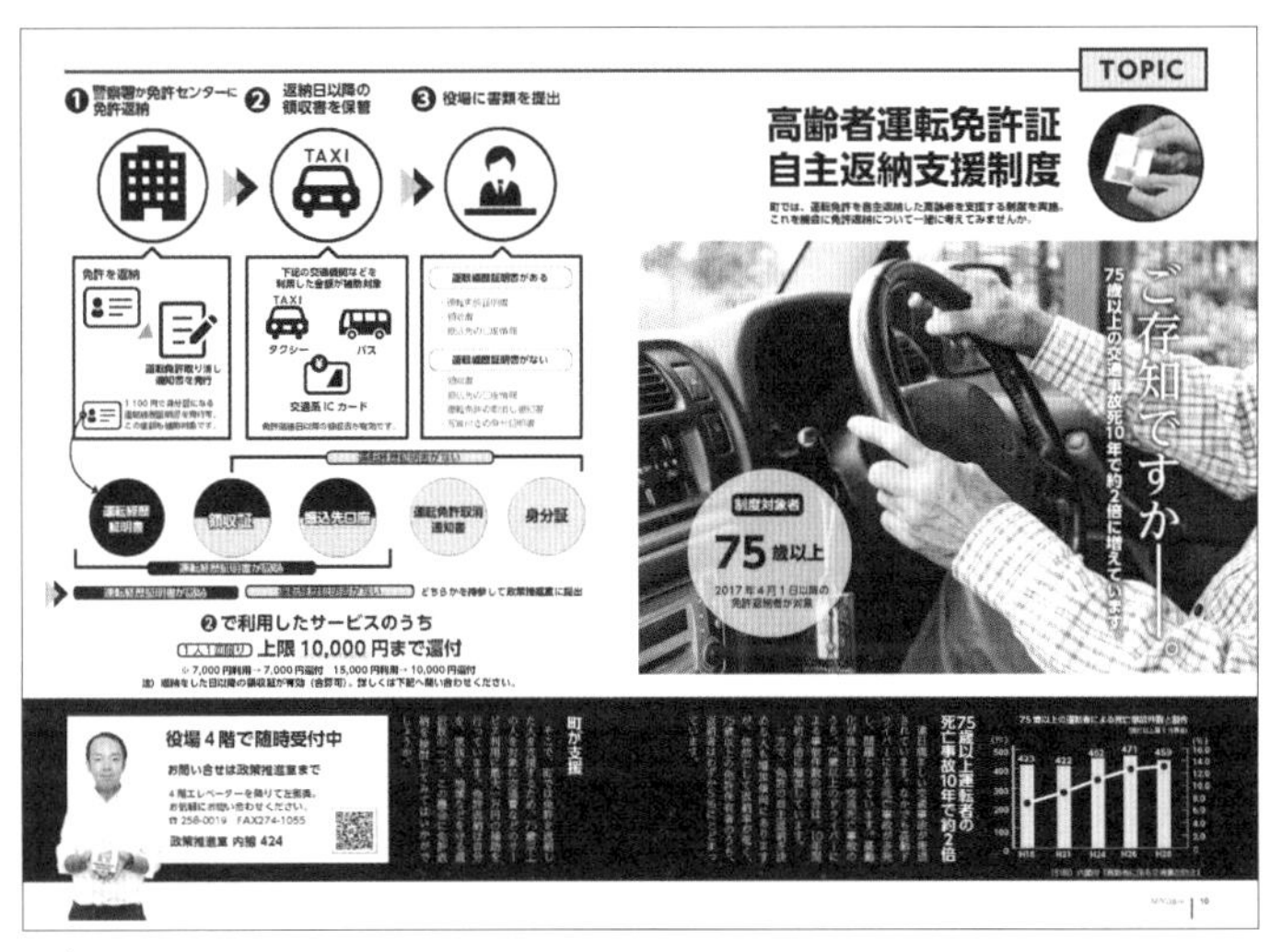

写真9

でいるんだよ」と広報で紹介した内容を、家族だけでなく、周辺に来ていた観覧者に語り始めたのだ。正に自走する広報であると言える出来事だった。

③自動車免許の返納

東京都内で高齢ドライバーが親子を死亡させるという痛ましい事故が起こった翌月、高齢者免許返納制度について見開きで特集した【写真9】。制度自体はこの事故以前からあったのだが、誌面にふれた住民は「初めてこの制度を知った」という人が多く、大きな反響があった。広報、情報発信のタイミングの重要さを改めて感じた特集となった。

企画をした際に意識したのは、読者が理

解して、自発的に広報することだ。たとえば「最近80歳になった祖父の運転が心配だ」という話を聞いて、「うちのまちにはこんな制度があるから活用してみない？」と、行政ではなく、住民がまちのことを説明してくれるようになれば、行政の負担も減る。

4 行政広報の究極の目的

4-1 お知らせ情報こそが核

さて、読者を引きつけるような広報誌を制作できたとして、その中でも、とりわけ地味な（といっては語弊があるのだが）情報が「お知らせ」であろう。ただ実は私は、「お知らせ」こそが自治体後方の核だと考えている。

たとえば乳がん検診が行われることをお知らせ欄で目にした人たちが受診し、仮にそのなかから、がんの早期発見につながった人が現れ、命を救うことにつながったら、それは広報が住民の命を救ったとも言えるはずだ。「広報は住民の命を守るもの」なのだ。

私はずっとその思いを持ちながら、『広報みよし』を制作してきた。見た目や巻頭特集ももちろん重要なのだが、それをきっかけに広報紙を開いてもらい、読み進めていく過程で、お知らせ欄のような地味な情報にたどり着いてもらうことにこそ、目的がある。自治体広報の本質は地味な「お知らせ欄」にあると私は断言できる。

なにより、住民は広報紙を選ぶことができない。だからこそ、毎月届くのが楽しみと思われる広報紙をつくることが、ときに命や財産を守るような情報にふれてもらい、住民と行政がコミュニケーションを取るきっかけのひとつとなる。そうしたきっかけづくりも、広報紙の価値ではないだろうか。

4-2 一人ひとりの職員が考えるべきこと

ここまで、『広報みよし』の事例を中心に、誰一人取り残さない自治体広報のあり方について述べてきた。実は『広報みよし』は全て手づくりである。取材、撮影、レイアウト、文章など印刷以外すべてを手がけてきた。属人的な仕事にならないよう、マニュアルを作り、組織として質が落ちないように工夫して内製化を果たした結果、外部委託をしていた2011年は印刷製本費に1000万円以上かかっていたものが、職員の力によって半分近くにまでコストを削減できた。公務員でもやればできるのだ。その上で言える、なによ

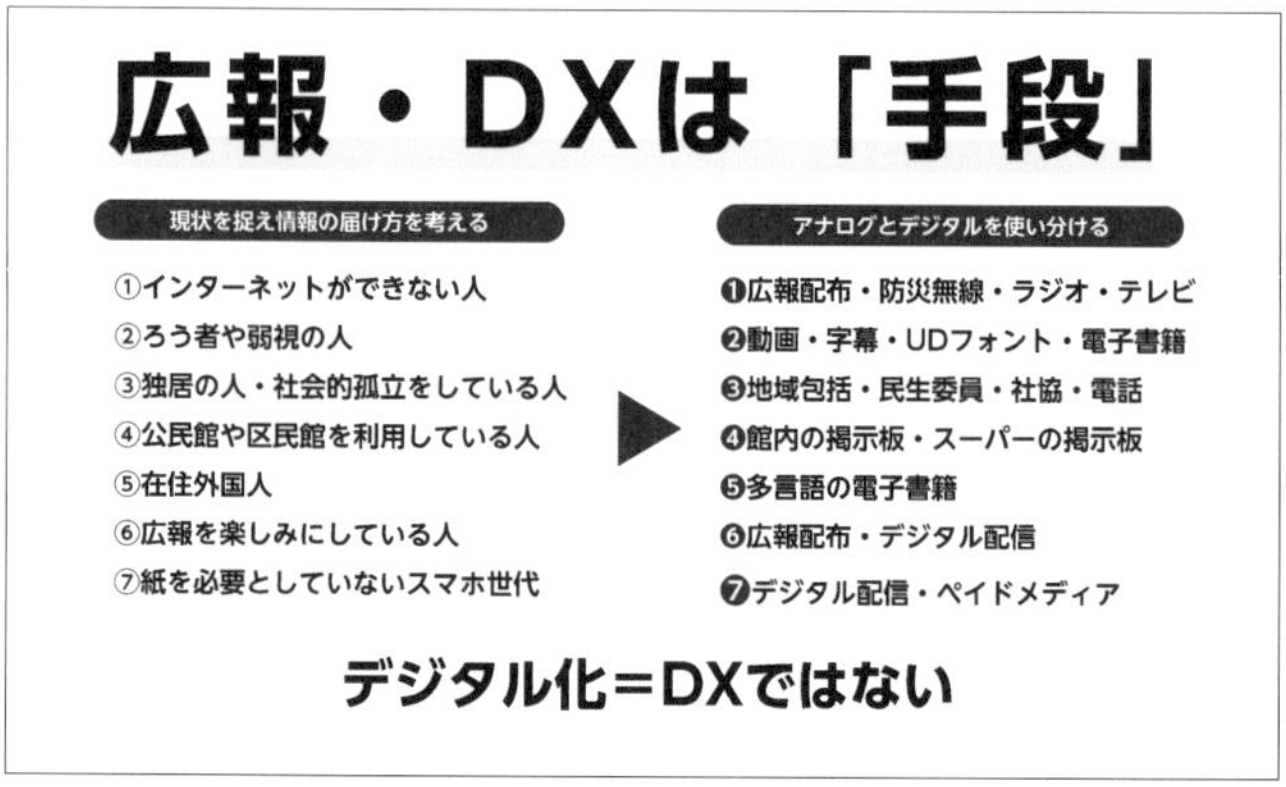

広報・DXは「手段」

現状を捉え情報の届け方を考える		アナログとデジタルを使い分ける
①インターネットができない人	▶	❶広報配布・防災無線・ラジオ・テレビ
②ろう者や弱視の人		❷動画・字幕・UDフォント・電子書籍
③独居の人・社会的孤立をしている人		❸地域包括・民生委員・社協・電話
④公民館や区民館を利用している人		❹館内の掲示板・スーパーの掲示板
⑤在住外国人		❺多言語の電子書籍
⑥広報を楽しみにしている人		❻広報配布・デジタル配信
⑦紙を必要としていないスマホ世代		❼デジタル配信・ペイドメディア

デジタル化＝DXではない

りも重要なことは、行政職員一人ひとりが「広報担当」という意識を持つことである。便利な行政サービスが受けられた、潰えそうな伝統芸能に注目を集めた、郷土に対してあらためて自信が持てるようになった、そして、住民の命を救うことにつながった――広報が持ちうる価値について紹介してきたが、結局それを伝え、伝わる工夫をなせるのは、公務員一人ひとりの行政広報スキルにかかっている。

たとえば、高齢者に65歳以上の人向けのインフルエンザ予防接種無料のお知らせ情報を届けたいとしよう。このとき、「病院に通っている人が多いはずだから、院内の待合室の壁に掲示させてもらおう。そのために医師会の協力を取り付けよう」という考えが働くかどうか。

これをカスタマージャーニーや、タッチポイントというマーケティングの術語を用いて説明することはできるが、結局のところ、具体的なアイデアにつなげるには、行政情報という「ラブレター」をわかりやすく国民に「伝わる」工夫をし、届けるためのプロセスを一人ひとりの職員が考えていなくてはならない。もちろん、発信するだけでなく、しっかりと分析し、改善を図ることも必要だろう。広報もデジタルトランスフォーメーション（DX）も〈手段〉であり、目的ではないのだ。

そして、それでこそ、広報の持つ価値は発揮され、国民／住民の意識が変わり、ひいては日本を変えることにつながると、私は確信している。それが、誰ひとり取り残さない行政広報の究極の目的と言えるのではないだろうか。

早稲田大学マニフェスト研究所招聘研究員
厚生労働省年金広報検討会構成員
PRDESIGN JAPAN代表取締役
佐久間 智之 さくま・ともゆき

埼玉県三芳町に18年務め独学で全国広報コンクールで内閣総理大臣賞の広報日本一に導く。地方公務員アワード2019受賞。2020年に退職し独立。現在は中野区など自治体の広報アドバイザーやPR TIMESエバンジェリスト、広報やシティプロモーション、デザインなどの研修講師。著書に「Officeで簡単！公務員の一枚デザイン術」など多数。連絡はt.sakuma1976@gmail.comまで

CHAPTER 3

〈広報〉の領域を超えた議論がいまこそ必要に

宣伝会議
月刊『広報会議』
編集長
森下 郁恵

1 合意形成を重ねて社会課題を解決する

今回、「全世代型社会保障に関する広報の在り方会議」に広報・PRの専門誌『広報会議』(宣伝会議発行)を編集している立場から参加した。2014年に編集長に就任して以降、企業の経営者や広報の研究者・専門家、PRエージェンシーのキーパーソン、そして企業・団体など組織内で活躍する責任者・担当者らに取材やヒアリングを重ねてきたが、こういった会議の場そのものが画期的であると言える。本書の内容が、各省庁はもちろんのこと、多様な業界に水平展開され、「広報」の概念がより広く浸透する契機になればと考えている。

かつて企業の広報関連部門は「(宣伝部門に比べて)予算がない」「広報はコストセンターだ」などと評されることが多かった。また、あくまで広報は「黒子」である、といった考え方も根強いものであった。ところが今では、その捉え方もずいぶん変わってきた。広告・マーケティングの世界にも〈社会と接続する＝Public Relations〉の視点が必要であるという前提が広がってきている。同時に経営の視点から、コーポレートコミュニケーションの重要性も高まってきた。

特に2010年代後半からは政府が推進してきた「働き方改革」の影響で、インターナルコミュニケーション、従業員エンゲージメントといったテーマが求められるようになった。新型コロナウイルス感染症の拡大下において、その重要性に早くから気付いていた企業が強みを発揮している。一方で、ソーシャルメディアの普及が大小問わず〈炎上〉を引き起こすリスクを高めたこともあり、コーポレートブランディング、レピュテーションマネジメントも重視されるようになった。

ここ数年は2030年を達成目標とするSDGs(持続可能な開発目標)にも注目が集まり、企業経営におけるサステナビリティの推進やESG投資の広がり、それに伴う非財務情報の開示も欠かせないテーマとなっている。現在では大手企業のみならず中小企業やベンチャー企業（特に社長の広報力が企業の成長力に直結しやすい）、官公庁、教育機関、業界団体などにも広報という概念の重要性が広まりつつある。

さらに2020年に入り、コロナ下では改めて広報の役割が見直されている。日本パブリックリレーションズ協会の会員を対象とした調査「コロナ禍とパブリックリレーションズに関する意識と実態」（2020年9月実施）によると、コロナ下で「広報・PR担当者の役割が増大」（72％）したほか、「より倫理観を重視した活動が重要性を増している」（82％）といった結果が出ている。このほか広報・PRにおけるステークホルダーとの共感醸成について、全体の87％が「重要性が高まる」と回答。〈合意形成〉は広報の重要な役割であるという認識がますます広がっている。

一方、「コロナ禍での広報・PRへの姿勢」に関しては、9割が、広報・PRは「ソーシャルイノベーションに寄与できる」としている。コロナ禍であらゆるコミュニケーションの形が変化した社会においても、合意形成によって社会課題を解決するのは広報の力ということだ。

2 あらゆる領域に越境する「広報」

こうした流れを背景に発足したのが今回の「全世代型社会保障に関する広報の在り方会議」だった。あらゆる年齢や立場の人々と「合意形成」をしていくための議論や本書に収められた内容は、従来から提唱されてきた「広報」の概念の一歩先の可能性を示唆してくれている。

そのひとつが本書のタイトルにも掲げられている「デジタルトランスフォーメーション（DX）」だ。これまで広報業務そのものはマーケティング領域などに比べると、テクノロジーとの融合が、いまひとつ進んでいるとは言えなかった。ソーシャルリスニングツールの導入、オウンドメディアの活用、プレスリリース配信サイトの普及、最近ではメディアが人工知能（AI）技術でリリースを分類するといった動きもあるが、DXが進んだ先の未来のコミュニケーション課題への対応に広報の力は欠かせないだろう。

なお、PRエージェンシーなどPR業の売上規模については、日本パブリックリレーションズ協会がPR業や関連業を対象に実施した「PR業実態調査」（2020年度）によると推計で約1111億円となっている。DXを前進させるには、既存のPR業界以外のプレイヤーが広報の領域へ参入することが望まれる。国内では2021年はデジタル庁の創設が控えているが、例えばパーソナルデータの利活用に伴う国民の心理的な障壁に寄り添うコミュニケーションなども課題となるだろう。

もうひとつが従来の領域を超えた「越境」の可能性である。本会議で寄せられた知見を総合すると、広報単一の知識や専門性だけでは広義のPublic Relationsの実現は難しいのだと実感させられる。DX、AI、地方自治、ブランディングといったさまざまな専門家の知見を掛け合わせること、そしてこれらの専門家に「広報」の重要性を理解・発信いただくことが必要である。あらゆる領域に越境して「広報」が組み込まれていくことが望まれる。

かつては広報の仕事というとパブリシティ獲得のための業務——取材誘致、記者とのネットワーク構築が最も優先度の高い仕事だというのが定説であった。もちろん現在もこれらの業務が重要であることに変わりはなく、最大の関心事でもあるのだが、それは手段であって目的ではない。そう認識し、自ら変革に動いているプロフェッショナルも増えている。

こうして未来志向で「広報」という仕事をとらえると、また新たな問題意識が見えてくる。広報に限らずコミュニケーションビジネスに携わる方々が未来への構想に取り組む際には、今回の会議から得られた知見を総結集した本書を活用いただきたい。

そして広報・マーケティングは企業にせよ政府にせよ、トップの理解の有無が結果を左右する。どんなに現場が汗をかいても、トップが理解していなければ機能しないというのが現実だ。あらゆる組織の責任を担う方々、およびその〈右腕〉の方々に特に役立てていただければと思う。

宣伝会議
月刊『広報会議』編集長
森下郁恵 もりした・いくえ

上智大学文学部新聞学科卒。2004年宣伝会議入社。『宣伝会議』編集部などを経て、2014年4月から『広報会議』編集長。企業の広報・宣伝・マーケティング活動などを中心に取材・執筆多数。厚生労働省「年金広報検討会」構成員などを務める。

PART II

イノベーションの加速は〈広報〉が担う

The Digital Transformation of Public Relations:
Innovate Policy Communication with Digital Technology.

CHAPTER

4 世界最先端の広報改造論

衆議院議員
前内閣総理大臣補佐官
秋葉賢也

1 デジタルから取り残された行政広報 会議立ち上げの真の目的

1-1 社会保障制度はなぜ十分に活用されないのか

２０１９年９月、内閣総理大臣補佐官に就任し、少子高齢化や、「全世代型社会保障改革」の推進を担務した。任に就いた時点から、「社会保障政策は、わかりやすく伝える工夫が大事」という指摘を、安倍晋三首相（当時）からもいただいたこともあり、全世代型社会保障の主旨を、国民一人ひとりのライフスタイルやライフステージに合わせて、丁寧に伝えるための広報のあり方を検討したい――そのように考えて、「全世代型社会保障に関する広報の在り方会議」（在り方会議）を立ち上げ、4回にわたって議論を重ねてきた。

たとえば当時政府内で行われていた、「年金の受給開始年齢の選択肢を増やし、従来の『60歳〜70歳』から、『60歳〜75歳』とする」という議論が耳目を集めた（2022年4月に施行予定）。年金の受給開始年齢の選択肢を増やすことに主眼があるが、一部の方の間で「年金の支給開始が75歳になる」という誤解が広まった。本議論の前提として全世代型社会保障検討会議中間報告（令和元年12月19日）においても、「年金支給開始年齢の引上げは行わない。」と明記されていたものの、政府は「将来的に引き上げを狙っているのではないか」という憶測や、「定年を延長して、死ぬまで働けということか」といったネガティブな解釈も散見された。

受給開始年齢を広げたのは、国民一人ひとりが老後の生活設計を考えながら、公的年金受給のタイミングを自分で選択できる範囲を拡大するためだ。さらには我が国の改正は日本独自の動きではなく、全世界的な政策の潮流に合わせたものである。現在、多くの先進諸国において受給開始年齢の時期の選択肢を広げ、私的年金や資産形成の制度を拡充している。

当然、働き方やライフスタイルのあり方において、政府の考えを国民に押し付けるといったことがあってはならない。それだからこそ「受給開始年齢が75歳からになった」という誤解は、最も避けねばならず、誤解によって60歳～74歳の時点で受け取ることを選べなかった、もしくは検討しなかった人が発生してしまっては本末転倒である。

また、単に幅を広げたのではない。仮に75歳で受給を始めれば、年金の月額は、65歳で開始した場合に比して約1・8倍（84％増）となる。70歳からなら同比約1・4倍（42％増）。自分のライフスタイルに照らして選ぶことができる。

しかしながら、くり下げ受給の利用率は、わずか1％にも満たないのが現状だ。利用しないことには、さまざまな理由があろうが、それでも99％が「使わない」というのには異様さを感じられないだろうか。「そのことを知らなかった」という向きも決して少なくないはずだ。

多様化するライフスタイルの中で、政府の施策や民間のサービスを知らなかったがために国民が不利益を被ることはあってはならない。では、どのような伝え方、広め方をすればよいのか。私は、国民にとって最も身近な制度なのに、難しいものと感じられる社会保障制度の広報を題材として、【デジタルトランスフォーメーション×広報】【行動科学×広報】【伝統的理論×広報】を全世界の広報の専門家、我が国が誇る学者や気鋭の実務家とダイナミックに展開することにより、未来の広報のあるべき姿を考えたかった。それが、「在り方会議」の要点である。

1-2 広報におけるDXとは　デジタル庁との関係

会期は4回で終えたが、構成員の諸先生方には、本書でさらに最先端の議論に深めていただいている。そこで本稿では、政策論を交えながら、さまざまな観点から議論したことを敷衍し、まとめてみたい。

さて、本書タイトルの「デジタルトランスフォーメーション」についてだ。ここ数年来、目につくことが増えてきた言葉である。

「IT（情報技術）によってビジネスや生活の質を高めていくこと」（日本経済新聞2020年6月4日付「きょうのことば」）という意味とすれば、目的として相当するのは、「ビジネスや生活の質を高めていくこと」であろう。

すなわち「広報のデジタルトランスフォーメーション（DX）」と言ったとき、素直に解釈するならば、それは「ITによって、広報の質を高めること」にほかならない。

「広報の質が高まった状態」とはどのような状態か、と尋ねられたならば、全世代型社会

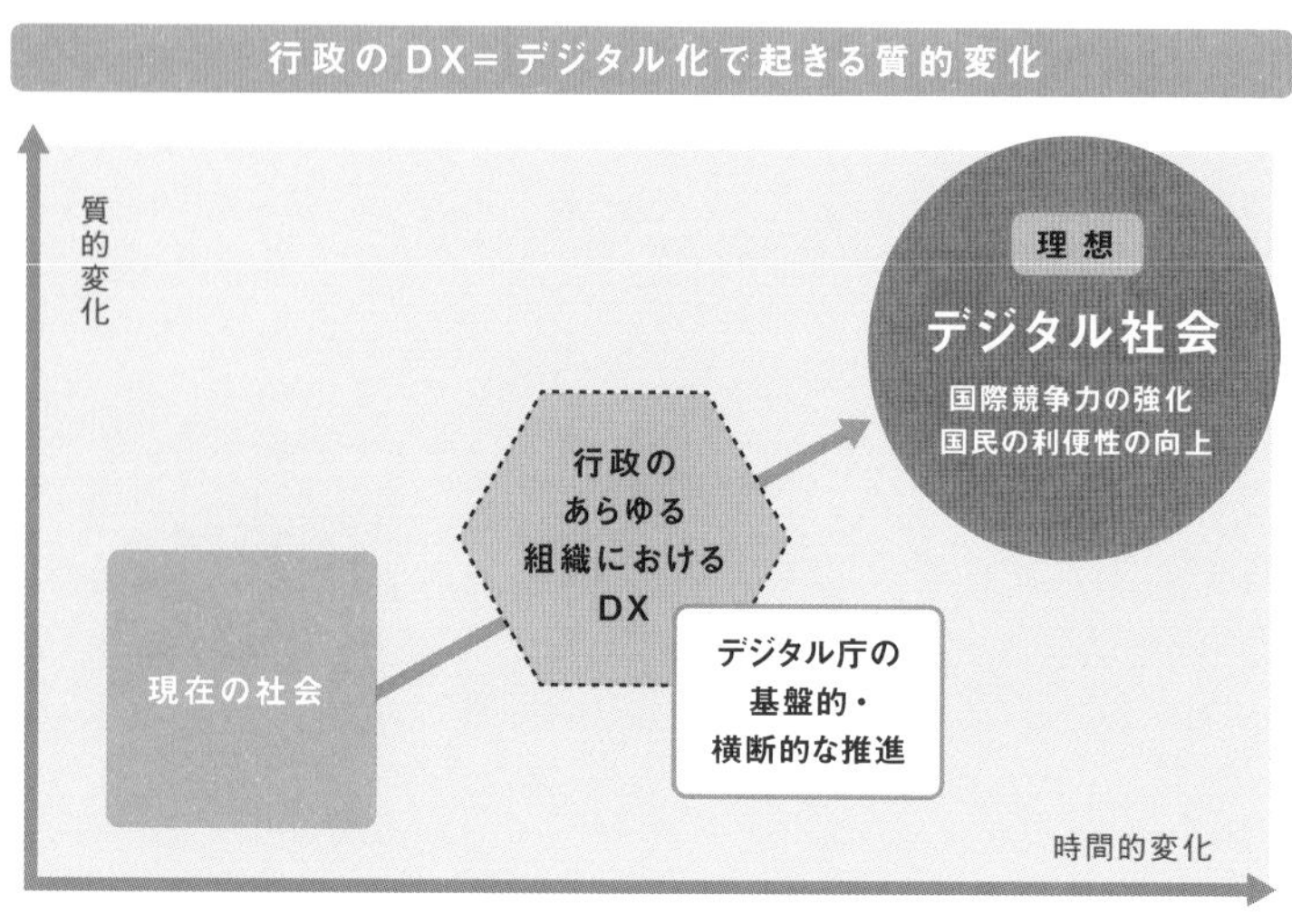

保障については、「全世代型社会保障の趣旨を国民一人ひとりのライフスタイルに合わせて、よりわかりやすく、丁寧に伝える広報」と言える。より具体的には、「情報を受け取るタイミングに気を配り、伝える情報のわかりやすさを高め、個々人の望む選択ができるよう助ける」ということだ。加えて、人々の伝達に対するリアクションを蓄積、分析して、さらにコミュニケーションの改善を図る。そのサイクルを短期間にくり返していくことで、それは達成される。

なぜ、広報の質を高めなくてはならないか。それは言うまでもなく、国民全体の幸福、我が国全体の発展に資するためである。この理想像を現実のものとするためにＩＴを用いるというのが、広報におけるＤＸの私の理解だ。

これは、２０２１年9月に設置される予定のデジタル庁とも、根本的には共にするところが大きいと思量する。菅義偉首相は官邸で開催されたデジタル改革関係閣僚会議において次のように述べた。

〝今回の新型コロナウイルスへの対応において、国、自治体のデジタル化の遅れや人材不足、不十分なシステム連携に伴う行政の非効率、煩雑な手続きや給付の遅れなど住民サービスの劣化、民間や社会におけるデジタル化の遅れなど、デジタル化について様々な課題が明らかになりました。この政権においては、かねて指摘されてきたこれらの課題を根本的に解決するため、行政の縦割りを打破し、大胆に規制改革を断行します。そのための突破口として、デジタル庁を創設いたします。この新たな組織の創設により（中略）、国民が当たり前に望んでいるサービスを実現し、デジタル化の利便性を実感できる社会をつくっていきたいと考えます。〟

つまり、同庁の背景は、「あらゆる分野における創造的かつ活力ある発展が可能となる社会」を形成すべく、「先端的な技術をはじめとする情報通信技術を用いて電磁的に記録された多様かつ大量の情報を適正かつ効果的に活用すること」にある。そしてそれを「迅速かつ重点的に推進する」ために、「行政事務の迅速かつ重点的な遂行を図ること」が、デジタル庁の任務である。

このとき、当然ながら、情報通信技術により豊富かつ大量のデータを使用した結果、予想だにしなかった変化も起きる可能性はある。そして、そうした変化が、本来目指すべき「創造的かつ活力ある発展が可能な社会」へつながるものか、観察しなくてはならないはずだ。他方で、目指すべき姿の実現が有望な技術から優先的に導入していかなければ、コストは無限にかかってしまう。つまり、「起したい変化」「起きた変化」を往復的に観ていくことになる。

平井大臣もデジタル庁創設のスローガンに「No one left behind（誰一人取り残さない）」と述べているが、デジタライゼーションの究極は「国民の幸福な生活の実現」が目的であって、そこから誰一人取り残さない、というのも社会保障制度と親和性のある共通の方針である。

1-3 〈広報DX〉による政策形成プロセスの向上

政策においても、広報のデジタルトランスフォーメーションによって、目指すべきビジ

従来の行政政策のフレーム

総務省統計局	各省庁	地方機関 外郭団体	内閣官房	
統計調査	統計調査	統計調査	統計調査	制度改正

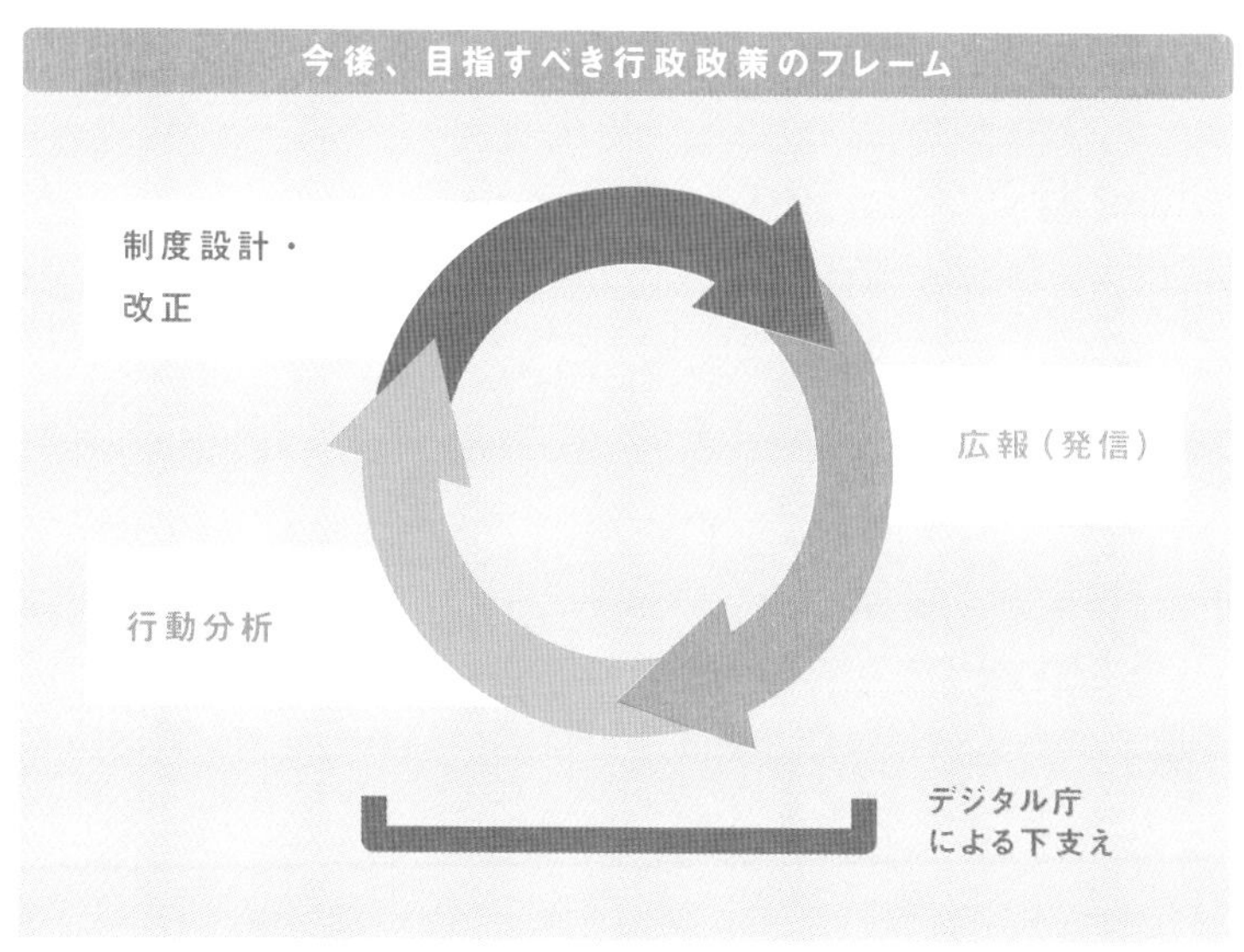

ヨンがある。それは、制度設計→広報（発信）→受け手の行動分析を経て、新たな社会課題の解決・社会規範の変革の枠組みを有機的につなげることだ。これを短期間でくり返すことが、我が国の持続可能性を高め、国際競争力の新たな源泉となっていく。

従来の行政政策は、統計調査→制度設計→周知→統計調査→制度改正の検討というフレームで動いていた。一連の流れに時間がかかる上、これらの項目の間に有機的なつながりが見えづらかった。政府統計は総務省統計局、世論調査は内閣官房。制度設計は各省庁で実施する。そして制度の周知は地方機関のほか、外郭団体が担う。手続きはさらに別組織の業務となる。このように実施主体がバラバラなのだ。結果、シームレスに分析できるものではなかった。

今後設置予定のデジタル庁に期待されるのは、制度設計→広報（発信）→受け手の行動分析という枠組みを下支えする政府共通のシステムの構築である。このとき、広報は制度設計・制度改正と国民の認知と行動をつなぐツールとなる。

コミュニケーションを介して日夜サービスの改善を図る考え方は、インターネット企業をはじめとして民間企業ではすでに当然のものとなっている。私たちの日常生活もこれらのサービスに依存する部分も多く、それに慣れている国民の視点からすれば、政府の行政サービスの向上の速度や政策変更のスピードは遅く感じられるはずだ。

このことは、新型コロナウイルス感染症の蔓延などの重大局面において、政府と国民のコミュニケーションを阻害する最も大きな要因となってしまった。結果、国民に負担をかけてしまう結果を引き起こしている。

この積年の課題を解決するためには、デジタル庁の設置と、デジタル庁による行政サービスの政策形成プロセスの向上は欠かせない。今後の我が国の趨勢を決するものと言ってもあながち間違いではないだろう。だからこそデジタル庁に強い期待が寄せられるのである。

次節からは、デジタルトランスフォーメーションに向けた課題と理想像について多角的に論考したい。

2 理想像の彫刻 ❶ 行政と企業における共通点および相違点

2-1 広報業務の変革を阻害する2つの「タテ割り」

まずは現在の行政広報の陥穽について、簡単に確認しておく。前節でふれたとおり、従来の行政は、統計調査や世論分析による立法事実の把握や制度立案、法律改正、実施事務の検討という枠組みで動いてきた。

広報は、この中で「実施事務」という枠組みで検討され、「行政事務の遂行」という目的の下、実施される。そのため改善の焦点は、行政手続きの届出や申請の電子化、申請内容の審査とその結果の記録、申請結果に基づく各種給付金の支払い事務といった「事務の効率向上」に置かれてきた。

たとえば社会保険の手続きなら、業務処理の「機械化」は戦後間もない1950年代に検討、実施された。1980年代には我が国の行政システムの一翼を担う社会保険業務システムがオンライン化、ネットワーク形成が行われた。

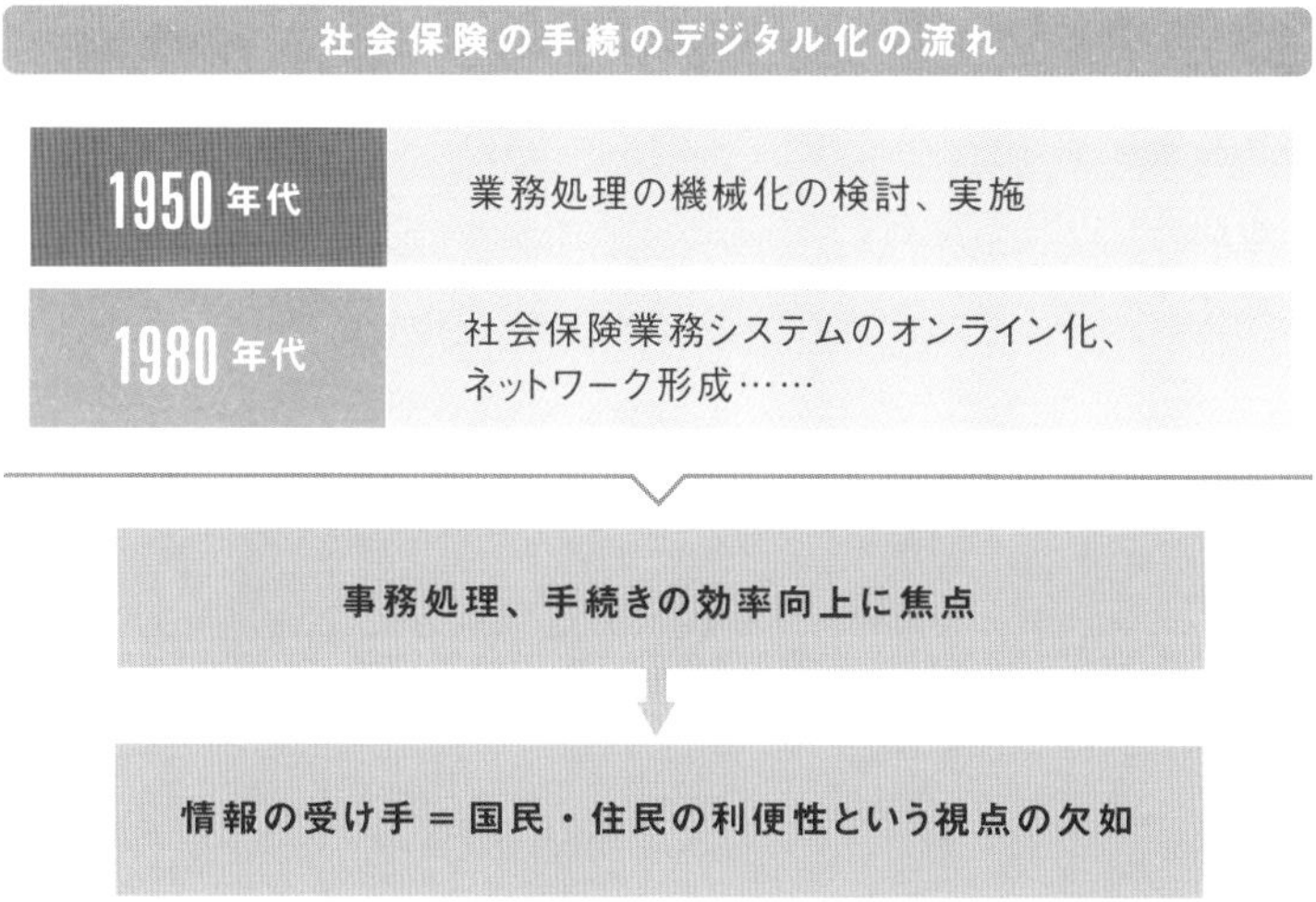

社会保険の手続のデジタル化の流れ

1950年代	業務処理の機械化の検討、実施
1980年代	社会保険業務システムのオンライン化、ネットワーク形成……

事務処理、手続きの効率向上に焦点

↓

情報の受け手＝国民・住民の利便性という視点の欠如

こうした過程を見ると、行政にとってのシステム構築は道路やダムを造るのと同じような、伝統的な行政計画そのものであることがわかる。さまざまな行政分野ごとに構築されたシステムは行政の事務処理そのものであり、それが現在に至るまで、深く根付いている。

行政による正確で安定した事務処理という観点では問題ない。しかし、国民がどのようなライフスタイルを送っており、それぞれの制度について、どのようなタイミングで知り、利用したいかといった、エンドユーザー視点が長きに渡って欠けていたことは否めない。そして、広報も行政事務のひとつである以上、同じ課題を有していると言える。

国会では、「周知広報を徹底して参りたい」

という答弁がよく聞かれる。情報の発信量を増やしたい、という意味だが、その背景には「発信量を増やせば、自然と認知度が高まり、手続きが促進される」という考えがある。

認知度の向上や手続きを促すという目的は、「国民の幸福な生活の実現」という観点からすれば、当然重要なことである。問題は、その目的を達成するための手法が適切なのか、ということだ。

行政における広報は往々にして、成立した制度の理念や手続きについて一方的な視点で発信される。これは、制度を運営する側からすれば当然の理屈であり、一見正しいようにも思える。しかし、単に発信量を増やして周知・広報の強化を図ることは、情報が怒濤のように流れ、過ぎ去っていく現代においては、国民の貴重な情報取得のための時間を阻害する。増大し続ける情報の中では発信量を増やそうとすれば、それだけ、コストも広がり続ける一方である。

諸外国の広報事例を見渡すと、やはり、こうした手法は誤っていると考えざるを得ない。多くの先進諸国では、広報の受け手である国民の情報取得行動や、情報接触後の行動変化を行動科学の観点から分析し、広報に反映させる努力を続けている。すべての国民に同じ表現ではなく、学齢や世代に応じて適切なメディアを選び、広報のターゲットとなる世代を戦略的に策定し、すべての国民が適切なタイミング、適切なメディアで行政サービスの情報に接するよう工夫している。

他方、我が国の広報を振り返ってみると、広報をすることが目的ではなく、広報物を製作することが目的化していることが多い。そして、業務システムも、その目的に従って構築され、業務レベルでもタテ割りとなっている。

情報の受け手である国民の視点を重視した広報にシフトするためには、従来の業務フローを根底から刷新するものでなければならない。

行政による広報を阻害するタテ割りはもうひとつある。制度のタテ割りだ。社会保障制度には従来、年金や医療・介護、労働などの施策分野ごとに広報が行われてきた。

結果、「社会保障を利用することで／社会保障を支えるものとして、自分にどんな利点やメリットがあるのか／どのように振るまえば、あるいは何をすればいいのか」が理解しにくくなっている。社会保障が目指す社会像と各制度の個別理解のつながりが見えにくく、自分に向けられたものなのかどうか、という判断も迫られる。比較対象が過去となりやすく、「昔に比べてどうか」という単純な軸により、利害得失で認識してしまう傾向もある。不安を煽るような情報に対して、社会保障に関する的確な情報が不足しているという現状もある。

伝え方については、これまでの広報では制度や手続きを周知し、理解を得られれば、情報の受け手である国民は行動するということが前提とされていた嫌いもある。

くりかえし、理念について強調したいのだが、全世代型社会保障は、日々の国民生活に密着し、今後の日本経済・社会の基盤となる重要な政策を包含するものである。そして、全世代型社会保障を構成する医療、介護、福祉、年金、労働、子育ての各政策の先にいるのは、現実に存在する「支え」を必要とする人々である。いま、この瞬間も一つの光を見出そうとして懸命に情報を探し、希望に向かって走る人々がいる。そうした人たちの生命、健康、財産は、わかりやすく丁寧かつ的確な伝え方にかかっていると言って過言ではない。

2-2　一般企業と行政のコミュニケーションにおける共通の課題

さて、本書を手に取っている民間企業の方には、多少の齟齬はお許しいただきたいが、企業に置き換えれば次のようなことだと理解されたい。

自動車を製造・販売する企業があったとする。その企業には、自動車の普及を通じて、目指している社会のあり方があるとしよう。そして、その自動車事業は、傘下に複数の車

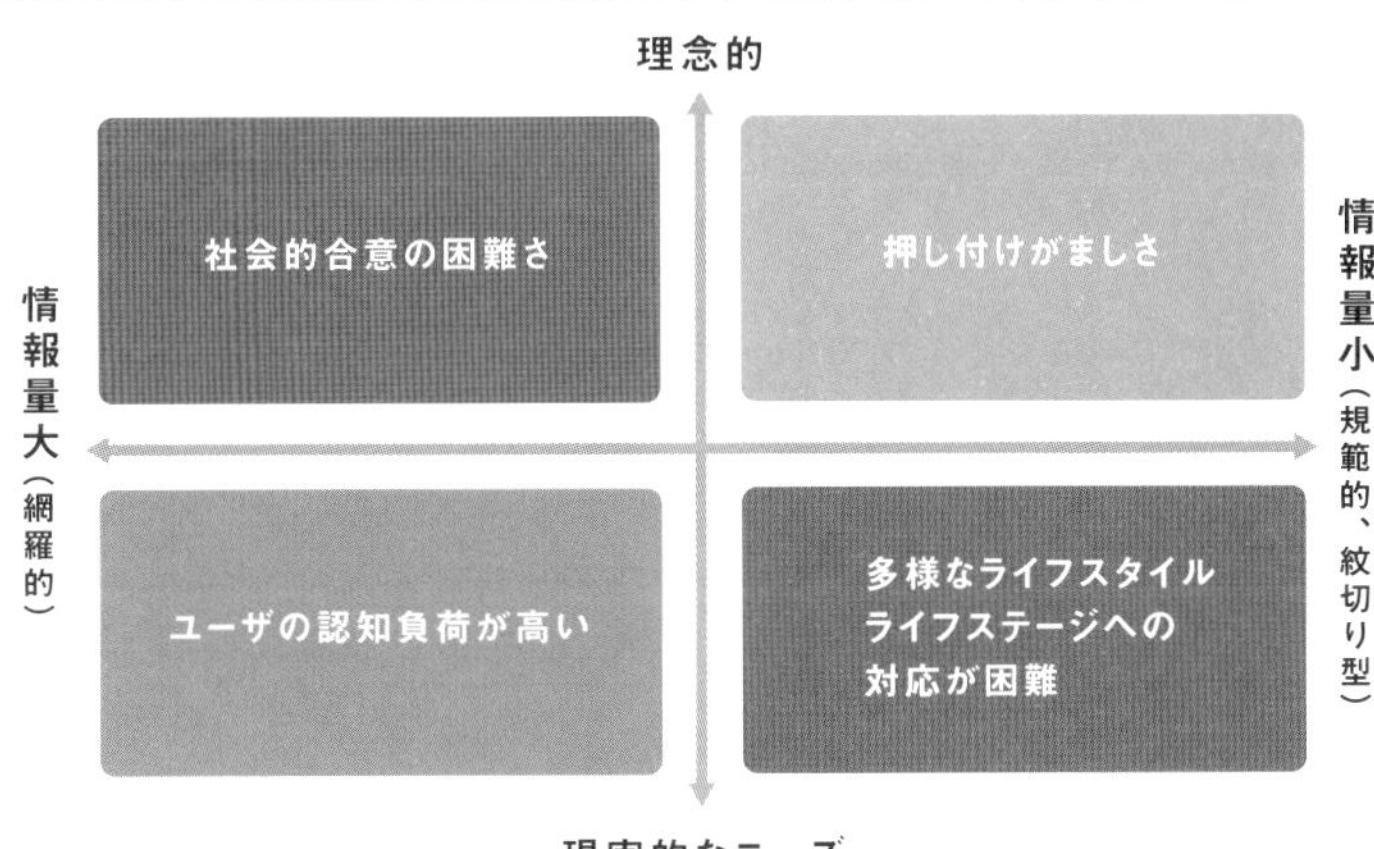

種を抱えている。簡単のために、ミニバン、セダン、コンパクトカーの3つとする。

これら3車種は、それぞれ同社の理念に通底しているはずであるが、その理念だけで、当のクルマを購入することはふつうないだろう。他方、各車のカタログスペックだけで買うものでもないように思われる。だからこそ、企業の側も、クルマの使用者ごとに、理念と機能的価値のそれぞれどのような点を、どのように伝えるか、で腐心しているのではないかと拝察する。

そうしたコミュニケーションがなされるとき、一般に、3つの車種についてすべて事細かに説明され、「では、ご自身に見合う情報を選び取り、ご自身で吟味して、適切なクルマをご購入ください」といったアプローチがされることは、どうもないように思われる。

かといって、「あなたにはこのクルマが最適解であり、このクルマと共に、このような生活を送るべきだ」というメッセージも押し付けがましい。必ずしも単身世帯だからコンパクトカー、ファミリー層だからミニバンといった決めつけをされるのも、あまり愉快なことではなさそうだ。男性ならば運転席、女性ならば助手席といった考え方も古めかしい。

実はこの点が、社会保障制度における広報と、消費者向けの商品やサービスのコミュニケーションで共通する課題なのではないかと思う。すなわち、企業として、あるいは商品として掲げているビジョンと、消費者それぞれで感じ方の異なる現実的なニーズのギャップをいかに埋めるか。また、消費者の価値観や、生活様式が多様化している現代において、紋切り型でおしつけがましくならないようにしながら、情報を必要としている人に適切に情報を届けるにはどうすればよいか。といったことだ。

行政が単に制度や手続きを周知すれば、情報の受け手である国民が具体的な行動に移すといったことは、現状を見るに考えにくい。もし、発信者の意図通りの行動が発生していたとしたら、そこには別の要因が働いていたことも考えに入れるべきではないだろうか。現代においては、制度や生活も多様化していることから、どうすれば自身に適した行動を選び取れるか、ということを支援する情報提供が必要と考えられる。

また、社会保障制度は、その便益を国民が享受するという側面もあれば、国民によって維持されている制度でもある、という二面性がある。片や、企業は顧客に価値を提供する主体ではあるが、その企業を支えているのは顧客である、という見方もできる。

昨今、「買い支え」という言葉を目にすることがある。本来は、株式用語で、相場の下落を食い止めるために買い注文を入れることだが、新型コロナウイルス感染症で苦境にある飲食店などを支援する文脈で「買い支え」という言葉が出てくるようになった。この言葉は、制度/企業から何らかの便益を得るには、国民/顧客の「支え」があってこそ、という見方を可能にする。「支えたい」と思ってもらえる〈ファン〉をいかに増やすか、というのはマーケティング領域でもトピックスのひとつと聞く。

「自分たちが支えるものである」という意識をいかに醸成するか、は行政、民間企業を問わず、共有し得る課題である。

異なる点では、行政サービスは選択肢がかぎられるが、民間サービスは選択肢が広い、という違いがある。つまり、社会保障制度は代替制度を前提しないということだ。再び自動車会社を比較対象にすると、同社のコミュニケーションが気に入らなければ、別のメーカーのクルマにするなり、「クルマのない生活を選ぶ」という選択肢もあるかもしれない。しかし、社会保障制度はコミュニケーションのまずさで乗り換えるにはコストが高すぎる。それは別の国へ移住し、その国籍を取得することを意味するからだ。制度自体に参画しないということも本義からすればあり得ないことである。

ただ、この違いからも私たちは示唆を得ることができよう。たとえば、経済成長期には、働いて活躍していけば所得は増えていくもの、という前提があった。だからこそ、ローンを組んでクルマを買う若者は決して珍しくないものであったし、「クルマは必ず買うもの」ということは、半ば日本全体の常識だった。もし仮に、その意識のまま現代でも「クルマは買われて当然だろう」と発信者側が考えていたならば、コミュニケーションがうまくいかなくても不思議はないように思える。

つまり、社会保障制度は利用して、あるいはその制度を支えるのに参画して当然のもの――実際問題、義務という面もあるにせよ――という考えのまま、情報発信をしていたとしたら、コミュニケーションが十全になされることはないのではないか、ということだ。

3 理想像の彫刻❷ 諸外国の社会制度の広報施策を概観する

3-1 社会保障コミュニケーションの国際的なガイドライン

では、諸外国では、どのようにコミュニケーションを図っているのか。ここで一旦、視線を海外に向けてみたい。

国際社会保障協会（ISSA）は2016年に発表した『ISSAガイドライン　社会保障運営におけるコミュニケーション』で、「社会保障機関には、市民に彼らの権利と責任を知らせ、市民が情報を得た上で決定するのを助けるという重要な責務がある。とりわけ市民は、自身の選択の長期的な影響について情報を得た上で決定する必要がある。こうした理由から、社会保障機関は、わかりやすい方法で、適切な経路を通して適時に、情報の受け手に積極的に手を差し伸べ、実用的な情報を提供すべきである」とし、社会保障のコミュニケーションについて、5つのパートからなる国際ガイドラインを示した。

まずは「コミュニケーションの原則」。このパートで特に注目すべきなのは、「コミュニケーション担当部署は、コミュニケーションプロセス、やりとりの間に提起された問題や改善すべき領域に関して、内部および外部の利害関係者が意見や感想を伝える仕組みを確立すべき」という点で、これはインタラクティブ広報の検討を推奨している。

またガイドラインでは、広報のターゲットを次の4つのカテゴリーに分けている。

（1）議員、政策立案者、規制当局
（2）ビジネスジャーナリスト、コラムニスト、レポーター、ラジオ、テレビの司会者、その他のコメンテーター
（3）雇用者連盟、労働組合、ロビーグループなどの団体
（4）制度加入者および受給者

これらは以下に従ってさらに細分化できる。

（A）社会保障制度（例：退職者、失業者、障害者）
（B）サービス形態（例：外部事業者、代理店、職員支援、自営）
（C）社会的グループ（例：労働年齢、ベビーブーム世代、移住者）
（D）地理（例：都市部、農村部、へき地）
（E）人生の出来事（例：誕生、結婚、離婚、転職、死亡）

（F）性別
（G）ICTの導入状況（例：早期の導入者、その後の導入者、利用なし）
（H）所得
（I）年齢

我が国における広報の根底には、広く報(しら)せる（すなわち広報）という考え方があり、「国民全員がターゲット」といった格好で行われる。そうではなく、ガイドラインで示されているように細分化したセグメントそれぞれに伝わるよう、きめ細やかな情報伝達を施すべき、ということだ。

次に「ガバナンスと運営」では、一貫性のある幅広いコミュニケーション関連活動を組織的に実行するための方針と、手法を定める

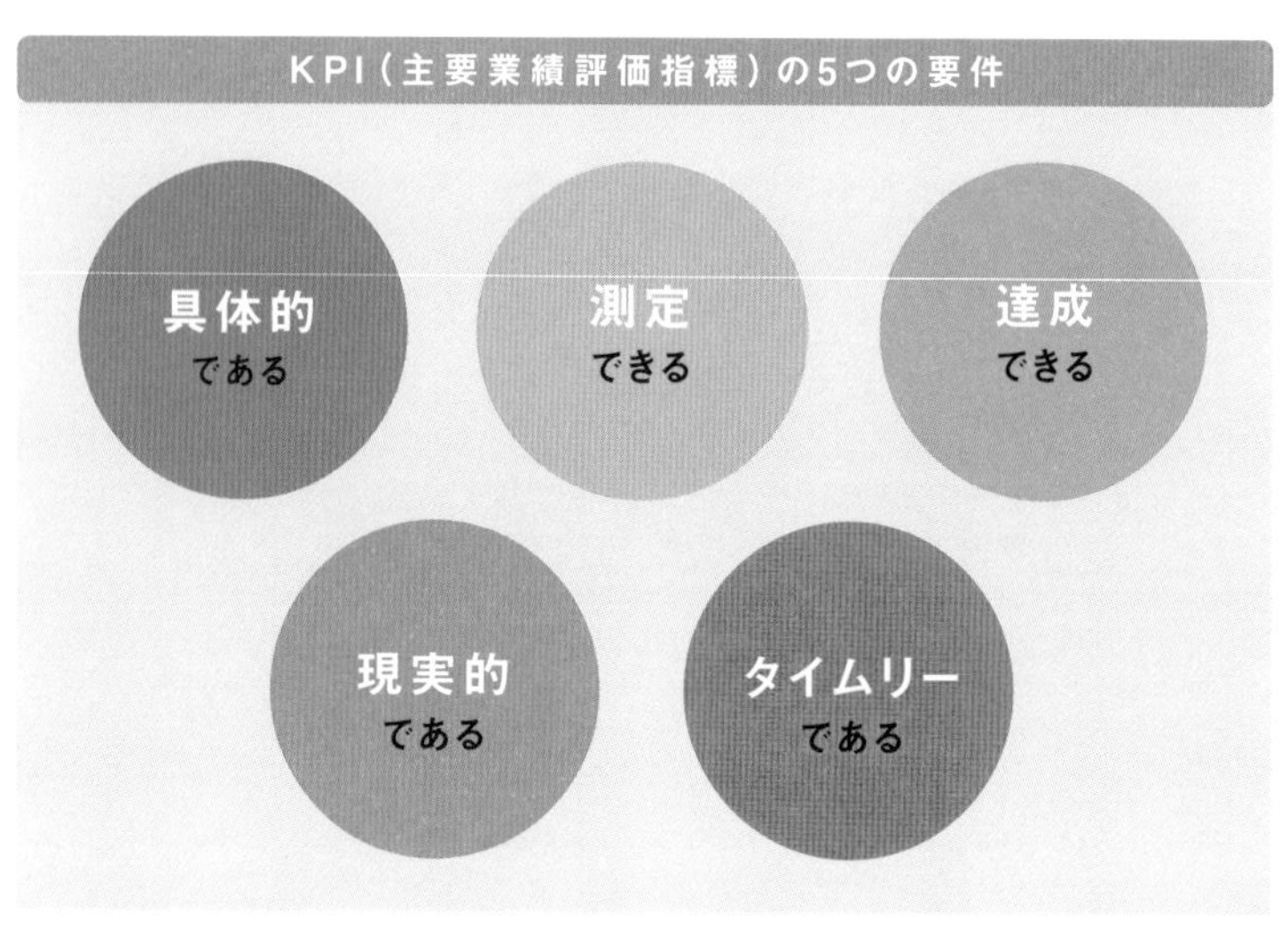

ためのガイドラインが示されている。ここでは、現在の認知と広報による認知変容、そしてそれらをどのように拡散していくのかという綿密なコミュニケーション計画が重視され、短期的なものではなく、3年から5年に及び主要な事業戦略と行動計画を定めることが必要という。

そこで重要になるのが、広報実施にあたりモニタリングとコスト管理の観点だ。なかでも、コミュニケーション活動においては、KPI（主要業績評価指標）の設定が必須であるだけでなく、追跡評価の実施を推奨している。KPIは「具体的」「測定可能」「達成可能」「現実的」「タイムリー」といった点で、有効でなくてはならない。

先に述べたとおり、従来の行政広報では、認知を主な目的に、制度の施行日を中心に広報物が制作される。制度の内容について認知を獲得するのは重要であるが、それだけでなく、国民がどのように感じるのか、より深く知りたい内容は何か、制度に対してどのような疑問を持つかを分析しながら、制度運営者と国民のミスコミュニケーションを解消しなくてはならない。

3つめのパートで注目したいのは、「コミュニケーション担当部署は、すべての資料やツール、書名、フォーマット等の表現物において、通底するトーンやスタイルを定めるべき」という点である。受け手によって表現の仕方が異なるのはもちろんだが、それでもなお、『同一機関が出している』とわかることが重要」ということだ。

我が国の行政広報は大別すると、職員が直接広報物を製作し実施する場合と新たな制度の施行等、広く国民に周知するために広告代理点等を通じて広報物を製作する場合がある。

たとえば、市役所、区役所、各省庁の出先機関において、実に様々なチラシやポスターが設置されているが、見回してみると1つ重要なことがある。

それは、広報物について統一されたデザインが存在せず、広報事業毎に指向の異なる広報コンテンツが乱立していることだ。

このような現象が起きる1つの理由として、コミュニケーション計画の不存在とコミュニケーション計画を変更するという概念がなく、広報事業は単年度の予算事業として考えられ、年度が替わると担当者が変更されてしまうことが挙げられる。

確かに民間企業でも広告コンテンツの指向が異なることがあるが、実際には通底したコーポレートアイデンティティが存在し、これらを実現するために必要があって、変更するのである。

行政の場合にはこのような通底したアイデンティティではなく、行政の事業単位・人事異動によって広報コンテンツがことなることが多く、それゆえに専門家を育成する必要性が高い分野でもある。

また、さまざまな文書に使用される専門用語集を作成し、マニュアル化すべきという指摘もされている。社会保障や労働、医療分野においては、専門用語が多いため、理解を阻害するからだ。不正確な内容は、国民への混乱を招くため、あってはならないことだ。しかし、正確さを高めようとして難解な文書を作成してしまい、結果、混乱を招いてしまうのであれば、それは不正確なのと同じことである。

チラシで理解していただきたい内容、初めてWebサイトにアクセスされた方にご理解いただきたい内容、制度利用をするにあたって詳細に調べている段階で理解していただきたい事項、申請の際に確認していただければならない留意事項。これらはすべて情報の粒度が異なる。これを良く整理し、統一したデザインで表現することによって行政制度の内容がきちんと周知される。決してすべて同じレベルで難しい文章を記載する必要はないのである。

次の論点は、「専門家の育成」だ。国民の信託を受け、国会が制度を施行するにあたり、極めて重要なことなのだが、行政には、国民と行政、国政をつなぐコミュニケーションのグラインドデザインを描く専門家が必要である。

現状では、個々の行政官は所管する行政分野のチラシやポスターを製作するなどの経験はあるが、各制度を俯瞰して国民のライフスタイルに合わせ、何をどのように理解してもらう必要があるか、そこの整理にまで手が回っていない。こうした点でのプロフェッショナルの育成は急務であろう。

他方、我が国においては、詳細な学習指導要領を作成し、学齢期に応じた教育要領を定めているものの、一度社会に出たあとは、行政が提供するサービスについて、何をどのように調べればいいかも含め、自己責任としている部分が大きい。しかしながら、個々人のライフスタイルに合わせて適切に行政サービスの情報を受け、行動を起こしてもらうために、きちんと相手に合わせた＝セグメンテーションした上で、それぞれにターゲットをしぼったコミュニケーションを施すことは極めて重要な考え方である。

社会保障政策のそもそもの目的は、国民の「Ｗｅｌｌ ｂｅｉｎｇ」を追求することである。広報コミュニケーションにおいても、国民がどのような場面で社会保障を利用し、国民一人ひとりが「Ｗｅｌｌ ｂｅｉｎｇ」を享受できるか、深く追求してしかるべきだ。

そのためには、一定程度の教材を用いて適切な学齢期での教育や、長期的に好ましい行動の変更を目的とした情報提供を検討する必要がある。

たとえば、イギリスの内閣官房に設置されている国立行動科学研究所（Behavioral Insight Team）では、コンビニエンスストアの飲料販売のコーナーに甘味料が多い商品と少ない商品を区別するポップを作成し掲示している。この政策は、国民の生活習慣病である肥満や糖尿病を未然に防ぐこととなる。そして、こうした疾病が少なくなれば、その分だけ保険財政の悪化を防ぐこともできるだろう。

国民に取って長期的に好ましい影響がある行動変容は、国家財政に対しても一定の効果をもたらし、長い目で見れば、我が国が豊かに成長するための選択肢を増やすことになる。

3-2 スウェーデンの社会保障広報

現在、ＩＳＳＡ加盟国の社会保障機関は、これらのガイドラインを参考に社会保障広報の改善を進めている。その中のひとつ、スウェーデン年金庁（Swedish Pensions Agency）が、ドイツやフランス、ロシア、ペルー、インドネシアと共同研究し発表した『Pension Communication: Final Report（抄訳＝年金コミュニケーション：最終報告書』（２０１６年）では、このような指摘がある。

〝すべてのコミュニケーション活動は、顧客のニーズと期待を出発点とする必要がある。コミュニケーションについて決定する際には、すべての機関にとって、顧客の特定ニーズ、生活環境、優先する通信経路を認識することが重要である。（中略）人生の状況に合わせて活動することは、たとえば顧客に関わる情報であると感じさせ、成功する方法である。〟

この報告書では、不適切な方法として「情報の受け手の意識を高めるにあたって、多くの社会保障機関は複雑な社会保障制度の構造を説明している」と指摘する。それを踏まえて、「情報の受け手である人々の、行動の結果についてコミュニケーションすべきであり、最初のステップで簡単なメッセージを発信することが効率的である」という指摘も見られる。スウェーデン年金庁では、年齢と年金制度への関心度に応じたセグメンテーションに基づいて情報発信を行っているという。自営業者や子どもを持つ親、退職予定者など、特別なセグメントも用意している。セグメントに応じたコミュニケーションチャネルを選択するとともに、メッセージもターゲットに合わせて表現やトーンを変えている。こうすることで、コミュニケーション効果を高め、情報が自分に向けられたものと感じてもらえることが期待されるためだ。

加えて重要なのは、コミュニケーションの原則として、（提供する情報が）人生の生き方を教えるものではないこと、ライフステージやライフイベントといった行動に着目すること、魅力的なデジタルチャネルを構築すること、首尾一貫したメッセージを多くのチャネルで展開することを掲げている。

一方、日本における行政広報が政策を周知する際は、手続きをするのに必要となる情報の提供を前提としており、対照的である。しかし、全世代型社会保障への改革は、多様な学び、多様な働き方、多様なライフスタイルを受容し、誰もが安心できる社会保障制度の構築が主眼である。ならば、その制度の広報手段にも変革が求められるのではないか。

年齢や性別といったデモグラフィック属性だけで国民を分類すると、ステレオタイプな

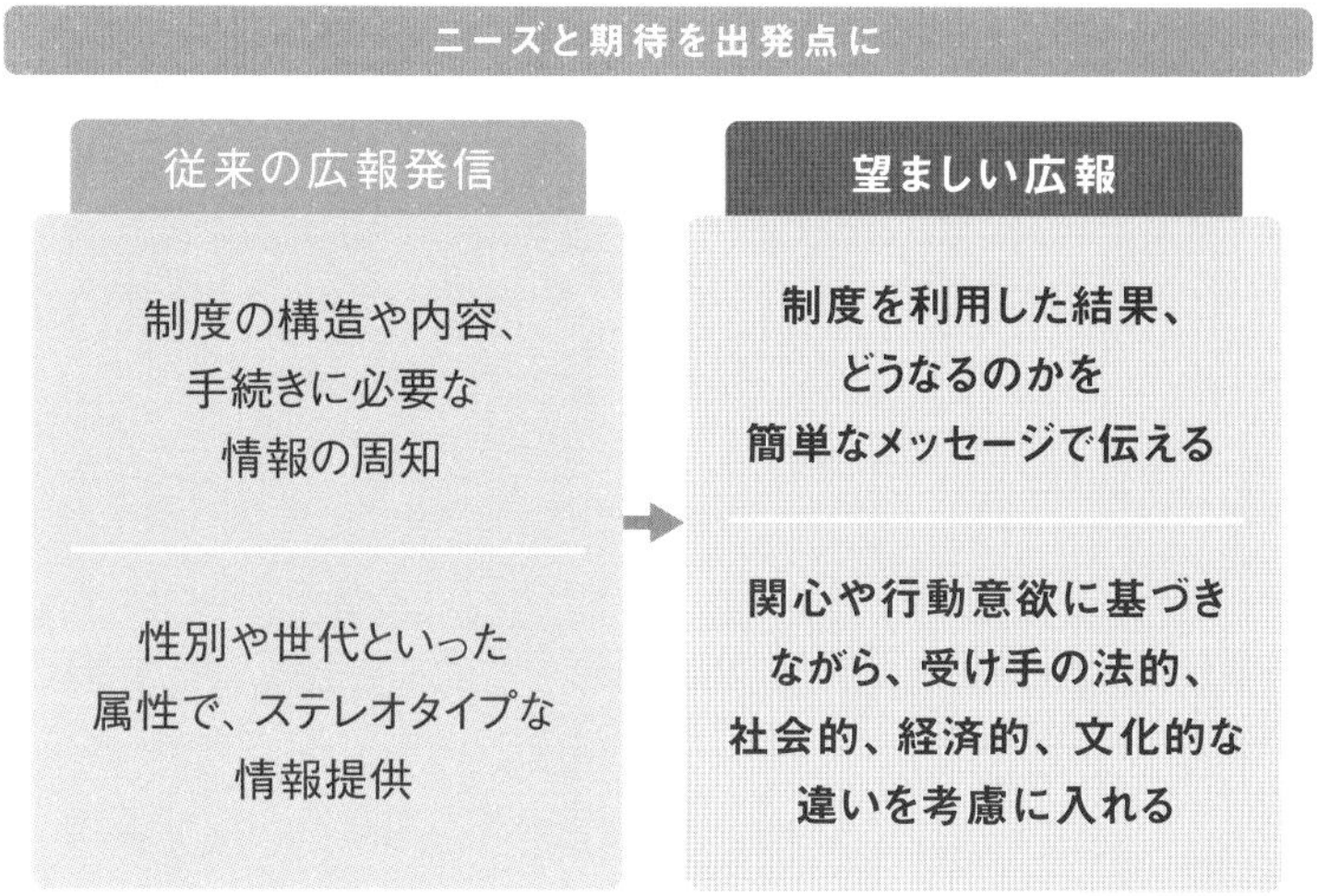

ニーズと期待を出発点に

従来の広報発信		望ましい広報
制度の構造や内容、手続きに必要な情報の周知	→	制度を利用した結果、どうなるのかを簡単なメッセージで伝える
性別や世代といった属性で、ステレオタイプな情報提供	→	関心や行動意欲に基づきながら、受け手の法的、社会的、経済的、文化的な違いを考慮に入れる

見方を国民に押し付けることになる。「意識」「関心」「関与意欲」「行動意欲」で分類し、どのような背景を持っているかによらず、関心事によって異なるメッセージを国民のさまざまな層に発信することが重要であろう。就職や離職、結婚、出産、病気になったとき、高齢になったときなど、さまざまなライフイベントによっても、必要な情報は絞ることができる。国民一人ひとりがそれぞれの状況に応じて社会保障制度を的確に利用できるようになるよう行動変容を促しながらも、受け手の法的、社会的、経済的そして文化的な違いを考慮に入れることは欠かせない。

4 理想像の彫刻❸ いかにして伝え、行動を促すか

4-1 現状をつぶさに把握する

では、社会保障制度に対する国民の関心の動きをどう把握するか。もともと、国民の社会保障に関する関心は高いとされている。内閣府の世論調査によると、政府に対する要望として最も多いのは、どの世代においても「医療・年金等の社会保障の整備」であった。また、政府広報で取り上げてほしい分野では「医療・年金・介護」が一番に挙げられている。さらに、国民の感じる悩みや不安として、「老後の生活設計」を挙げる人が一番多い（56・7％）が、近年は「自分の健康」を挙げる人（54・2％）がそれに匹敵するくらい増えてきている。

従来このように、国民の関心事項は定期的な調査によって把握されてきたが、より細やかな対応のためには、リアルタイムに情報ニーズを可視化していくことが必要だろう。実際、情報の受け手である国民は、発信された情報に対し、当該制度を利用すると「個々人

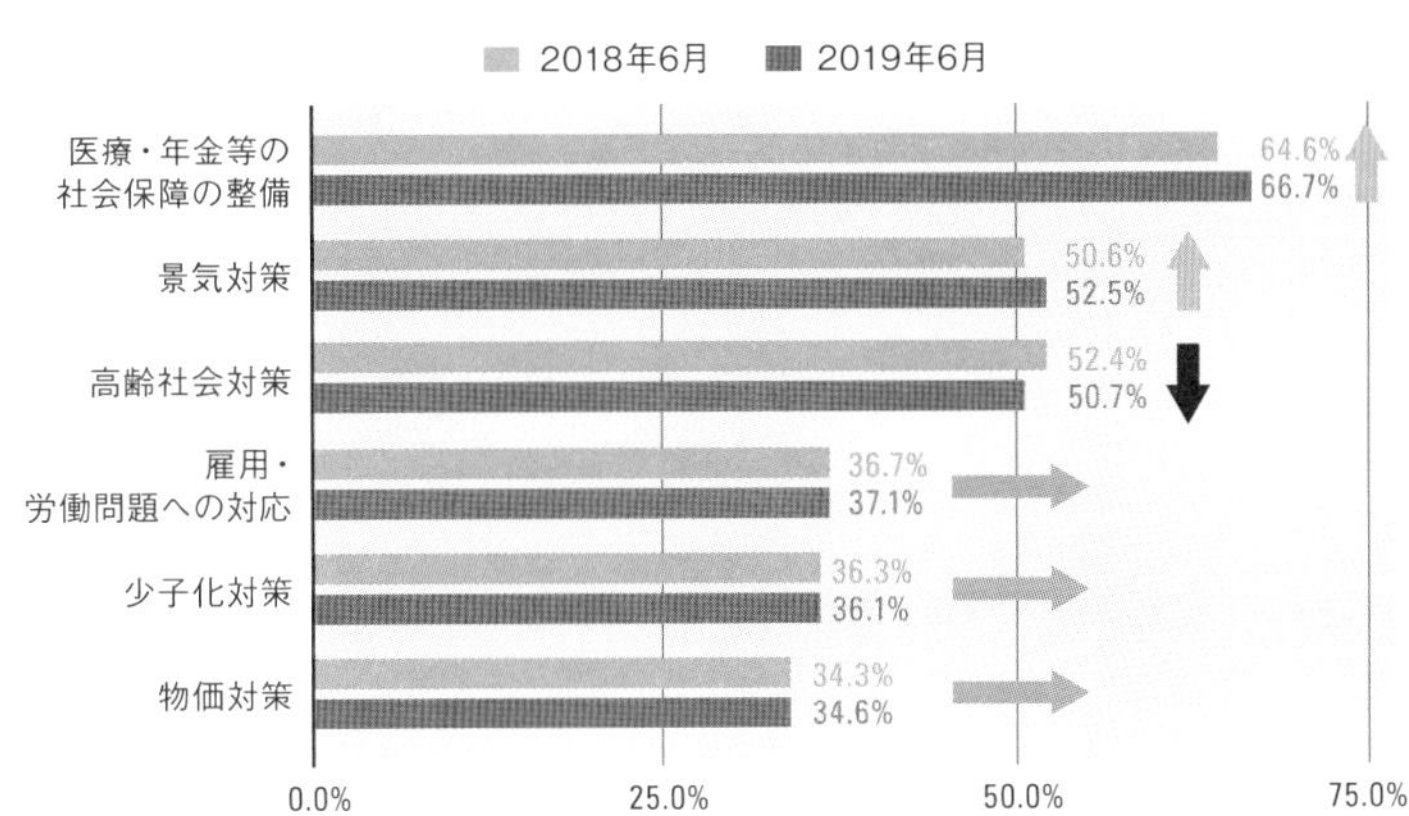

内閣府「国民生活に関する世論調査」(2019年6月調査) をもとに編集部作成

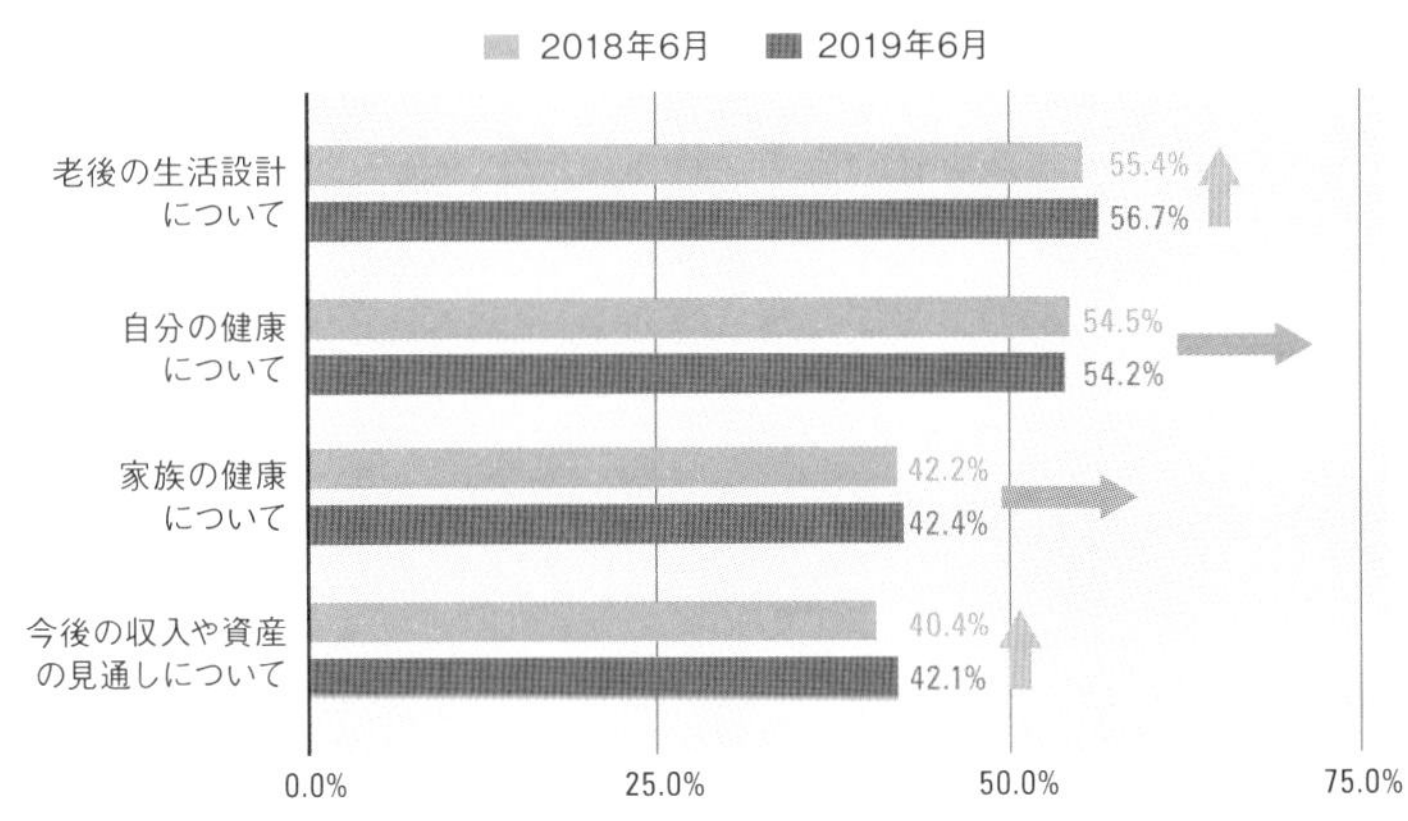

内閣府「国民生活に関する世論調査」(2019年6月調査) をもとに編集部作成

政府広報で取り上げてほしい分野（複数回答）

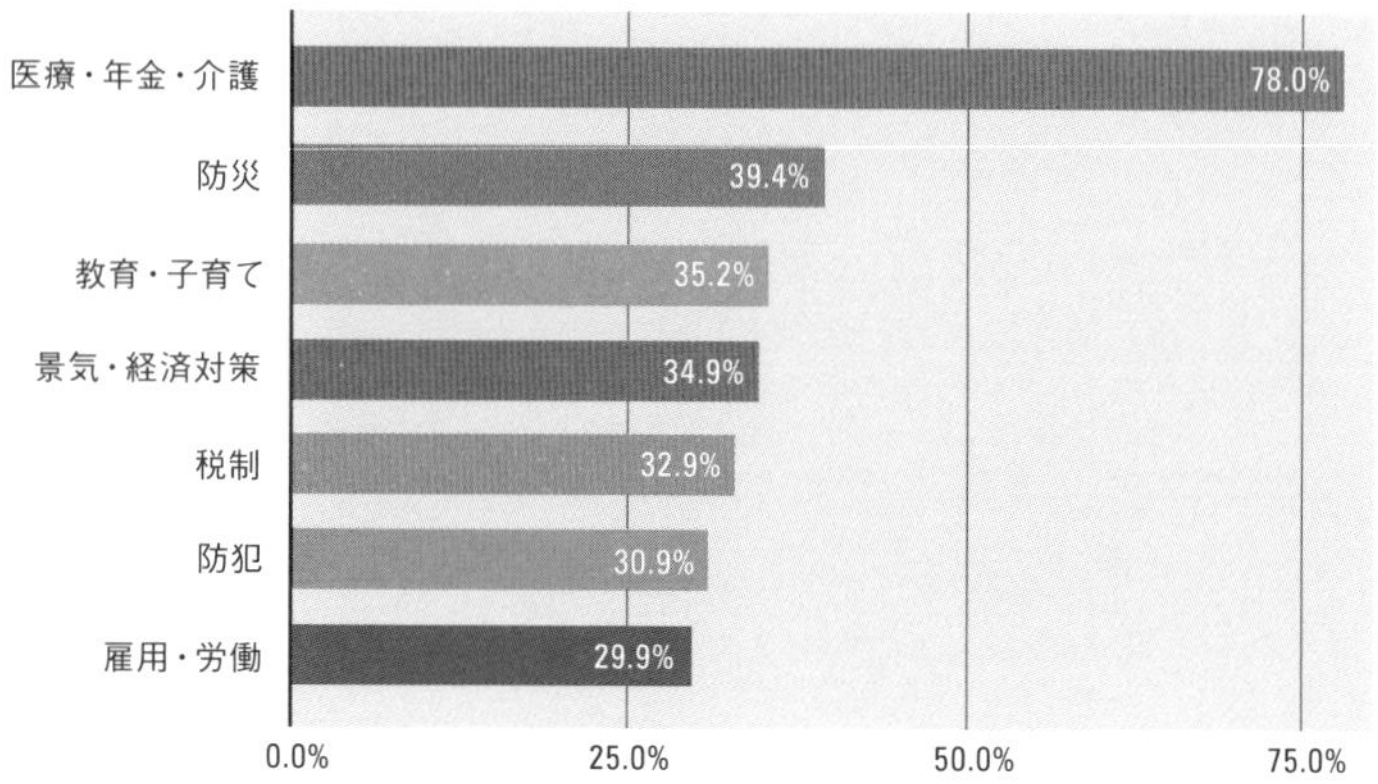

分野	割合
医療・年金・介護	78.0%
防災	39.4%
教育・子育て	35.2%
景気・経済対策	34.9%
税制	32.9%
防犯	30.9%
雇用・労働	29.9%

0.0%　25.0%　50.0%　75.0%

内閣府「政府広報に関する世論調査」（2016年12月）より編集部作成

の将来がどうなるのか？」という疑問や不安を感じて検索を行い、具体的な行動につながっていることがビッグデータ分析を通じて明らかになってきている。

リアルタイムに情報ニーズを把握する上では、ソーシャルメディア上の発信や、インターネット検索データが活用できそうだ。より実務的に判断するならば、どんな言及がされているかのトレンドや、単一の検索ワードのボリュームの大きさではなく、「なぜ、そのような発信や検索がされているか」と、掘り下げて分析していく必要がある。どんなメディアも一定のユーザーに限定されるため、国民すべての意向を代表するものではない、ということも念頭に置かねばならない。

一方で、「全世代型社会保障に関する広報の在り方会議」の構成員からは、「社会保障制度はよくわからないものであり、優先順位が低く感じられる」との指摘があった。こうした実感からは、国民がどれだけ社会保障制度に関心を寄せているか、が直感に反するように思われても不思議はない。

社会保障に関するニュースは、ほとんどが高齢者に向けた年金、医療、介護、定年延長についてであり、そこには「負担増、支給減」といった文字が躍る。取り上げられる内容が、わたしたちの社会にとって重要なことがらである、ということを暗に思わせる「ニュース」のメディアで、高齢者に向けたものばかりを目にした若者は、自分たちがないがしろにされている、ともとらえるかもしれないし、「このような報道がされている」とソーシャルメディアなどで〈怒り〉や〈疑問〉とともに転載されることで、増幅していくことも考えられる。なにより、少子高齢化が進展する中で、多くの若者世代は、将来負担が増える一方で、自分が受け取れる給付は減る、という不安や不公平感を拭い去れない現状がある。

社会保障は国民の最大の関心事の一つであり、さらに関心を高めていくべき事柄である。そのため、明確な事実をわかりやすく示して曖昧さを消すことが、社会保障制度の信頼の醸成につながると考えられる。

4-2 施策について検証する

再び諸外国に目を向けると、社会保障に関して、ゲーミフィケーション（ゲーム化）なども活用しながら、さまざまな魅力的なコンテンツが展開されている。

スウェーデンでは、「Gilla Din Ekonomi（あなたの経済をお好きに）」というアプリを通じて、社会保障を含むパーソナルファイナンスに関するパンフレット、クイズ、動画、用語集やリンク先などが紹介されている。小学生に対しては、ゲームを通じてファイナンスなどが学べるアプリ「Pengalabbet（英：Money Lab）」を配布している。プレイヤーは多様な仕事を通じて収入を得るとともに、食費や住居費その他の費用の支出を行い、生きていくために必要なファイナンスを学ぶことができる。

ドイツでは、社会保障制度やその手続きについて、専門用語を用いずに動画なども活用しながら、若者向けにわかりやすく発信されている。

米国発のジュニア・アチーブメントという経済教育団体は、学生がタブレットを用いてワークショップに参加して、具体的に自分たちのライフスタイルや将来設計をイメージし

スウェーデンの教育アプリ「Pengalabbet」

ながら金融・経済と社会保障制度を学べるという体験型施設を運営している。社会保障教育に関しては、日本においても、厚生労働省が学校で使えるテキストや映像教材、ワークシートを開発し、公開している。

　文化や生活上の慣習の違いもあるため、こうした事例を、そのまま日本に導入するのは必ずしも適切とは言えない。しかしながら実証実験として実施することはありうるかもしれない。そこで、全世代型社会保障に関する広報コンテンツを開発する際は、そのコンテンツにより何を達成したいのか、効果をどう測定するかを事前に議論し、合意しておくことが重要である。

　こうしたコンテンツがどれだけ有効に人々の意識を喚起し、行動変容を起こし、ゴールを達成することができたかを検証し、改善を重ねていくのだ。コミュニケーションツールの有効性評価はＩＳＳＡのガイドラインでも推奨されており、必要に応じて広報の対象者の意思決定プロセスに沿ったＫＰＩ（重要業績評価指標）の設定を検討する必要がある。

その場合においても、重要なのは国民の意識の把握だ。認知度や行動変容の度合いをＫＰＩとするならば、「ソーシャルリスニング」や「アンケートによる意識調査」による「パーセプション比較」による定点調査、インターネット上の特定のワードの検索量を継続してトラッキングすることなどが考えられる。

さらに言うなら、ユーザーがそれぞれのメディアに対して、どのように接しているかもつぶさに見ていかねばならない。現在、多数の人がＷｅｂ上のコンテンツに、パソコンよりもスマートフォンでアクセスしている。しかしながら、現状では多くの広報発信は、パソコンで閲覧されることを前提としているようだ。また、分量が多く、緻密な読み込みにもスマホはあまり適さないと考えられるため、スマホを介した情報発信だけに頼っていると、細切れの情報だけが流されていくこともありうる。

4-3 第三者からの発信を活性化させる

ここまでは、行政が発信者として振る舞うことについて述べてきたが、第三者による発信を活性化することも、重要な論点のひとつだ。社会保障のありかたについての議論を国民的起点で生起し、社会化していくためには、政策のPRだけではなく、情報の受け手に近い国民の起点からの発信を目指す必要がある。

社会保障に関するあいまいさを解消することを考えても、自ら情報を出すことに合わせ、第三者が検証可能な一次データを提供し、その第三者からも発信してもらう必要がある。たとえばデンマークでは、新型コロナウイルス感染症の予防方法を動画やシンプルなインフォグラフィクスを用いてオンラインコミュニティを国民と共同して形成し、ユーザーが入手したい情報にアクセスできるよう、ユーザーのエンゲージメントを高めるようなコミュニティづくりが行われた。

こうした動きを実現するためには、情報提供や公文書公開による政策決定プロセスの透明化も重要である。信頼ある第三者が、一次データを分析して政策の妥当性を検証することで、国民の社会保障に対する信頼性はより高まると考えられる。

そのためには、国民の立場に近い第三者が正確に情報発信できるためのソースの提供を意欲ある国民の積極的な活用が期待されるオープンデータとしての取り扱いを含め、政府が積極的に発信することが重要だ。

第三者の発信によって期待されるのは、現状としては難しい言葉やデータの羅列が多く、何が言いたいのかとらえづらいメッセージを、わかりやすく短くシンプルにまとめたメッセージへ翻訳できることである。

一方、政府の職員や専門家とつながっている人が少なく、また、政府から発信される情報をシェアし、発信する組織や個人はあるが、信ぴょう性の高いデータや情報に基づき発信する個人は限定的である。より国民一人ひとりに寄り添った情報提供については課題として残るだろう。

行政からの発信にせよ、第三者からの発信にせよ、国民の意見をうまく吸収して情報発信できているかは、十分に見ていかなくてはならない。正しい情報を国民に発信するためには、発信後のフォローアップが必要であり、目標である行動変容に向けて、政府が発信するデータの内容を必要十分なものにしていく必要がある。

大枠としては、次のような方針が考えられる。

①政府は国民生活に直結する社会保障制度に関するファクト（データ）や行政手続きについてインフォグラフィクス等を活用しつつ、わかりやすく丁寧に発信し、そうしたファクト等を契機とした専門家や研究者からの情報発信を促す。

②専門家や研究者が発信した情報はオーディエンスにより近い発信者の行うSNSによる発信も活用して、制度のメリットだけではなくデメリットも含めて理解を促す。

③SNSから発信される「国民の生の声」に真摯に向き合い、政府が発信した情報に対する国民の理解度を把握し、さらに必要とされる情報やメッセージの方向性を修正するとともに、必要および状況に応じ、施策内容の検討、見直しを行う。

5 「社会保障の広報」が担える役割の拡大

5-1 コミュニケーション以上のフィードバック

全世代型社会保障検討会議の中間報告は、今後の改革の視点として、「生涯現役（エイジフリー）で活躍できる社会」「個人の自由で多様な選択を支える社会保障」「現役世代の負担上昇の抑制」「全ての世代が公平に支える社会保障」「国民の不安への寄り添い」を掲げている。にもかかわらず、そのようにはとらえられていないこと、冒頭述べたように、まだまだ利用率がわずかな制度があることも踏まえ、政府が目指す改革の方向性と国民の認知との間のギャップを解消していかなくてはならない。そのためにも、国民の現状の認識は逐次把握していく必要がある。

その上で、広報のなすべきことはおそらく拡大していく。発信した利用状況を見ながら、早期のライフプランニング教育の必要性なども見えてくるのではないか。あるいは、制度設計へのフィードバックも十分にできると考えられる。つまり、発信してゴールではなく、発信が、国民だけではなく、行政側のアクションの起点となるのだ。

こうした動きを実現していく上では、いくつかの構造的な課題を解決しなくてはならない。現行法制と整合性が取れればよいが、新たな法整備も必要になってくるだろう。まず、従来の国民の意識調査は委託先企業による調査、分析、納品というサイクルで実施されてきた。しかしながら、リアルタイムの分析の場合は、継続的な調査として、ある意味ではゴールがなくなるため、会計上、どのように処理するかが重要事項となる。

扱うデータが従来と比べて非常に膨大なものになることも考えられるため、どこまでを行政で扱うか、どこから民間に委託するか。あるいは自治体間の実情にどこまで沿ったものにするか。ベースとなる部分と、カスタマイズ可能な部分との切り分けが必要である。

情報発信においても、国民のニーズに合わせて、改善を繰り返す情報発信と、第三者によって活用されたり、検証されたりすることを前提とした、より厳密で静的な情報発信との二軸となっていく。国民一人ひとりの意思決定を助けるための、よりパーソナルな情報は、個人情報にあたるので取り扱いには厳重な注意が必要な上、国民自身が自分の情報を主体的にコントロールできることが重要だ。

5-2 起こしたい変化を再び検討する

これらの施策は、省庁や自治体のリソースではまかないきれない可能性も十分にある。そのとき、従来どおりの単なる情報発信という考え方では、機構改革に踏み切るまでには至らないことも考えられる。そこで、もう一度、本来の目的に立ち戻りつつ、これからのステップを考察する。

こと全世代型社会保障においては、その広報の理想像は、「全世代型社会保障の趣旨を国民一人ひとりのライフスタイルに合わせて、よりわかりやすく、丁寧に伝える広報」である。よりわかりやすく、丁寧に伝えることで、国民が不利益を被らないようにすることが第一の目的である。きちんと知っていただき、きちんと制度を活用いただくためのものだ。

そのためには一方通行的に情報を押し付けるのではなく、国民それぞれのライフスタイルに応じて、意思決定をすることを助ける発信への移行が必要だ。どのような情報を提示すれば、より行動の助けとなるのか。また、どれくらい行動の助けとなっているのか。プランニングと検証のために、逐次、国民のニーズを汲み取ることも必要だ。

こうした理想像と現状のギャップを埋めるものとして、情報技術の活用は不可欠である。副次的な効果として、情報発信だけでは解決しえない問題もあぶり出されることが予想される。必要に応じて政策立案の助けとなったり、あるいは限られた資源をどう活用するかの判断に資することや、さらには、経済問題、教育問題など、ほかの専門領域での活用を助ける情報も得られると考えられる。

これまでの広報は、伝える内容を固め、発信できたタイミングでひとつの終わりを迎えると言えるものだった。しかしこれからは、発信することがスタートラインとなり、そこから浸透や課題解決の行動をくり返しながら当初の目的を叶えようとする点で、異なるものである。厳密に言えば、ゴールとしての広報と、スタートとしての広報を区分し、それぞれを機能させることになる。第三者による活用を前提とするならば、これまでどおり、内容の確からしさを十分に検討しなければ、誤った内容が伝わってしまう。無論、スタートとしての広報も、間違っていてもいい、というわけではない。実施と検証をくり返して、よりよい伝え方を探っていくものだと理解されたい。

5-3 短・中・長期の視点でギャップを乗り越えていく

ここまで述べた変化が、広報のデジタルトランスフォーメーションのひとつであると位置づけたい。現実と理想のギャップは見た目以上に広いと思われる。そこで、短期、中期、長期の視点で眺めてみたい。

まず短期的な視点で言えば、現在作成されているさまざまなチラシやポスター、通知書などの見直しに着手することだろう。予算化に至らなくとも、どのようなことが社会保障について述べられているか、はＷｅｂのツールを駆使すれば見えてくる。その内容を必要とする人が、どのメディアでどんな情報を獲得しているのか、から逆算してメディアを選定しなければならない。

各メッセージに通底するトーンやマナーについては、全世代型社会保障の制度趣旨を通底する上位概念だとすると、その下に年金、労働、医療、介護などの個別の制度がぶら下がるということを整理したい。

全体最適（全世代型社会保障の考え方）と個別最適（各制度の考え方）がどれくらい整合し、連携しているかについても見直したい。この好事例としては、フィンランドの社会保健省の公式Ｗｅｂサイトが挙げられる。各制度を紹介するツールやメッセージはそれぞれ個別に最適化されているが、一貫したビジュアルフォーマットや統一メッセージを活用することにより、全体最適と個別最適を連携させている。

人々の行動変容を見極めるためのデータ比較などの専門的な知見が必要なことがらは、中期的に検討すべき課題である。実施に向けて効果の見極めや予算措置、ＰＤＣＡサイクルの構築などが必要となる。第三者からの発信については、関連する政策のメディア関係者や専門家や研究者への丁寧な説明を心がけるなどメディアリレーションを構築しなくてはならず、複数年かかるものと思われる。

制度周知型の広報から意思決定支援のための広報については、西欧・北欧でも5年～10年程度の長期計画で進めてきたものである。マイナンバーや大規模なデータ活用においては、2021年に設置されるデジタル庁との連携も欠かせない。情報発信を終着点とせず、そこから課題解決が始まっていくあり方を踏まえた組織開発、システム開発が必要となるから、視点としては最も長期的なものとなる。

6 〈広報DX〉の先にある新たな政策形成プロセス

6-1 行動科学の戦術的活用から戦略的活用への変容

これまで、社会保障に関する広報を見てきたが、広報と人間の心情や行動は密接な関連がある。諸外国では、政策形成においても、伝統的な政策形成プロセスから、国民の行動を起点とした政策プロセスに軸足を移しつつある。その根幹は行動学的洞察（Behavioral Insights）の活用だ。経済協力開発機構（OECD）によると、行動学的洞察とは、人の意思決定を研究するための帰納的手法である。心理学や認知科学、社会科学の知見を組み合わせており、政策立案に資するところも大きい。

OECDが2017年に公表した報告書では、今後の道標として、「政策実施の評価を設計・実行する際に行動学的洞察を考慮する。政策と規制の実施において何が有効で何が有効ではないのかについての教訓を、初期の政策設計にフィードバックするべきである」としている。

たとえばイギリスでは、内閣府内に「Behavioral Insights Team（ＢＩＴ）」を設置し、政策への行動科学の適用を進めている。ＢＩＴでは、失業者のカウンセリングシートを、未来に向けて、何を、どこで、どうやって行うか、具体的なプランを書かせるようにした結果、従来の手法と比べて、再就職者の割合が約5ポイント増えたという。ほかにもスウェーデンをはじめとする北欧諸国でも行動科学の採用が進んでいる。

「在り方会議」においても行動科学の世界的権威であるデューク大学のダン・アリエリー教授から我が国に興味深い提言をいただいた。社会保障制度の広報に関する行動科学の活用の視点として、『人々にとってより良い選択肢』を示す、具体的には、客観的なデータやエビデンスに基づいて人々が良い意思決定をするためのツールを政府は提供することが必要だ」というものだ。

これは広報におけるＤＸの観点からも、示唆に富む提言である。行動の分析において、デジタル技術は非常に有用だ。情報を受けた人が、Ｗｅｂサイトでどのように行動したか、アプリをどう使っているか、どんなメッセージを送るのが有効か――利用者の体験（ユーザーエクスペリエンス、UX）を改善するためのデータを集めやすい。

行動を喚起するために、どう刺激すればよいのか。ある状況において、人はどのように動くのか。行動科学によって蓄積された知見を踏まえることで、広報業務にかかわる分析がしやすくなるはずだ。逆に、こうした道標を活用しなければ、分析のための分析となってしまい、次につながる有効な結論を得ることも難しくなってしまうだろう。

デジタル庁は、設置基本方針の一つに「誰一人取り残さない、人に優しいデジタル化」を掲げている。DXが真の意味で、国民の利便性に貢献することを追求するのであれば、国民一人ひとりの行動を科学的に分析し、デジタル社会の形成のベースとすることが重要である。そして、このような社会を実現するためには、英国のように行動科学研究チームをデジタル庁に併設し、絶え間ない品質向上のための専門部隊を設置することが望まれる。我が国もデジタル庁の船出にその羅針盤として行動科学を据えることは必須と言えよう。

イノベーションの加速は広報が担うのであり、広報とDXが結びつくことによって我が国の政策形成プロセスの過程が変容していくと考えられる。このような変容は従来の霞ヶ関的な政策形成プロセスを大きく変え、真の意味で国民1人ひとりに寄り添い、より望ましい意思決定を支えていくための社会的基盤作りにつながる。

そして、人々の意思決定を良い方向に進め、国全体でダイナミックな「うねり」を生み出すことで、政策立案のための新たなフロンティアが明らかになる。そのとき、我が国の新たな成長につながることが期待される。

6-2 官民の垣根を超え活躍が期待される人材

ここまで、「全世代型社会保障制度」を前提とした広報のあり方を通じ、私見を連ねてきたが、最後に、「社会保障」にとどまらないことを述べて、本稿の締めくくりとしたい。

まず手法として、情報を伝える際、何を、誰に、どのようにして、どこで伝えるか、については、民間企業のコミュニケーション施策で活用されているとおり、社会保障以外でも十分に役立つものと思われる。文字ですべてを説明しようとせず、ビジュアル表現も併せて訴えかけることも、行政のコミュニケーションにはありがちであるとの指摘もある。抜けもれなく発信できた、ではなく、見てもらえた、活用してもらえた、という点にも気を配りたい。

第二に、「全世代型社会保障」という大きな一つの考え方には、年金、労働、医療、介護などの個別の制度がぶら下がる。これも例示したとおり、民間企業ではよく見られる考え方であり、社会保障制度以外にも通用する考え方だ。

第三に、国民目線を盛り込みながら準備を進めることにより、国民のニーズをくみ取り、国民も社会保障を「支える側」「支えられる側」、双方からの当事者である意識を醸成すること。これは前述のとおり、民間企業でもまだまだ研究の余地のあるところで、課題視されている。行政と民間とを相互に行き来しながら知見を蓄積し、解決策をディレクションしていく人材が、これから求められてくるのではないか。

「全世代型社会保障に関する広報の在り方会議」は、その会期のほとんどを、新型コロナウイルス感染症の拡大とその阻止との戦いのさなかと同一にする。コロナ禍を契機として、医療制度、医療保険制度など社会保障制度の的確な全体像が国民にとって必要不可欠なものと改めて認識されつつあることを、痛感しながらの検討となった。

政府には国民一人ひとりの不安や疑問に丁寧に向き合い、意思決定を支えるための仕組み作りが求められている。感染状況をリアルタイムに表示するWebサイトの開設・運営など、その端緒となるような動きが、官民の間から出てきたのは喜ばしいことだ。広報は、発信以上の役割を担える可能性がある。そうしたことが示されたのではないか。

そして、この章で提言した、【広報】×【DX】×【行動科学】を融合させた新たな政策形成のイノベーションを起こすためには、国内・海外、政府・民間などの垣根を超越し、あらゆる英知を結集させ実行できる人材を早急に発掘し、抜擢することが重要である。政策を作る源泉は【人】であり、有益な人材が新たな政策のフロンティアを切り開くことを望んでやまないのである。

衆議院議員
前内閣総理大臣補佐官
秋葉　賢也　あきば・けんや

1962年、宮城県生まれ。衆議院議員（6期目）。中央大学卒業、東北大学大学院法学研究科博士課程前期修了。松下政経塾、宮城県議などを経て、2005年、衆議院議員初当選。総務大臣政務官、厚生労働副大臣、復興副大臣、内閣総理大臣補佐官、自民党では副幹事長や政務調査会副会長などを歴任。

PART III

〈広報DX〉のグランドデザイン

The Digital Transformation of Public Relations:
Innovate Policy Communication with Digital Technology.

CHAPTER

5 コミュニケーションで押さえるべき人の性質

プリファード
ネットワークス
執行役員CMO
富永 朋信

1 コミュニケーションは人が人に対して行うものである

1-1 受信者にどういったリターンを返せるか

マーケティングにおけるコミュニケーションをつきつめると、人に対して、ある反応をしてほしいがために、どういった問いかけをするか、という組み合わせであることがわかる。だからこそ、「どのように働きかけると、どのような反応があるか」という、人の性質の理解が大切だ。人は面白いもので、ニュートラルにモノゴトを受け取らない性質があったり、理屈よりも感情を優先したりする傾向がある。そうした人の性向を理解すると、認知変容や行動喚起がしやすくなる。

語り手として、どんなことを押さえておくと、受け手がより気持ちよく、幸せなかたちでメッセージを受け取り、的確な行動を起こしていけるか。これが本章の主題だ。この点において、企業も行政も違いはないと思う。

まずは、コミュニケーションで注目すべき、「人の6つの性質」について紹介したい。それぞれが独立というわけではなく、相互に関係しているケースもある。一つの性質が、異なる仕方で表出している場合もあるだろう。そして、それぞれをコミュニケーションに応用するとどうなるかについてもふれたい。

さて、われわれマーケターが目指すのは、消費者が習慣的にその商品やブランドを購入する、もしくは来店するようになることだ。

そんなことが可能か、といえば可能である。なんとなく足が向く店、お気に入りの飲みもの、とりあえずチャンネルを合わせるのはどのテレビ局か、など思い起こしてみていただきたい。

習慣について、ひとつ具体的なケースを考えてみよう。複数路線が乗り入れる駅でも、私たちはほとんど時間をかけず、無意識に近い状態で、乗りたい電車のホームへたどり着くことができる。なぜなら、サインや色で道筋を判断できているからだ。赤色なら◯◯線、青色なら△△線と判別し、そちらの方向へ向かう。初めて降りた地域の駅ではこうはいかないだろう。何色がどの路線かということを知らないからだ。

実はここにコミュニケーションがある。鉄道事業者がサインという形で発信し、乗客は事実そうであることを認めて、「赤色は◯◯線」ということに合意する。「赤色は◯◯線」という法律もなければ、学校で教わるわけでもないが、ここで合意するほうが利便性が高い。「赤色は△△線という自由もあるべき」などとは、誰も言わない。

なんらかのコミュニケーションが成立し、行動が習慣化されるとき、それに見合うだけのリターンがある。いま挙げた地下鉄の例で言えば、「迷わない」という利便性だ。コミュニケーションで習慣化を目指すなら、受信者にどういったリターンを返せるかについて、強く意識する必要がある。

逆に言えばリターンもなく、「それしか選べない」という状況に置かれると、非常に窮屈に感じるのが、人情であろう。人間は選択肢があるほうを好む生きものなのだ。次節では、このことについて紹介する。

2 私たちに共通する6つの性向

2-1 コミュニケーションで押さえるべき性質①「私たちは選びたい」

さて、本書を開いている皆さんは、この本をＡｍａｚｏｎのようなネット書店で購入されたか、ひょっとすると立ち読み中かもしれない。どちらで本を買うのが好みだろうか。少しお考えいただきたい。

＊　＊　＊

私は、いますぐ簡便な形で取り寄せる必要がないかぎりは、できるだけ書店に行き、買いたい気持ちがある。周囲の人に聞いてみても、そういう方が比較的多かった。ネット書店の利用者でも、「気持ちはわかる」と言われる。

書店の魅力の核にあるものが何かと考えたとき、そのひとつは「自分で選ぶ自由」が大きいことである。たとえばＡｍａｚｏｎは極めてよくできたサービスで、スマートなインターフェイスを有する。しかし、そこでの買い物は、Ａｍａｚｏｎが決めた手順に従って

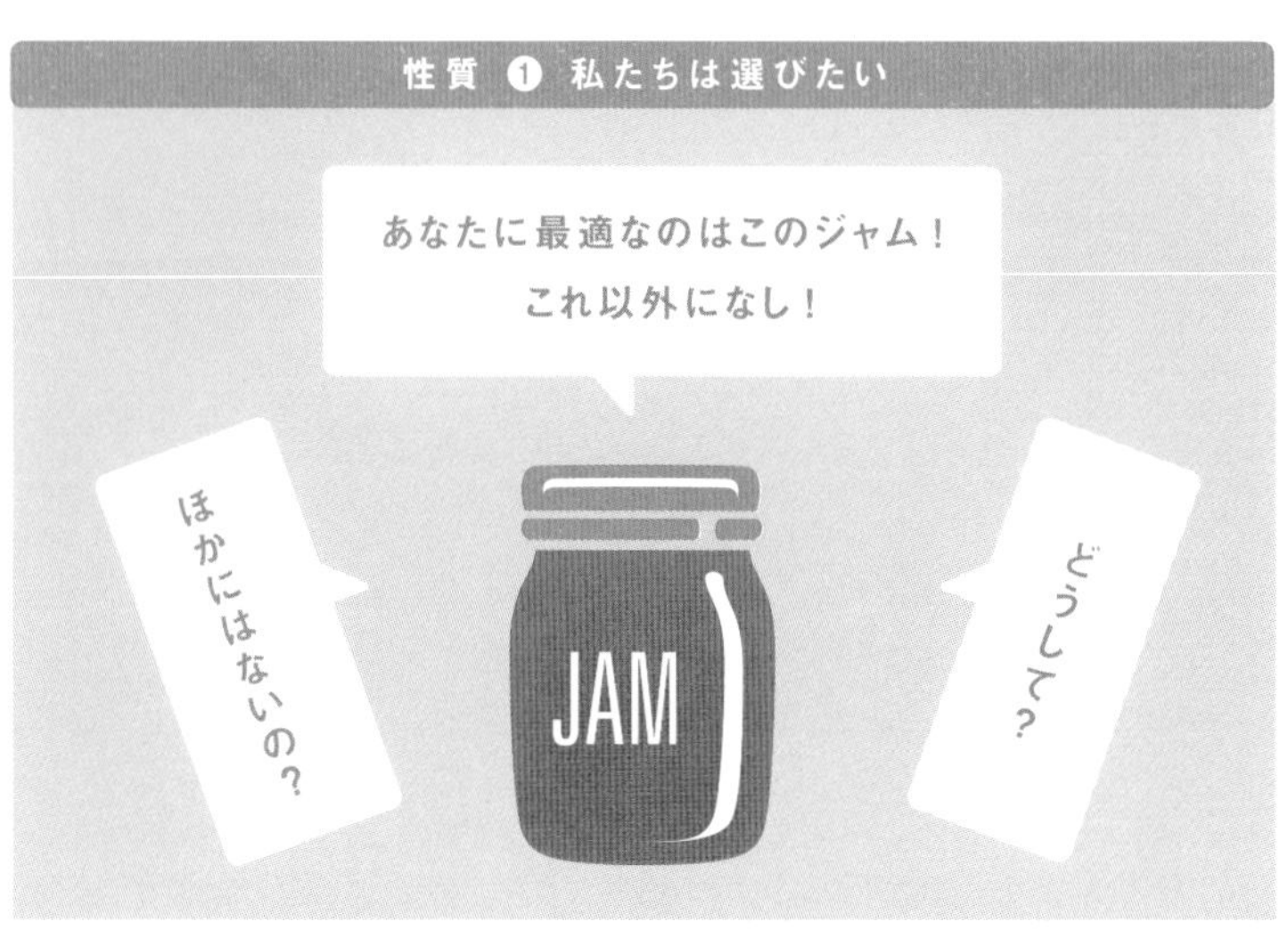

進められる。一方、書店で買うときは、書棚をばーっと一瞥でき、自分の興味の向くままに店内を歩き回り、立ち読みをしたり、ときに座ることもできたり、比べながら読んだり、気に入ったものを好きなだけ買える。自分の興味の赴くままに、自分の意思を自由自在に走らせられるのが実店舗のよさではないだろうか。

もうひとつ例を挙げたい。

昨今は自動運転のクルマが話題だ。たとえば「茅ヶ崎」と話しかけると、最短ルートを割り出し、自動で目的地へ向かってくれる――そんな未来も夢ではないだろう。

もしくは、こういう未来を描くこともできる。そのクルマは基本的に自分で運転する。

ただ、インターフェースとしては従来のようなハンドルやブレーキを持たない。もっと直感的に、ジェスチャーで加速したり、曲がったり、踊りをおどるように運転できるクルマだ。唯一、事故につながるようなアクションの場合のみ、クルマが判断して事故を回避する。つまり事故回避を優先して、事故にならないかぎりはドライバーが操作できるイメージだ。

この二つの自動運転を比べたとき、皆さんはどちらがよいと考えるだろうか。

＊＊＊

私なら後者を選ぶだろうと思う。前者は居眠りしたり、お酒を飲んだりできるかもしれないけれども、味気ない。どの道をどう走るかは自分で選びたい。自動運転車のような利便性に特化したサービスが目の前にあってもなお、自分の行動を選べるクルマに乗る。そうした人は私だけではないと考える。

これらの例で言いたいのは、人間には「行動を自分で選べることを心地よく感じる」という、心の動きがあるということだ。

自分で自分の行動を選べることとは、実は非常に価値がある。選択権はあくまで受け手の側にあることを踏まえてコミュニケーションしたほうが、話を聞く側としては心地よい。

自分で、いろいろと考えて、選んだ。そう感じられるコミュニケーションだ。

現実的には、適切な数の選択肢を準備して選ぶ形式にしたり、もしそれが不可能であれば、どうしてその決定になるのかについて、深く納得してもらうことが考えられる。

では、どうすれば受け手は選びやすくなるだろうか。

2-2 コミュニケーションで押さえるべき性質②「私たちは決められない」

昔、米国のスーパーマーケットでこんな実験が行われた。ジャム売り場で、どれくらいの品目を置くのがよいかを見極める実験だ。当時で平均200品目は置いてあったと聞く。直感的には、200にも及ぶジャムの中から自分が欲しいものを選ぶのは、ちょっとストレスを感じる。

そこで、品目をいくつまで絞ればよいか。陳列するのに最適な品数を決定するため、次の2つのポイントで検証が行われた。ひとつは来店者が、よりジャム売り場の棚の前で立ち止まる品目数。もうひとつは立ち止まるだけでなく、購入者が最も多かった品目数だ。

実験の結果、立ち止まらせる場合は18品目。購入者が最も多いのは6品目だった。

これは、決めることの大変さを示唆している。200品目から、ジャムを真剣に検討し、

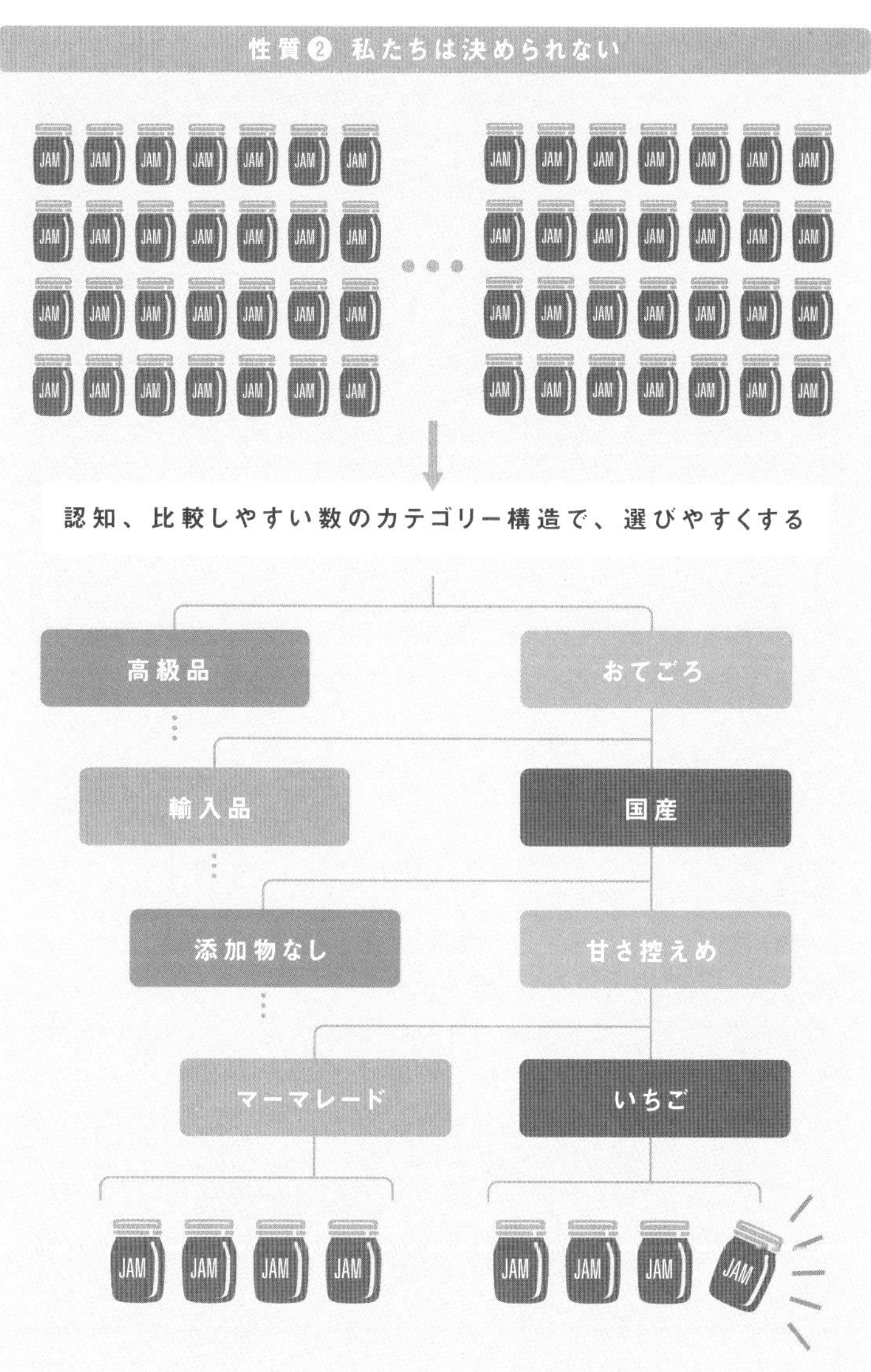
性質❷ 私たちは決められない
JAM
認知、比較しやすい数のカテゴリー構造で、選びやすくする
高級品
おてごろ
輸入品
国産
添加物なし
甘さ控えめ
マーマレード
いちご

買うものを決めるのは来店者にとってかなりの苦労なのだ。

こうした判断に伴う認知的な負荷のことを、認知コストと呼ぶ。認知コストは、人の意思決定には必ず付きまとうので、負荷を軽くしたほうが、来店者は気持ちよく買い物できる。

日本国内のスーパーで200品目のジャムが置かれることはふつうないと思うが、全体的に見れば、イオンやイトーヨーカドーのような総合スーパーには3万点〜4万点の品目が置かれている。数字だけ見ると、この中から欲しいものを選ぶには途轍もない処理をしなければならないように思われるが、実際そんな大変さを感じることはないはずだ。

なぜなら、食品や家庭用雑貨などカテゴリーが分かれているからである。食品売り場はさらに、生鮮、加工品、日配品、惣菜。加工食品のエリアは酒類や菓子。酒類コーナーに行けば、ビール、洋酒、日本酒。洋酒はワインやウイスキー。ワインはフランス、イタリア、アメリカ、チリ、国産などなど……と、カテゴリー構造を設けることで、迷わず商品が買えるようになっている。

よって、仮にジャムが200あっても認知コストを下げることはできる。価格で分ける、生産地で分ける、砂糖控えめや無添加など機能で分ける……と、人間が認知、比較しやすい数のカテゴリー構造をつくれば、購入数は増える。

コミュニケーションも同じで、何でもかんでもすべてを伝えようとするのは愚策だ。認知負荷が高く、伝達されないからである。複雑な内容であれば、まず全体構造を示し、それを理解したらサブカテゴリーを示して、という方法を採ると、比較的認知負荷がかからない状態でコミュニケーションできるはずだ。

実は冒頭で述べた、地下鉄の路線の色分けも、認知負荷を下げる働きがある。東京駅から六本木駅まで行きたいとしよう。地下鉄なら、丸ノ内線で霞が関まで行き、日比谷線に乗ることになる。霞が関は千代田線も乗り入れているが、それに乗ってはいけない――という情報は、東京駅で地下鉄の赤↓霞が関駅でグレーに乗り換え、まで圧縮できる。文字情報だけでなく、色や音、意匠などに意味を持たせられると、コミュニケーションの効率は上がる。

ところで、ちょっと気を取られていて、なんとなく周りの人についていってしまい、上りに乗るはずが下りに乗ろうとしてしまった、といったことはないだろうか。

2-3 コミュニケーションで押さえるべき性質③「私たちは同調する」

人が同調することを示した最も有名な実験に次のようなものがある。街なかで空を見上げている人がいる。この人はいわゆる〈サクラ〉だ。ずっと見上げていると、1人、2人つられて上を向く人が現れる。何もないのに上を向く。そうするとさらに増えていく……。ほかにも行列があると、とりあえず並んでみたくなるというのも、同調効果のひとつだ。人には、周囲がやっていることと同じ行動を取ろうとする性質があるようなのだ。社会が安定していればいるほど、同調行為は起こりやすくなるという。

同調活動は、より広範囲に、社会的にも起こる。新しい考えや製品が普及する過程に、それを見ることができる。

画期的な新製品は、すぐには世の中に広まらない。交通系ICカード「Suica」は2001年に登場したが、20年ほど経っても切符を完全に置き換えてはいない。なぜ広まらないかというと、それを取り入れた結果どうなるものか不確実である上、現状に満足している人も少なくないからだ。しかし、新しいもの、不確実性の高いものを好んで取り入れようとする「革新者（イノベーター）」と呼ばれる人々が一定数いて、そこか

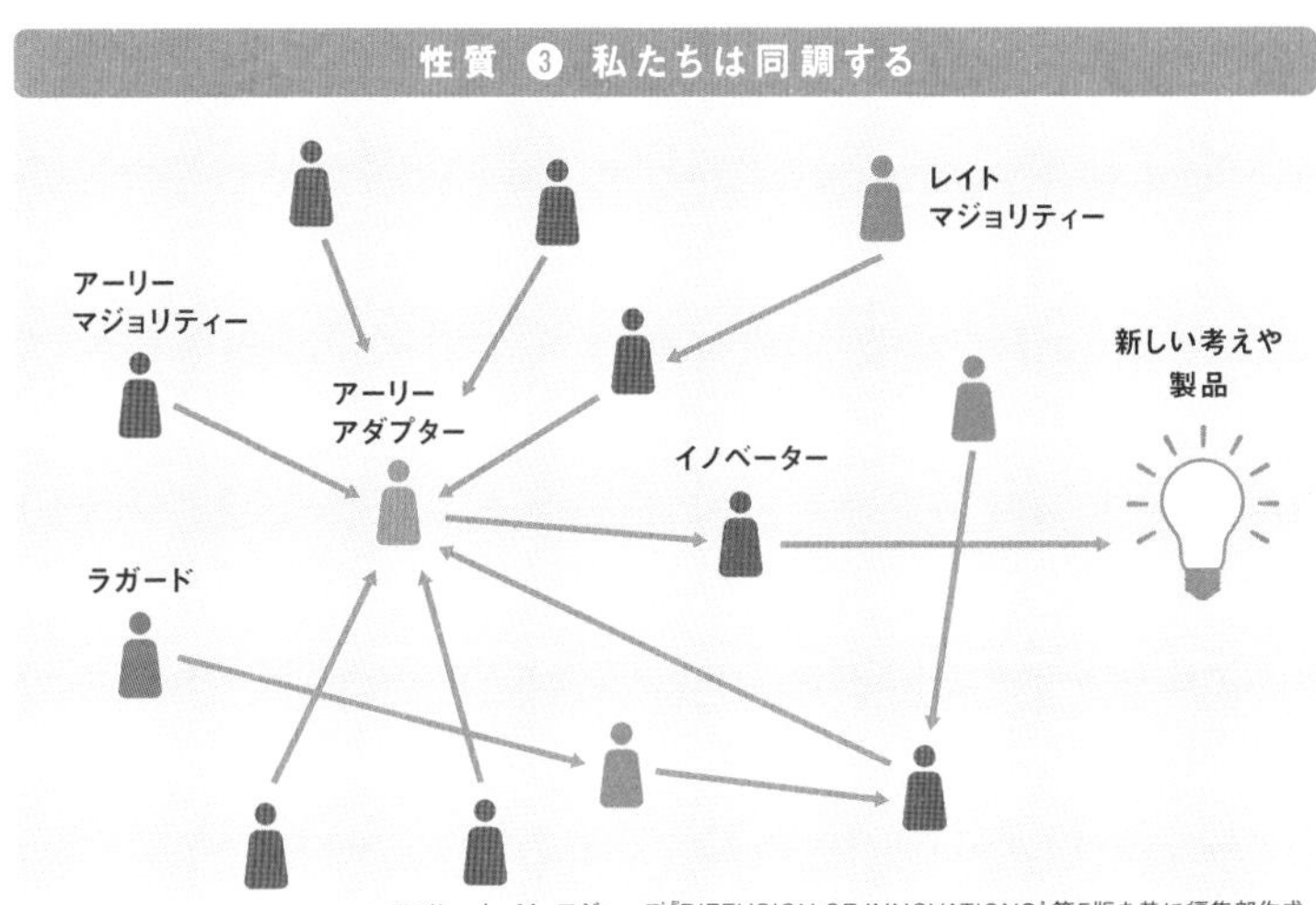

エベレット・M・ロジャーズ『DIFFUSION OF INNOVATIONS』第5版を基に編集部作成

ら普及がスタートする。革新者たちが採用することで、従前のものより優れている、あるいは従来の考え方からさほどかけ離れていない、ということを知覚する人たちが登場する。それが「初期採用者（アーリー・アダプター）」だ。

初期採用者は「時代先取り型」で、優れたものを他人よりいち早く採用したいという性質を持つ。「Suica」で言えば、毎回切符を買わずに済むので便利だし、プリペイドカード（JR東日本では「Suica」登場のさらに10年前、1991年に導入）が進化したようなものなのだということが認知された。

その後、「前期多数派（アーリー・マジョリティー）」、次いで「後期多数派（レイト・マジョリティー）」が使い始める。前期多数派は慎重だが他人と同じにしたい（＝同調行動）を取り、後期多数派は周囲が使用して実績が積み上がってくると採用する。「Ｓｕｉｃａ」の場合、通勤通学で電車を使う人は多く、他人の利用シーンをよく目にしやすいことも貢献したと言われる。最後に「遅滞者（ラガード）」が使うと普及しきった状況になる。こうした順番でアイデアやイノベーションは伝わっていく。

2-4 コミュニケーションで押さえるべき性質④「私たちは腰が重い」

役所に書類を出すよう連絡が来たり、会社から「これをやれ」とか、あるいは友人からの誘いで「日程調整するから候補日を出しておいて」とか、私たちの日常はコミュニケーションを受け、行動を起こす機会が多い。しかし、言われたことをそのままやるのが難儀で、ほおっておきがちになるのも人の習性だと思う。つまり、基本的に、人は腰が重い。だからこそ、人にアクションを起こしてもらう伝え方や、コンテンツの工夫が大事になるわけだ。

有名な話で、男性用トイレが好き勝手に利用されるものだから、掃除が大変という問題があった。男性なら飲食店や商業施設などで「一歩前へ」と張り紙がされているのを見たことがあるだろう。しかし、「一歩前へ」と言われて従う人ばかりではない。そこで便器内で最も跳ね返りが少ないところにダーツの的のような絵を描いた。そうしたら、自然とそこを目がけて用を足すようになり、飛び散って汚れることが少なくなったという。

また、スウェーデンのフォルクスワーゲンのキャンペーン「Fun Theory」の一環で、こんな事例がある。スウェーデンのある駅ではエスカレーターばかりが使われていて、上り階段が全く利用されていなかった。そこで、ピアノの鍵盤のように白と黒の板を張り、上に乗ると音が出るようにしたところ、面白がって階段を使う人が増えたというのだ。

こうした、人の行動の原因になるようなちょっとした仕掛けを「ナッジ」という。人は、トイレをきれいに使うとか、エスカレーターでなく階段を上るとか、マナーや健康のことを考えて、いつでも理性的に行動できるわけではない。そこで、うまく行動の引き金になるような仕組みを設計することが必要になってくる。

ナッジとは別に、人にはこんな習性もある。ネガティブな理由では動きづらいということだ。「勉強しないと将来苦労するよ！」と言っても、「うるせえ！」と勉強しない、といった話である。つまり、人に行動させたいときに、行動しなかった結果起きるネガティブなことを伝えると、その人はヘソを曲げて、必要な行動をしなくなる。逆に、行動を促したいときはポジティブな理由を伝える。「勉強すると、将来ラクだよ」というほうが、同じことを言っているのだが、受け入れやすい。

逆に言えば、ある行動を避けさせたいときはネガティブなことを伝えればよい。コミュニケーションの発信者には、相手に行動を取らせたいときと、取らせたくないときがある。それに応じてコンテンツを使い分け、相手の反応、特性に合った発信をすることは、とても大事なことである。そう考えて、世の中のマーケティングコミュニケーションを見回してみると、多くの広告で、買わないと発生する困ったこと、買うと発生する良いことを伝える構造になっていることもわかると思う。

2-5 コミュニケーションで押さえるべき性質⑤「私たちは損にこだわる」

前項の「人は腰が重い」から関連する話だが、人間は基本的には現状維持を選ぶ生きものだ。いま与えられている状態、直面している状態からあまり変わりたくない、変えたくないという傾向がある。しかも、変化することと、現状を維持することを比べたときに、現状維持のほうを過分に高く見積もる性質がある。これを現状維持バイアスと呼ぶ。似たような性質に保有効果がある。いま持っているものに対して実際以上の価値を認め、保有し続けたくなる傾向のことだ。持っているものがなかなか捨てづらいのは、保有効果が出ているると考えられる。

ここでひとつ実験をしてみたい。

まずパターンA。あなたの前にふたつの選択肢がある。選択肢その1「100万円もらえる」。選択肢その2「サイコロを振る。2か4か6が出たら200万円もらえる。1、3、5は何ももらえない」。どちらかを選んでいただきたい。

次にパターンB。選択肢その1「100万円支払う」。選択肢その2「サイコロを振って2か4か6が出たら支払わなくてよい。1、3、5は200万円支払う」。こちらも、どちらを選ぶか少し考えてみてほしい。

＊＊＊

パターンAの場合、多くの人が、選択肢1「100万円もらう」を選ぶ。これは「何ももらえない」が獲得ゼロではなく、「確実にもらえる100万円」から見たときに「マイナス100万円」になるのがポイントだ。同様に「200万円」は「プラス100万円」。どちらの確率も等しく2分の1なのだが、人は「マイナス100万円」という〈損〉をする可能性をより高く見積もるので、サイコロには挑戦しない。

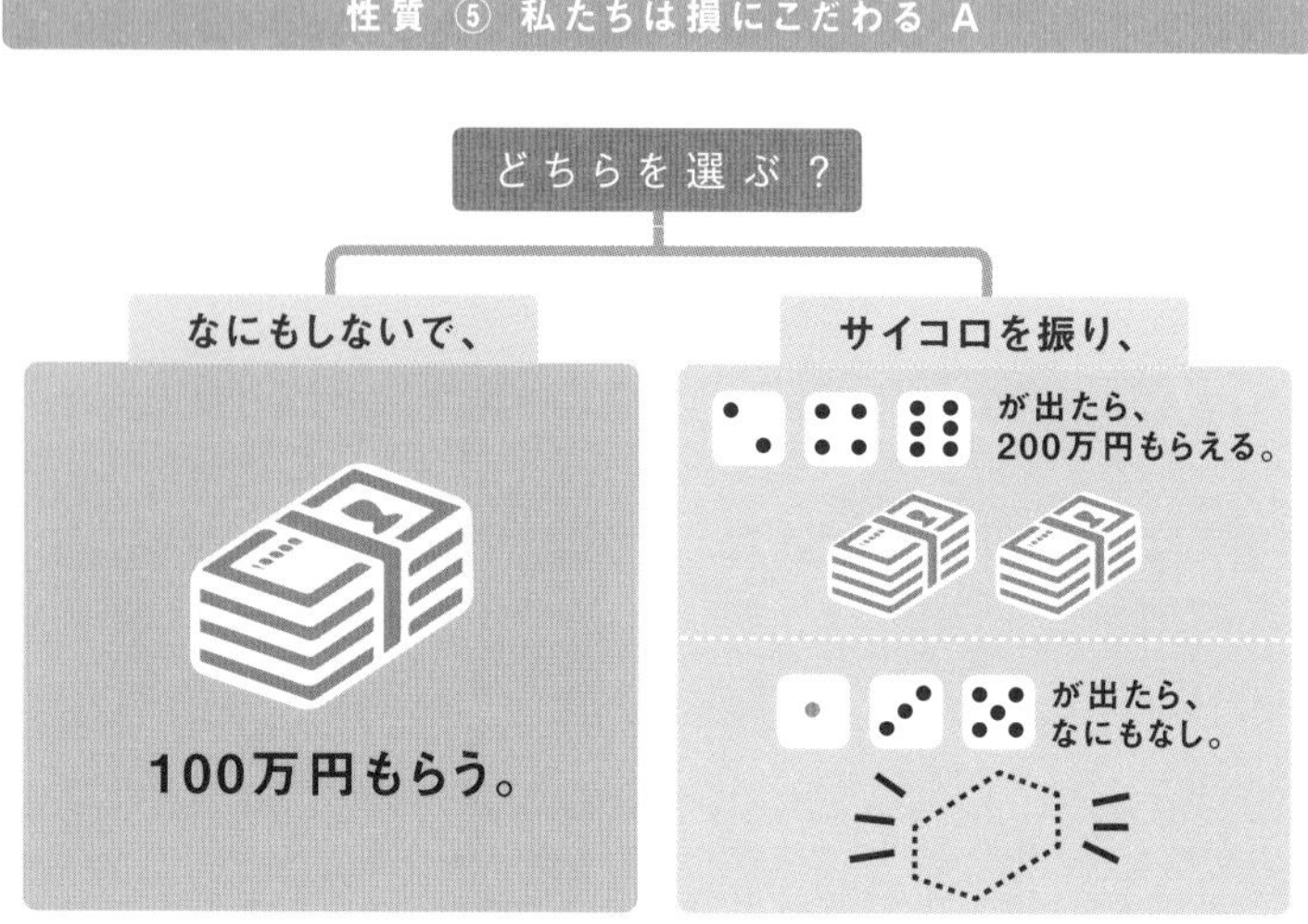
性質 ⑤ 私たちは損にこだわる A
どちらを選ぶ？
なにもしないで、
100万円もらう。
サイコロを振り、
が出たら、
200万円もらえる。
が出たら、
なにもなし。

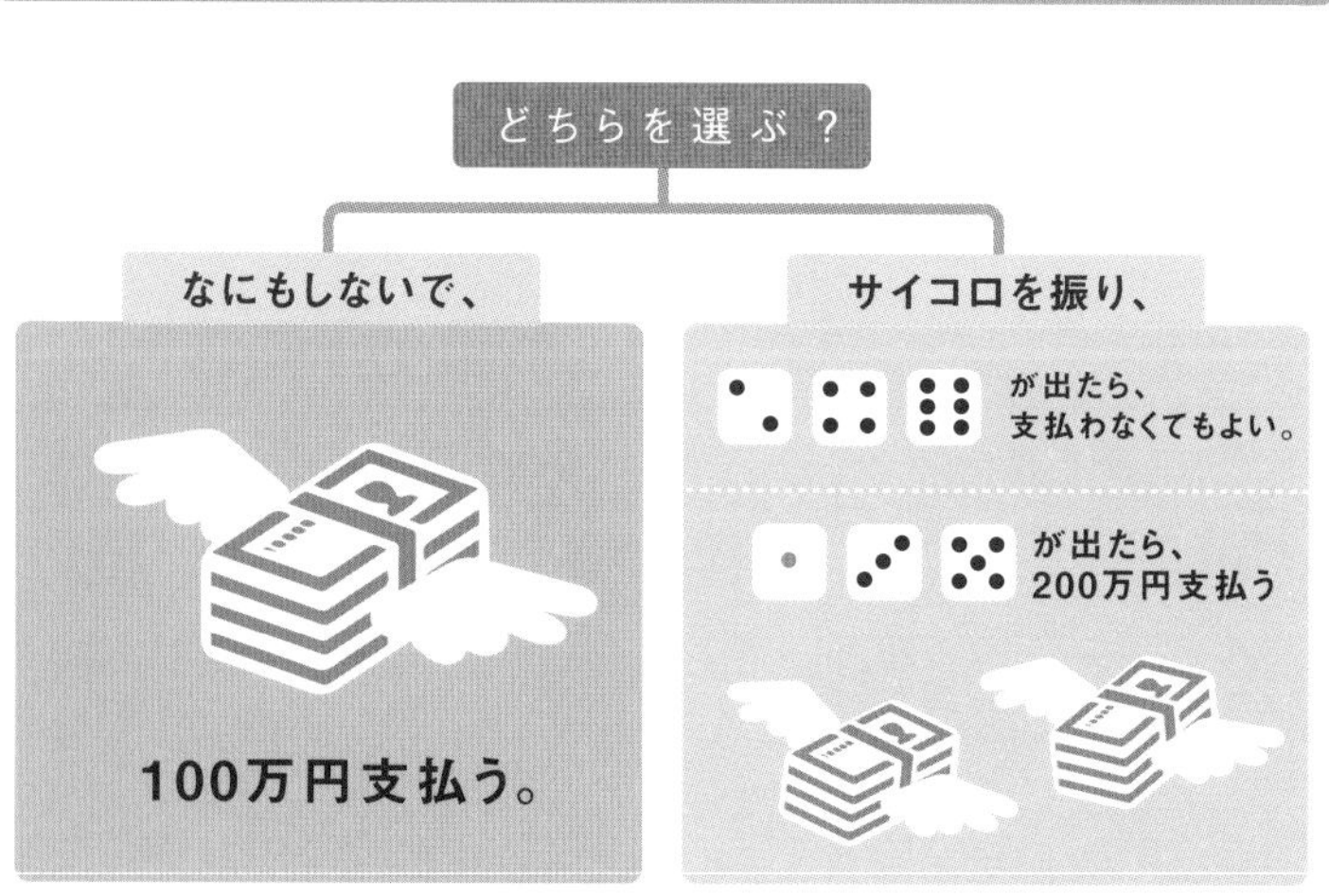
性質 ⑤ 私たちは損にこだわる B
どちらを選ぶ？
なにもしないで、
100万円支払う。
サイコロを振り、
が出たら、
支払わなくてもよい。
が出たら、
200万円支払う

一方、パターンBはどう答えただろうか。こちらはAとは反対に選択肢2、つまりサイコロを振るほうを選ぶ人が多い。払うほうの話になると、何とか回避できる方法がないかを探すためだ。Aと同様に、選択肢2は「プラス100万円」と「マイナス100万円」。つまり、100％発生する損を避けるために、50％の確率に賭けようという人が出てくるのだ。額よりも確実に発生する損を避けようとする。それだけ人間は損が大嫌いだ、ということの証左だと思う。

人は、リスクの伴う変化を判断するとき、単純な期待値に従うよりも、置かれた状況に左右されることが多く、とりわけ「損」に目が向く。何かによって「あなたは損をします」ということに対しては、人間は過敏に反応する。

本来手に入ったであろう利得が失われることについて、非常にうまくコミュニケーションし、説得した例がある。

新型コロナウイルス感染症の拡大を受け、国際基督教大学（ICU）の学生が、キャンパスの施設を使えなかったり、オンラインによる講義が実施されたりすることで、授業料や施設費の減額を求めた。それに対し、大学側は丁寧な説明を行い、理解を求めたのだった。かいつまんでご紹介すると、まず施設費については、その使途を開示し、直接的なサービスの対価として支払われているのではないことを示した。その上で、図書館については、特に論文執筆において蔵書閲覧を必要とする卒業間近の学部生や大学院生に対し、送料を大学側が負担し、図書を貸し出していることを紹介した。少し長いが、そのことを説明した文章を引用する。

《これは、このサービスを受けられない学生からすると、不公平な対応に見えるかも知れません。ある意味では確かにそうです。皆さんにはぜひ、この「不公平」について考えてみることをお願いしたいと思います。学生全員に同じ対応をするのは財政的にも人手の面からも不可能です。大学として採った措置は、それをしないと極めて大きな不利益を蒙（こうむ）る人（編注：論文が書けなくて卒業できなくなってしまう人など）にたいして特別な手当てをする、というものです。今あなたがその対象者ではなくても、ある日、あなたが、図書の貸し出しとは別のことで、そのような類の不利益を蒙りそうになったときには、大学は適切なサポート体制を整える、ということを覚えていてください。大学も市民社会と同じで、全体で支え合うという精神で運営されています。》【1】

大学側は、不公平な措置であることや、それを意図的に実施していることを認めている。そして全員が利用できるようにするのはリソース的に不可能なので、最も不利益を被る人を優先的に助ける、という姿勢を示した。ちなみに授業料についても、オンライン講義に必要な機器を支援したり、講義に必要だが入手しにくい書籍については大学側で一括購入し、履修生に送付したりするという物質的な支援に加え、対面講義と比べ、なんら質が損なわれるものではないことを説明した。

この例は、人は、仮にほとんど使わなかったとしても、「あなたは図書館の貸し出しサービスを利用できない」「対面講義が受けられない」と言われると、損をした気持ちになって反発してしまうことを例示している。それとともに、コミュニケーションによって、その不公平を受け入れてもらえることをも証明している。

人は損が嫌いではあるが、それを理解した上できちんと透明性を担保し、真摯に説明をすれば人はわかってくれる。企業にとっても、行政にとっても、顧客や市民に結果的な「不公平さ」を受け入れてもらう必要が出てくることはある。その際に重要なのは、ＩＣＵが示したような、プロセスにおける「公平さ／公正さ」である。

2-6 コミュニケーションで押さえるべき性質⑥「私たちは比べる」

私たちが「公平さ」「公正さ」というとき、当然だが、それは集団を前提としている。

性質 ⑥ 私たちは比べる

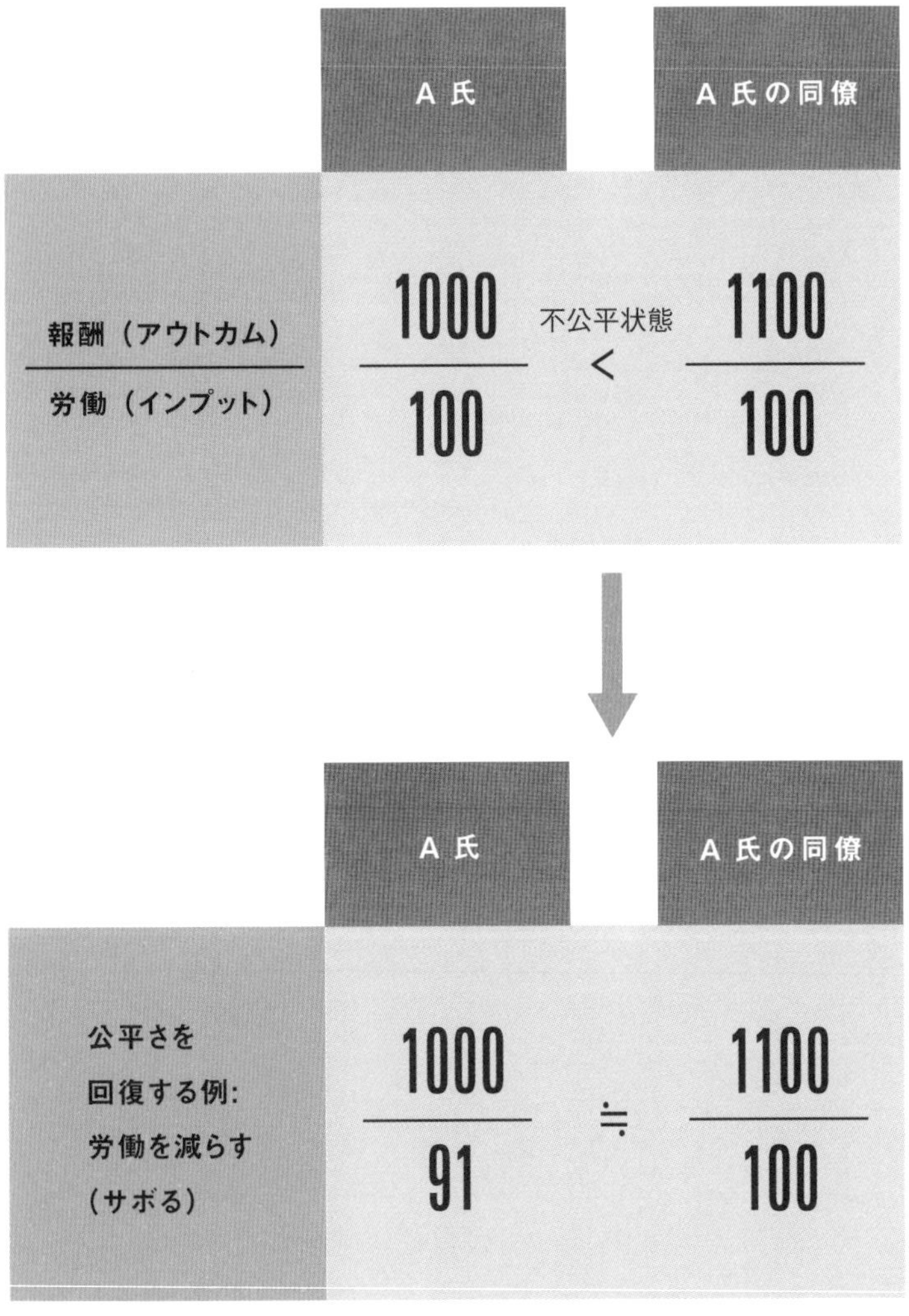

	A氏		A氏の同僚
報酬（アウトカム）／労働（インプット）	$\frac{1000}{100}$	不公平状態 <	$\frac{1100}{100}$

↓

	A氏		A氏の同僚
公平さを回復する例：労働を減らす（サボる）	$\frac{1000}{91}$	≒	$\frac{1100}{100}$

たった一人しか存在しない状況で、公平という考え方は出てこない。他者の存在を前提としたものなのだ。そこでこんなケースを考えてみよう。

ある人の年収が1000万円に到達した。達成感を抱き、銀行口座や給与明細を見るたびに誇らしく思う。しかし、ふとしたことで、年下の同僚が1100万円もらっていることがわかってしまった。その途端、明細がくすんで感じる。ねたみ根性も顔を出す。

J・S・アダムスが提唱した「衡平理論」では、「従業員は自分の報酬に対する満足・不満足を他人の報酬と比較して認識する」とされている。そして、自分の労働（インプット）に対する報酬（アウトカム）の割合――たとえば100働き、1000もらえる――と、年下の同僚のアウトカム／インプット比――100働き、1100もらっている――とを比べる。この場合は自分が10、年下の同僚が11である。

衡平理論では、不釣り合いを解消するために取られる行動はいくつかに分かれるという。ひとつは労働や報酬のいずれかの量を調整しようとする。たとえばサボる。労働を約91に減らして1000もらえば、その割合はおよそ11になり、同僚と釣り合う。あるいは勝手にもらえる量を増やそうとする。ふつう従業員は勝手に報酬を決められないので、横領などに手を出すかもしれないし、「少ない給料で我慢してやってるんだから」と横柄な態度をとって埋め合わせようとするかもしれない。もうひとつは不釣り合いが生じている場から逃避する。有りていに言えば退職する。最後に、比較対象を変える。

アダムスの後の研究（E・ウォルスターなど）では、集団内の不釣り合い（不衡平）は、集団の成員にストレスを与え、釣り合いを戻そうという動機づけにつながるという。多くもらっている人でも不衡平に加担していることを後ろめたく感じるそうだ。

そのため中・長期的には不衡平をなくさないと集団全体に悪影響がもたらされるわけだが、短期的には、比較対象を変えるというのはいい手だ。もし不釣り合いがあっても、なぜ年下の同僚は自分より評価が高いのか。ICUのように、プロセスを開示し、不信感を抱かせないようにするコミュニケーションは必要となるだろう。

3 応用のために考えておいたほうがよいこと

3-1 ここまでの性質をすべて逆転させると…

行政における広報で、最も難しいものの一つが、年金だろう。そもそもの分配の問題もあるし、日本経済は右肩上がりで成長しているわけでもなければ、少子高齢化で、働き手1人が支える高齢者の数は増えていく。つまり、前項で見たような、インプットとアウトカムの比はどんどん悪くなる。過去と比べて負担は増えるのに、取り分は減る、というわけだ。

人は損にこだわるので、実際以上に自分が不利益を被ってしまうかのように評価する。老後資産のためのさまざまな施策に手を出すのもおっくうだし、そもそも数が多くて何が自分に適しているのかもわからない。こうした状況に「おかしい！」と声をあげる人が出てくると、それに同調して、どんどん輪が広がっていく。そもそも年金制度に参加するかどうかには、自分の意思が反映されないので不自由さを感じる……。

まずは不釣り合いを感じる度合いを下げる、そして不衡平さはなぜ必要なのかをきちんと説明する、というところがスタート地点になるだろう。ところで、負担や取り分の増減は一体何と比べているのかと言えば、過去である。だから、まずはその比較対象を変えることができるはずだ。

たとえば現時点において横で比較する。他国と比べて、日本の年金制度はこんなに優れている、というコミュニケーションなら、ずいぶん違う印象になるだろう。「日本の年金制度って、こんなに幸せなんだ」と気づけるかもしれない。先ほどの年収1000万円氏も、国内の平均給与を見れば、恵まれているほうである。あるいは横ではなく、縦で見て、かつての自分からいかに増えたかを見てもよい。人はこうした参照点がなければ、事物を評価できない生きものなのだ。

もちろん、釣り合いをいかにして取るかも重要である。現時点での集団内つまりは日本の中で、どうすれば釣り合いが取れるか。応能負担がよいのか、応益負担がよいのか、という、長期的視野での議論も進めていかねばならない。

行政はさまざまな制度を用意し、市民はそこから便益を享受する。しかし、便利だからといって、必ずしも全員が、いきなり使い始めるわけではない。そこには普及学の知見が生きるはずだ。いかにして初期採用者から前期多数派へ移行するか、がカギである。そうすれば、残りの人は同調すると予測できる。そのためには相手を細分化してからターゲットを選定し、まずここに伝え、次にあそこに伝えて……というふうにしてマジョリティを形成していくほかない。少なくとも、押し付けるようなコミュニケーション、お上が決めたことだから、これに従わなければならない、という話の仕方は避けたい。

つまり、自分がいろいろと考えた結果、選んでいるのだ、という状況を作り出すことである。多すぎるジャムの中から、その人にとって最高の商品を見つけるのを助けるように、自己決定を重視したコミュニケーションを図るべきだ。

広報の領域を超えてしまうが、年金ならハイリスク・ハイリターンのシステム、ローリスク・ローリターンのシステムを選べるようにするほうが、国民の自己決定感は改善すると思われる。「イデコ（iDeco）」などの拠出年金制度では運用商品（預貯金、投資信託、保険商品等）から選択できるようになっている。そして、公的年金制度は受給開始年齢に応じて年金額が増減されるが、自分自身の健康状況や資産状況を踏まえて選べる。このような国民の自己決定感を改善する施策を拡大するため、場合によっては制度の立案からコミュニケーションの仕方を盛り込むべきかもしれない。

3-2 人間理解のスタートとゴール　何のために理解するのか？

ここまで述べてきたような事柄は、マーケティングでも非常に重視されるのだが、「マーケティング」だけの事実というわけではない。むしろマーケティング自体に、社会学や心理学、経済学、統計学といったタテに深い個々の学問の上澄みを水平にすくいとったようなところがある。つまり、コミュニケーションの上で非常に重要なのは、マーケティン

単純呈示効果のイメージ

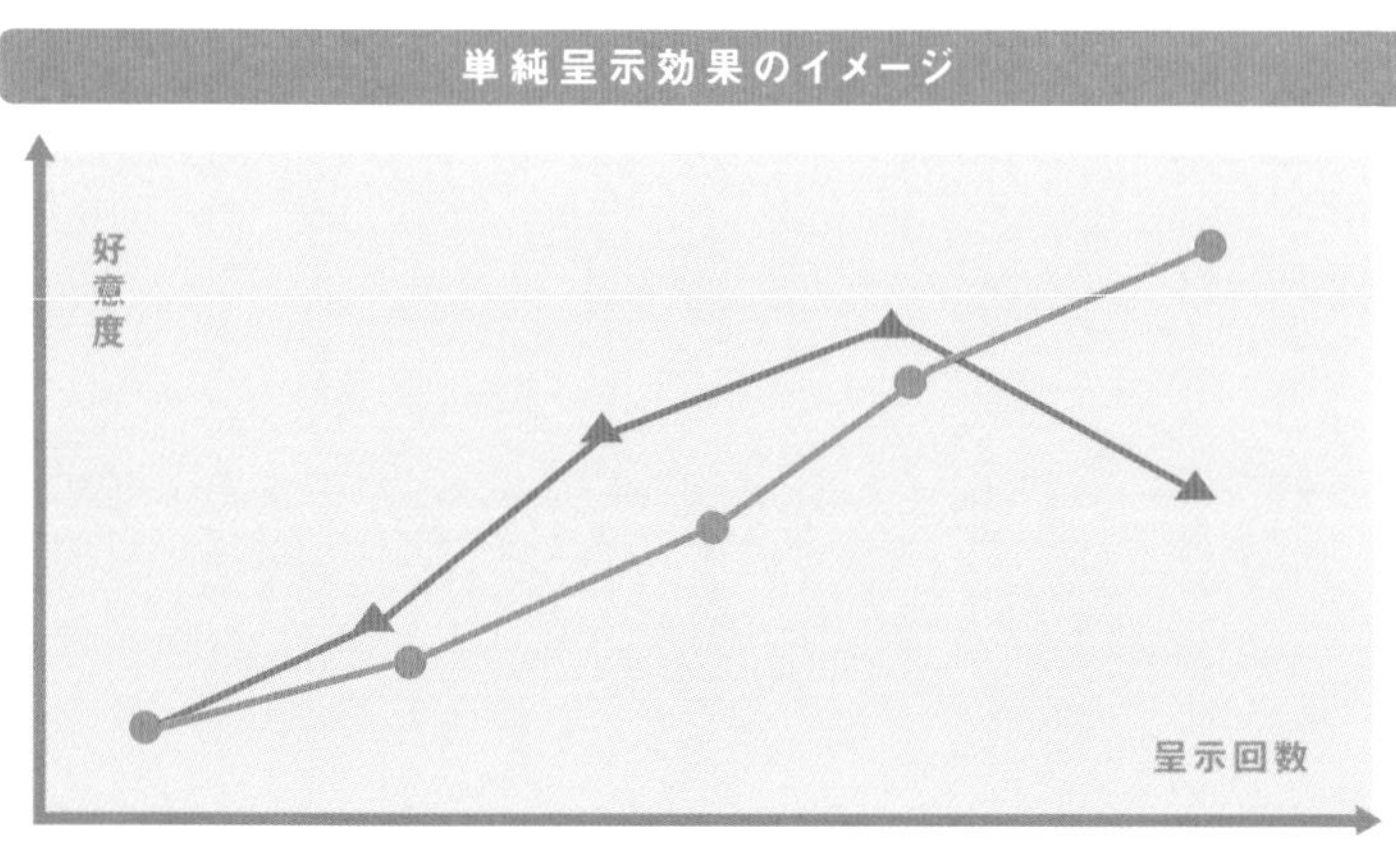

単純呈示効果のイメージ。効果自体は古くから知られているが、刺激の内容や呈示状況（1回あたりの時間や間隔、評価タイミング）など、回数以外にもさまざまな変数があるため、近年でも研究は続けられている。場合によっては逆U字を描くこともわかっている（Bornstein & D'Agostino,1992）

グよりも、むしろ人文科学や社会科学のほうであることは申し上げておきたい。

さて、もし、マーケティングで最高に効率がよい状況があるとしたら、こちらがAと伝えたら、Aという商品を買ってもらえることである。

「サブリミナル効果（理論）」という言葉に覚えがある方もおられると思う。かつて、アメリカの広告専門紙『アドバタイジング・エイジ』紙で、《広告主のための新たな秘密兵器「感知できない広告」が発表された》（1957年）と紹介されたものだ。映画を流す間に、非常に短い時間（3000分の1秒）、「お腹が空いた？ ポップコーンを食べよう」「コーラを飲もう」といったメッセージを割り込ませると、売り上げが伸びる、というものだった。

広告主にとっては忌避されない広告となりうるし、消費者にとっては購買を操作される＝自己決定性が失われるとあって、センセーションを巻き起こした。G・オーウェルの小説をもじって、「ようこそ『1984』へ」と非難した雑誌もあった。しかし、この広告手法は再現せず、1962年に発表者本人が撤回している。

しかし、知覚できない（知覚したと意識に上らない）レベルの刺激で人間の意識が全く変わらないかというとそうではない。よく知られているのはW・R・クンスト－ウィルソンとR・B・ザイオンスによる発見で、「単純呈示効果」と言われるものだ。人間は1000分の1秒の短さでも、くりかえし見せられたものに好意を抱く。こちらは再現性がある。ちなみにNHKや民放連は、こうしたサブリミナル的表現手法は「公正とは言えず、放送に適さない」としている。

何が言いたいかというと、こうした人間の性質は避けがたくあるということだ。あなたにも私にもある。そういうものがあるということを知っておく。そのほうが、受け手の立場のときにも役に立つと思われる。その点で、1957年当時もそうだったように、人間の仕組みを逆手にとってコミュニケーションを図るのは人間の尊厳を汚すものだ。フェアではない、という意見はあってしかるべきと思う。とにもかくにも、人間は自分で選べないのは嫌なのだ。

だからこそ、コミュニケーションの文脈で不信感をいかに抱かせないか。そういうことが大前提としてある。そして本章では、そのための理解の端緒となる点を紹介してきた。それは広報のデジタルトランスフォーメーションを経てもなお変わらない。むしろ、単なる伝達方法のデジタル化をはるかに超え、広報がより深い人間理解を可能とするものとなるのではないかと考える。

少なくとも、広報改革には人間を理解することが必要不可欠である。冒頭で述べたとおり、コミュニケーションはどこまでいっても、人が人に対して行うものだ。反応と問いかけの組み合わせである。そのとき、人間はどんな刺激を受けると、どう反応するものなのだ、ということを理解しようとせずにはいられないはずだ。そして、究極には「何がどうであれば、人々は幸福を享受できるのか」という行政の最大目的に行き着くのである。

【1】国際基督教大学「授業料と施設費に関する疑問への回答」2020年4月20日付

CHAPTER 5

コミュニケーションで押さえるべき人の性質

富永 朋信

プロフェッショナルマーケター

富永 朋信 とみなが・とものぶ

プリファードネットワークス 執行役員、最高マーケティング責任者。9社でマーケティング業務を歴任、うち、西友、ドミノ・ピザなど4社ではCMOを拝命。社外ではイトーヨーカ堂など数社で顧問を、内閣官房など複数の省庁で広報アドバイザーを務める。著書に「「幸せ」をつかむ戦略」（日経BP）、デジタル時代の基礎知識「商品開発」（翔泳社）。

CHAPTER

6 国民の興味関心・行動データに基づく、意志決定支援広報の設計

博報堂 顧問
立谷 光太郎

1 〈自分ごと〉以外の情報はスルーされてしまう

1-1 人は毎日、知りたいことを意識して生活しているわけではない

本書をお読みの皆さんは、1日あたり何回ほど、「あれなんだっけ?」とか「どうしたらいいの?」と思うだろうか?

ケンブリッジ大学の研究によると、人は1日に3万5000回もの決断をしているという。朝起きてから、学校や職場などに出かける途中、勉強や仕事中、食事中、それから家に戻り、そして寝るまでのすべての局面で選択肢を意識し、どうするか迷い、そのために

調べるなんていうことはとても無理な話だ。

電車などに乗ろうとするとき、ごはんを食べようとするとき、「もっと早く着くには」とか、「昨日と違うものを食べよう」など、その先をより良くしようとするために、必要な情報を調べ、より良い選択をするものだと思う。

テレビや新聞、雑誌、交通広告、そしてネット広告、チラシなどに加え、ソーシャルメディアでの発信など、私たちは日々、膨大な量の情報にふれる。しかし、そのほとんどが、意識されずに流れていく。もっと言えば、意識しないで流してしまう。現代人の一日に受け取る情報量が、平安時代の一生分、江戸時代の一年分などと言われるので、無理もないことであろう。

さらに、メディアと生活者との関係がスマートフォン、SNSによって大きく変わった。これは情報量が圧倒的に増えたということだけではない。情報の内容や発信者の多様化によって、量だけでなく、情報との付き合い方、情報の使い方が大きく変わったのだ。

1-2 生活する中で、「あれ?」とか「これ、どうしよう?」というときに知りたくなる

移動中の電車や街を歩く人、買い物をする人などを見てみると、特に若い人のほとんど

がスマホの画面を見ている。ゲームで遊んでいる人、ニュースを読んでいる人、SNSを眺めている人、メールのやり取りをしている人、さらには動画を撮りながら歩いている人など、本当に多様だ。

多くの人が積極的に情報にアクセスし、さらにはSNSを通じて情報を発信している人もいる。これまで、情報は〈送り手〉と〈受け手〉が分かれていたが、今は、人はどちらにもなれる。中央集権型の情報受発信構造が、水平分散型の情報交流構造に変化しているのだ。中央から信頼できる情報が発信され、それが裾野に広がり、自分のところに来るのを待つというのがこれまでだとしたら、現在は、自分の日常の行動や興味関心、あるいは友達関係を通じて、ふれている、使っている情報の中から、必要な情報を選ぶという意識が強くなってきている。いい情報が来るのを待つのではなく、スマホを通じて情報の海に飛び込みながら、自分に合う、関係のある情報に出会いに行くという感覚だ。

その出会いとは、「あれ?」とか「面白そう」「趣味が合う」といった感覚である。そこから「わからない……」といった自分の興味関心や、困りごとなど、「自分ごと」の情報を選び出していく。

出会いは一瞬の見た目、たとえばYouTubeやInstagramのサムネイル、ニュースの見出し、説明画像で、面白そうかどうかが判断され、目に留まるかが決まる。動画ならいまの若者は5秒、文字ならスマホの画面に1行で収まる14文字程度でスキップするかどうかを決めると言われる。

スマホの画面をものすごい勢いでスクロールしている様子を見れば、「じっくりと文章を読んで、理解するということはまれなのだろうな」「よほどの必要性がなければ、文章情報を得ようとしないのだろう」と実感する。

1-3 生活の中で、若い人ほど将来に見える選択肢が多い

こうした生活スタイルの変化、メディアとの関係の変化にあって、広報のあり方は、これまでとは違う視点で設計しなければならなくなってきた。

全国民に等しく、政策や制度をお知らせし、知ってもらう、使ってもらう、というのが行政広報である。中でもさまざまな世代や生活環境によって、使える制度が本当に多様な社会保障制度の広報は、従来の広くあまねく知らせるスタイルではなかなか若者に到達しない。到達したとしても、そのほとんどがスルーされがちだ。特に社会保障制度は、年金や医療、介護での負担増など、厳しい情勢が主に新聞、テレビなどのマスメディアで伝え

られていることもあり、将来が不安になる情報にはふれたくないという感覚が広がってしまう。

広報の観点から言えば、社会保障制度の広報は、年金など将来の不安解消も大切だが、それ以上に一人ひとりの生活者の将来の安心を支えるため、必要な人が必要なときに使ってもらえるようにすることが大きな目的であろう。

生活の選択を支える社会保障には、いろいろな人生の局面を支える、たくさんの制度がある。こうした制度をすべて一律に広報したら、膨大な文字情報とわかりにくい専門用語、複雑な図式と、制度ごとに異なる複雑な手続き情報に阻まれ、自分と関係あるものを探すに至らず、情報そのものをスルーしたくなってしまう。

特に若い世代の生活者は、就職、独立、転職、起業、兼業・副業、雇用、失業、結婚、出産、子育て、教育、医療、健康、復職、退職、再雇用、年金、あるいは生活保護、介護など、人生100年と言われる中で、本当に多くの選択をしなければならない。しかもその選択は、生活者一人ひとりがそれぞれのタイミングでするものだ。

世代や、生活環境によって異なる人生を、今まさに必要というタイミングで知って、使ってもらう社会保障をはじめとした制度広報は、いわば人生の意思決定に寄り添う広報でなければならない。

1-4 世代によって生活やキャリアの選択の幅と切迫感が違う

人生においては、年齢によって選択できる制度は異なる。当然、年齢を重ねれば選択肢は狭まるし、逆に若ければ、広くなる。加えて、選択が必要という認識の度合いも違ってくる。働き始めたばかりの若い世代にとっては、選択の幅は――これは可能性の幅とも言ってよいかと思うが――きわめて広い。それだけに、何が、いつ必要になるか、自分にかかわってくるのかがわかりづらい。働き始めたばかりの段階で、いきなり退職後の生き方や出産、子どもの教育についての意思決定をするわけではないので、制度への関心は低くてもしかたがないだろう。

それが年齢が高くなってくると――たとえば退職が間近になれば、退職金や年金、健康保険、再雇用などについての情報は切迫感のあるものとなる。広報をする側として、切迫感の強い層に情報を提供するのは、情報を探しに来てくれることもあって、比較的情報とのつながりをつくりやすい。

若い世代への広報が難しいのは、こうした理由もある。本来であれば、これからの人生の可能性を支える制度があることを知ってもらい、早めに使ってもらうことで、安心して将来に向けたキャリアを重ねられる、あるいは挑戦できるようになってもらいたいわけだが、当事者からみれば、この先の選択は実感が持てないため、そのような情報があっても関心を持たず、スルーしてしまうことが多いのだ。

それによって、必要なときに制度を知らずに逃してしまい、後になってから「それなら知らせてほしかった」と言われるのは、広報する側としてとても悔しいことだ。だからこそ、特に若い世代に向け、意思決定の際に寄り添えるような広報を展開しなければならない。そのためには、日常の生活の中で、いかに自分に関係する〈自分ごと〉の情報として広報するかが重要になる。

2 〈自分ごと〉になる、気づきを促すこと

令和元年に内閣府が発表した『子供・若者白書』によると、若者の関心事として多く挙げられているのは「お金」「将来」「就職」「進学」「健康」だった【図表1】。

若者の関心事についてのほかの調査を見ても、同じような結果となっていることから、

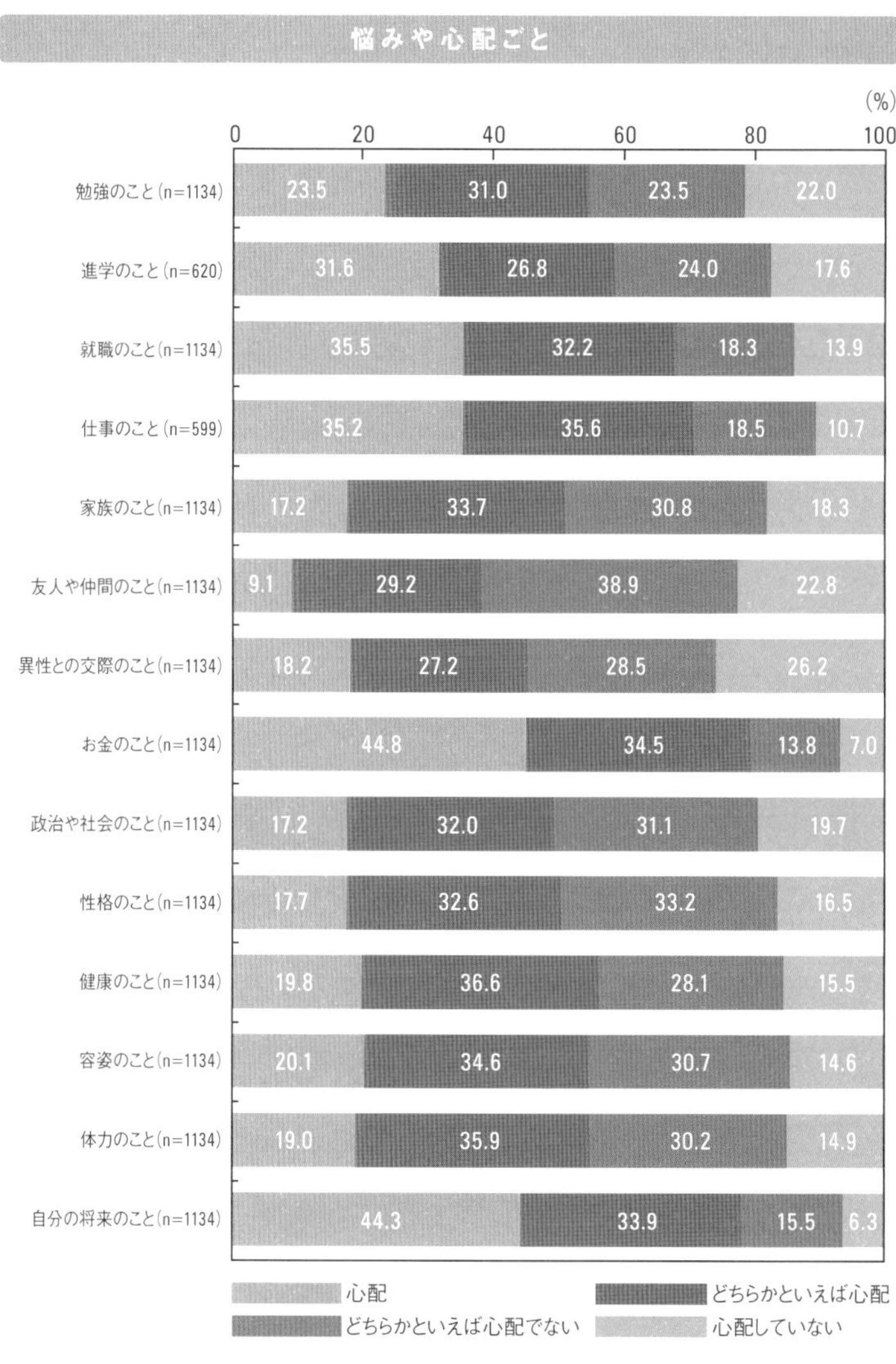

〈内閣府　令和元年版　子供・若者白書(内閣府) 13歳～29歳 男女 1134名〉

図表1

彼ら・彼女らはこの先の自分の人生・生活をしっかりと考えようとしているようだ。一世代、二世代前のような、「若いうちは今を存分に楽しめ」という考え方ではないのだ。

確かに、昔は経済も生活も、そして収入も右肩上がりで「明日は今よりも必ず良くなる」という感覚だったが、今の若い世代に見えている将来の景色はそれとは大きく異なっていると思われる。

「日本の人口が減少する」「超高齢者社会と若者の負担増」「正社員になれるのか」「医療負担が増えるのでは」などなど、社会保障に関する報道を見ていると「明日は何とかなる」ではなく、「今からどうすればいいのか」という考え方をもって当然だ。

このような感覚をもっている若い世代に向けた広報的なアプローチはどのようになるだろうか。

大量の情報の中にあって、大半の情報をスルーし、SNSなどを通じて興味・関心のあるものにひっかかれば指を止める若い世代に対し、写真や動画を見る、という行動を促すのは、「自分の将来に関係あるかもしれない」という〈気づき〉を促すアプローチである。

それは次の5つに分類できる。

①得するか、損するか

知れば得する、知らなければ損する、という単純なものだが、自分の将来のお金のことにかかわるとなればいっそう気になるものだ。

②タメになるか、ムダになるか

知ればさらに得する選択肢が増える、もっと良い方法を見つけられる、というもの。特に自分のキャリアの選択にかかわると気になる。

③役に立つか、役に立たないか

②と似ているが、道具という観点で、「使った結果どうだったのか」という実績を用いるアプローチ。

④成功するか、失敗するか

先駆者として成功した人はいるのか、成功したとすればどうやって成功したのか。③のヒト版と言える体験アプローチ。

⑤結果がイメージできるかできないか

最終的に自分に置き換えてみて、自分がどうなるのか、将来的なイメージにつなげていくアプローチ。今の社会環境の中で、将来が見えない世の中にあっては、「失敗したくない」「時間を無駄にしたくない」「一番良いもの、楽しいこと、お得なこと」を見つけたいという意識は強くなっている。

こうしてみると、SNSを見ている生活者は、広い意味で、どうしたら自分はもっと良くなるのか、日々探しているとも言えるのではないだろうか。

3 決めるとき、傍にいること（決めようと思ってもらうこと）

3-1 気になるときに目に留まる

前節では、多彩かつ大量の情報の中で、自分ごととして価値のある情報となるためのアプローチを紹介した。次は、どんなタイミング、どんな形式で、それを実行すればいいのかだ。

そこで総務省情報通信政策研究所「平成29年情報通信メディアの利用時間と情報行動に関する調査」（13歳～69歳の男女、1500サンプル）を見てみると、マスメディアとネットの利用時間の違いがよくわかる【図表2】。

マスメディアは、朝の出かける時間帯と帰宅後の時間帯に利用時間の山があるが、ネッ

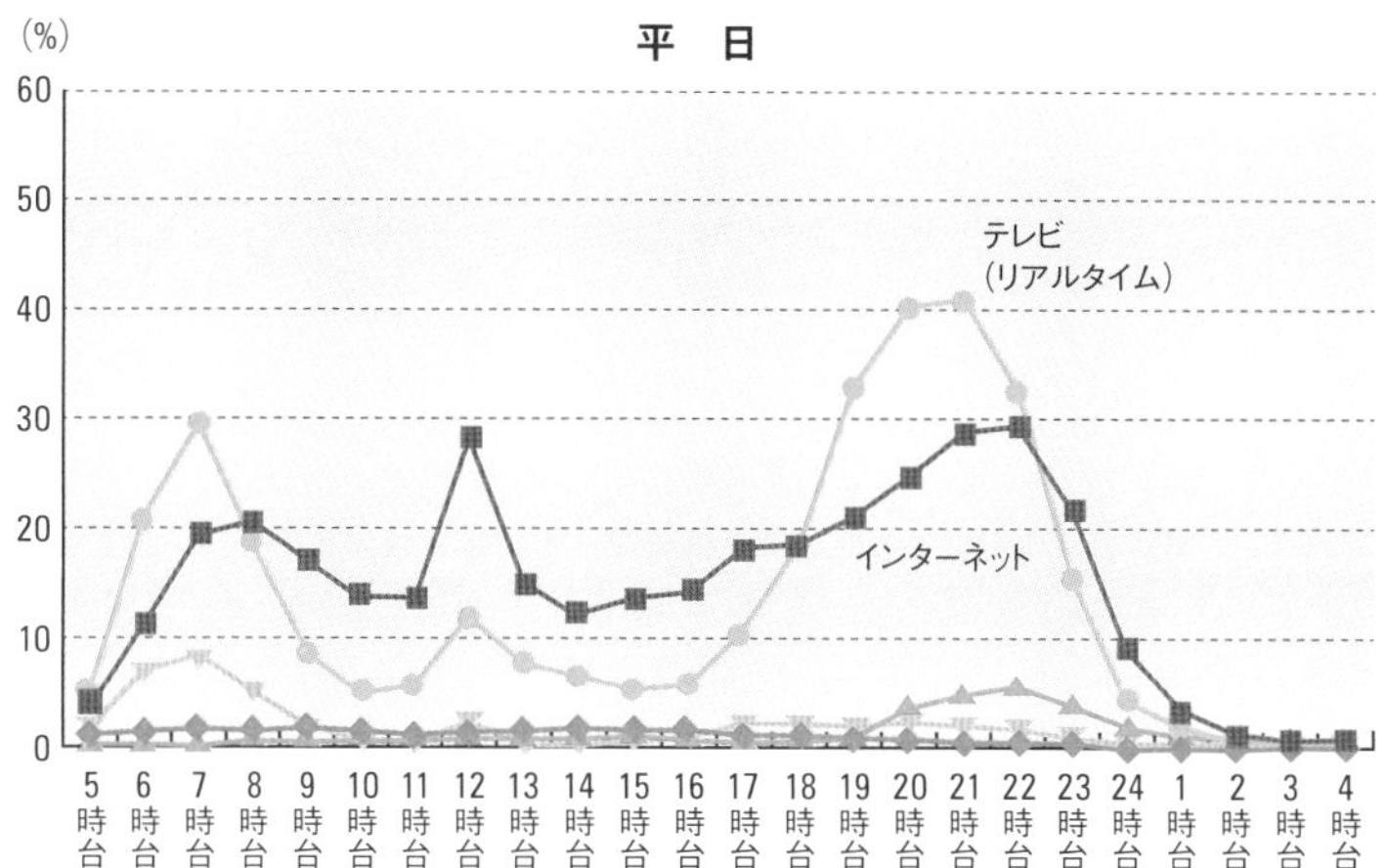

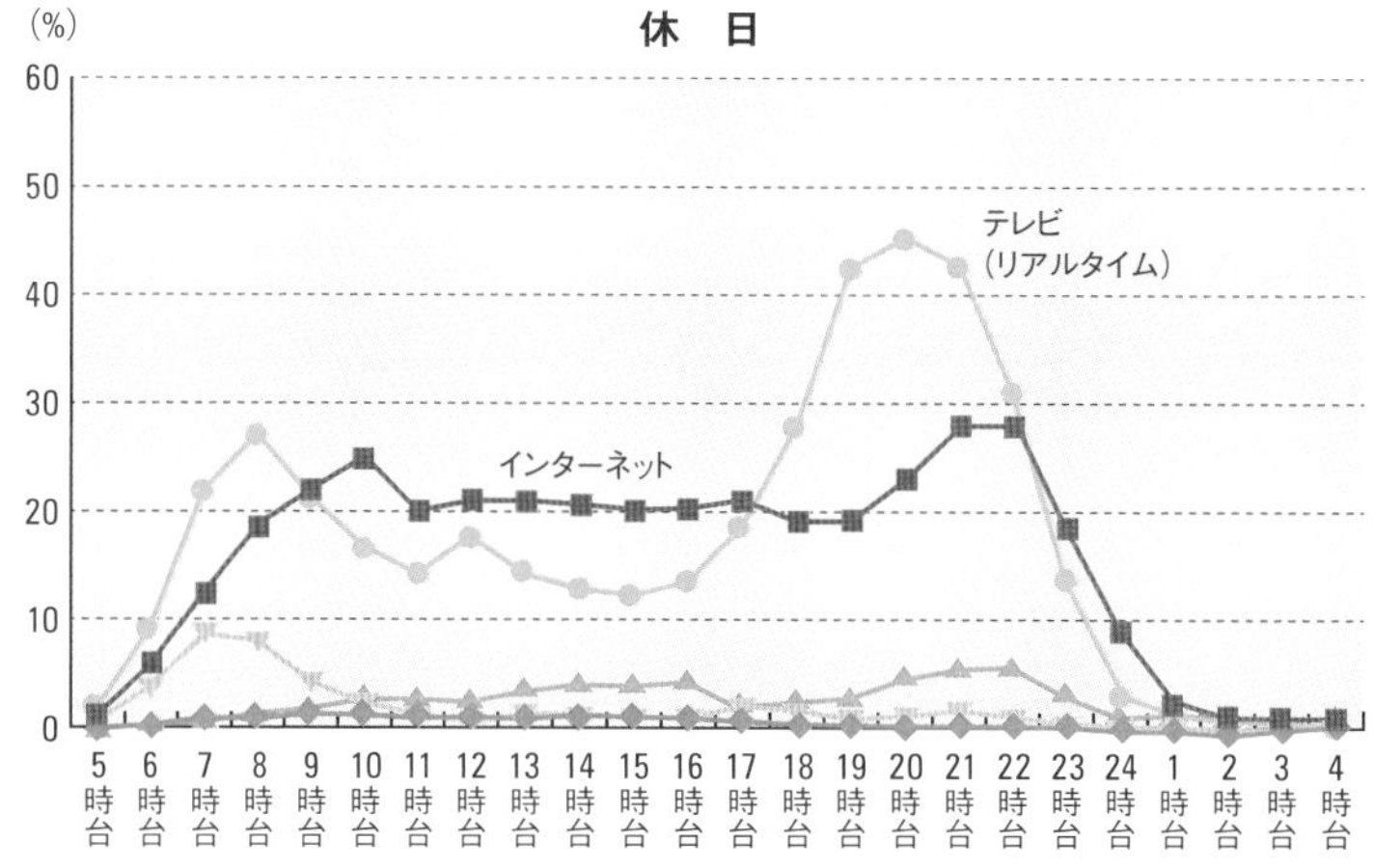

テレビ（リアルタイム）視聴　テレビ(録画)視聴　ネット利用　新聞閲覧　ラジオ聴取

出典：総務省「平成29年 情報通信メディアの利用時間と情報行動に関する調査」

図表2

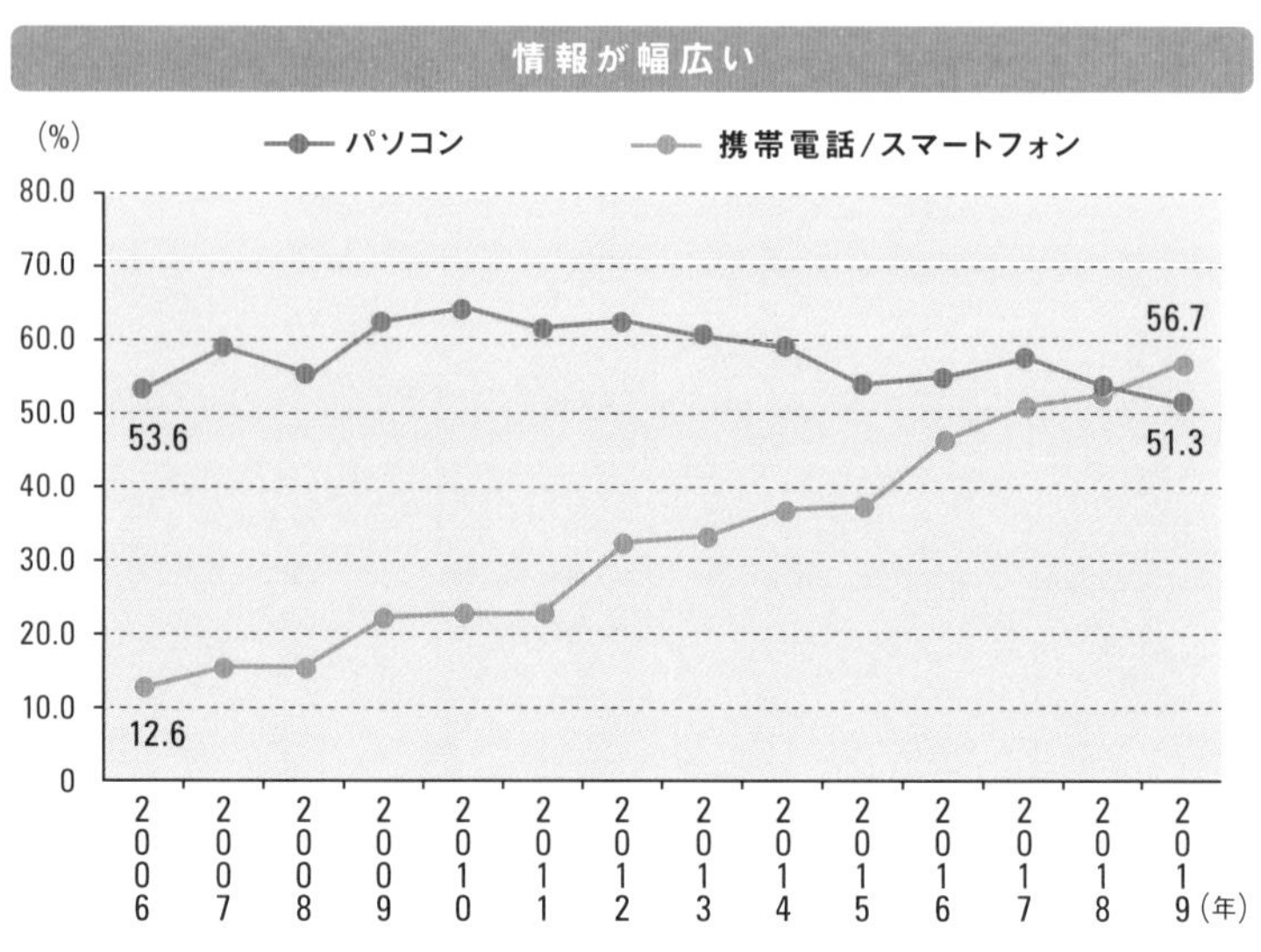
情報が幅広い
(%)
パソコン
携帯電話/スマートフォン
80.0
70.0
60.0
50.0
40.0
30.0
20.0
10.0
0
53.6
12.6
56.7
51.3
2006
2007
2008
2009
2010
2011
2012
2013
2014
2015
2016
2017
2018
2019
(年)

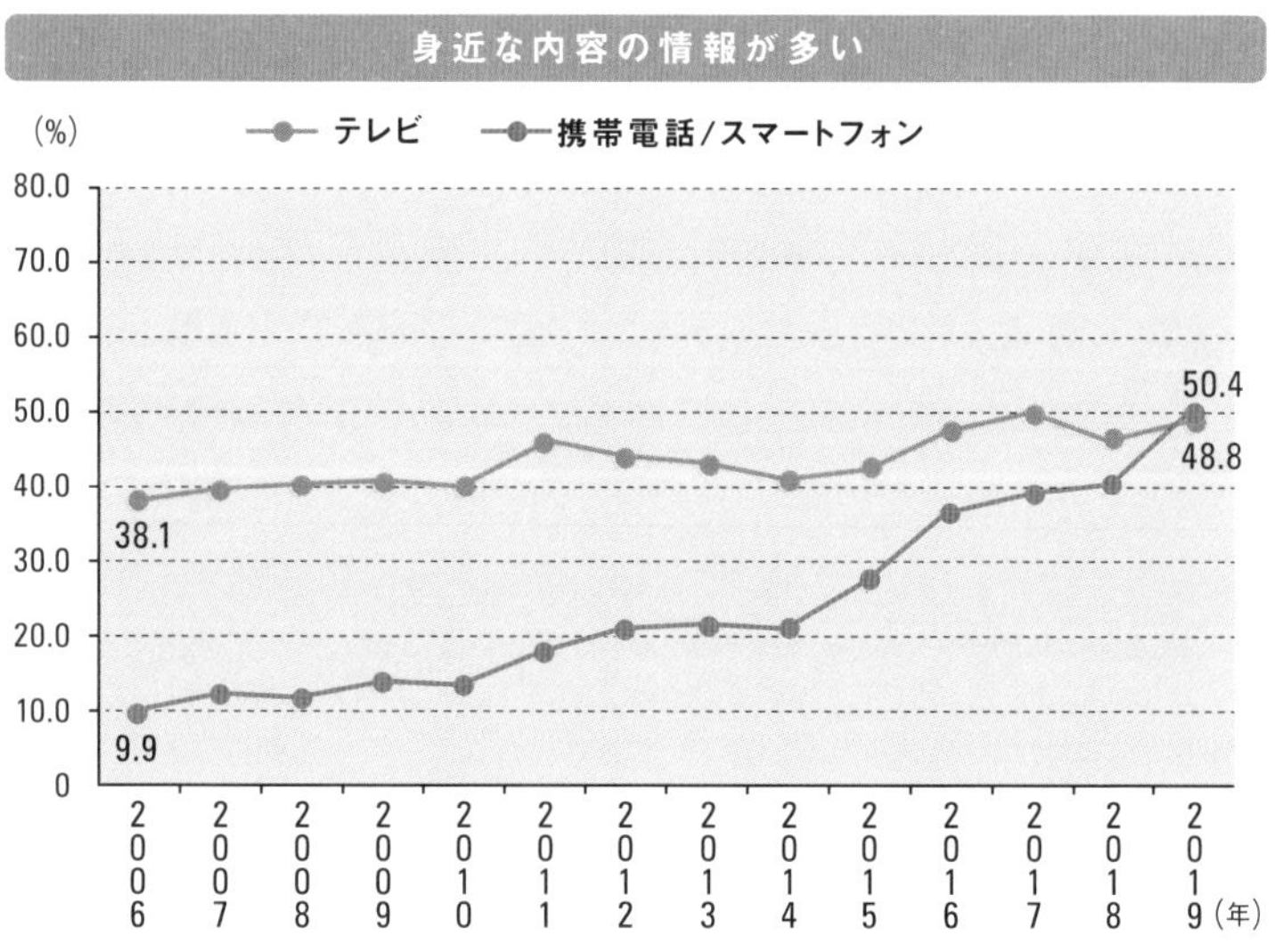
身近な内容の情報が多い
(%)
テレビ
携帯電話/スマートフォン
80.0
70.0
60.0
50.0
40.0
30.0
20.0
10.0
0
38.1
9.9
50.4
48.8
2006
2007
2008
2009
2010
2011
2012
2013
2014
2015
2016
2017
2018
2019
(年)

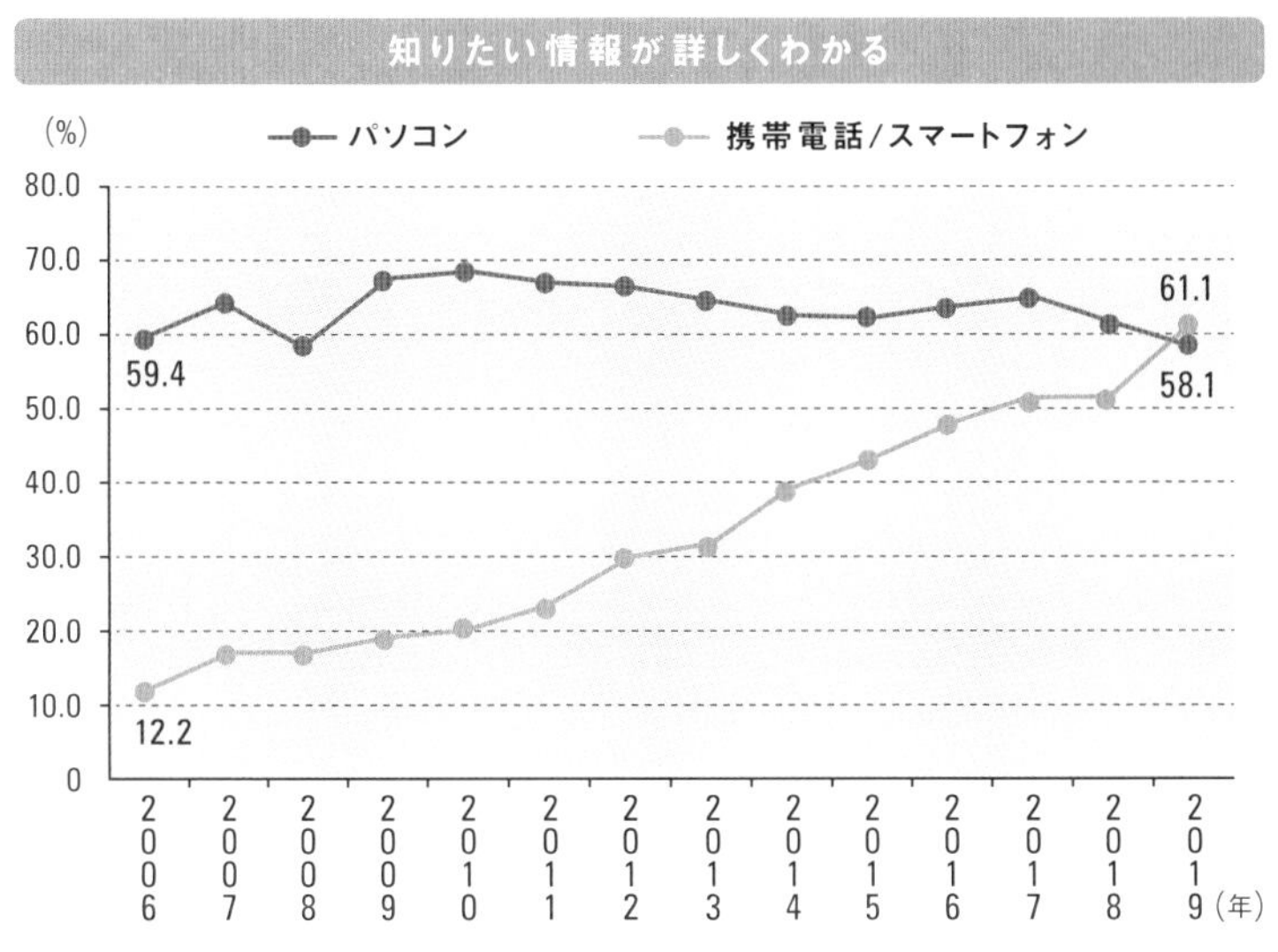

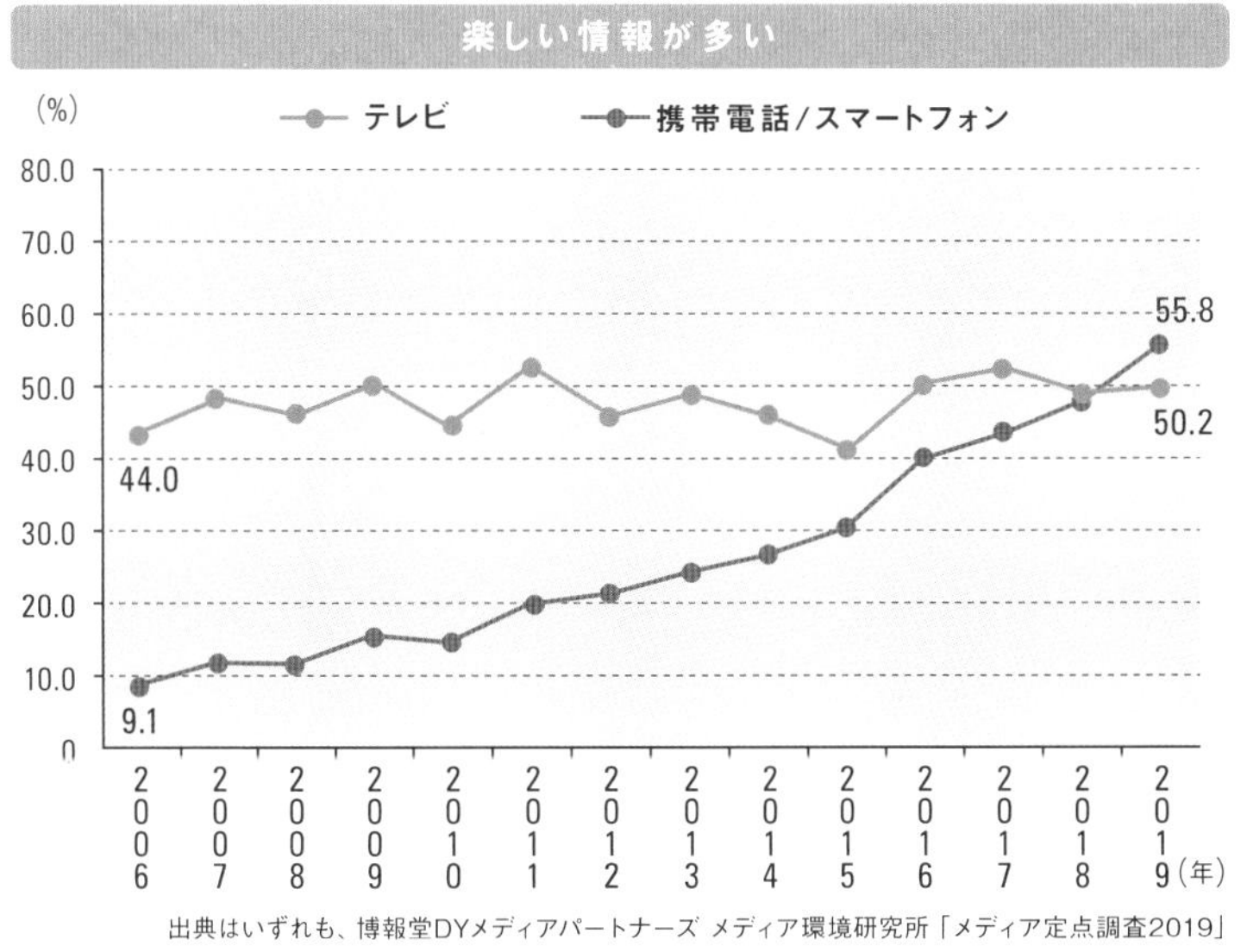

出典はいずれも、博報堂DYメディアパートナーズ メディア環境研究所「メディア定点調査2019」

図表3

トは寝ているとき以外は、常に何らかの形で利用している。また、2019年博報堂DYメディアパートナーズのメディア環境研究所が発表した「メディア定点調査」(15歳〜69歳の男女2507サンプル)によると、テレビやパソコンを抜き、生活者は携帯電話/スマートフォンをメインの情報ツールとして活用していることがわかる【図表3】。

これらのデータから伺えるのは、情報の接点の主役は主にスマートフォンで、寝ているとき以外は、常になんとなく使っているということだ。これは、10代〜60代の男女を対象とした調査のため、10代〜30代の若者層になれば、もっと顕著にこの傾向が現れると思われる。

スマートフォンが情報接点のメインであれば、従来の「お知らせ」をニュースリリースとして発信し、公式Webページに載せ、マスメディアで紹介してもらう、というタッチポイント設計では情報が届かない。また、ニュースリリース的な文章情報には振り向いてくれなくなる、ということがわかる。

特に若い世代に向けた広報を考える場合、日常的にSNSの世界にいることが必要となる。そして、SNSを通じていろいろな情報にふれている「ふとしたタイミングでなんとなく」、興味を持ったり、関心を抱いたりする中で、必要な情報として取り上げられるようにするのだ。

3-2 検索の前に周りの体験談

SNSメインの若い世代は、常にSNSを見ながら「面白い情報」「自分に合う情報」「今一番話題になっている情報」を収集している。そこにあるのは、友人は趣味の合う人や注目している人、憧れの人などの行動だ。こうした人を参考にしながら、興味のある情報を調べ始める。

その検索行動で主に使われているのは、「ハッシュタグ」という機能。投稿をカテゴリー分けするキーワードのようなもので、「#（ハッシュ）」を文頭に添えているのが特徴だ。若年層はこのハッシュタグを使って興味のある、面白そうな周辺情報を集める。そこでは、動画や画像など主にビジュアルを見て、その情報が自分に合うか、必要か、興味があるか直感的に判断する。そして、自分もなんらかの行動を起こすために、公式情報などきちんとした知識を検索エンジンを使って検索する。つまり、検索の前の周辺の体験的な情報が、入口として大事なのだ。

3-3 文字で読むより見て感じる

ハッシュタグで集められた情報は、その多くが動画や画像。そして、毎日スマホでSNSにふれている世代は、ものすごいスピードで画面をスクロールしている。動画なら5秒、文字であれば最初の1行14文字程度で、情報は取捨選択される。こうした世代に見てもらうには、これまでのニュースリリース広報や、新聞記者向けの説明文では、あっという間にスルーされてしまうのは、想像に難くない。スマホの画面に、その情報が何を言いたいのか、どんなメリットがあるのか、ひと目でわかるように表示されることが求められる。

3-4 どうなるのか、結果が見たい

では、こうした世代はどんな情報を調べているのだろうか。先に、若い世代は意思決定において失敗したくない、と考えていると述べた。そういう思考を持った世代は、自分がどうなるのか結果をイメージしたいのだと考えられる。

いろいろな人の体験、ファッションであれば着こなし、コスメなどであれば使ってみた感想、レストランであればその味とサービスなどだ。そうした情報を見て、自分がどうな

るのか、結果をイメージしてから必要な情報を検索エンジンで調べ、裏どりをしたり、公式情報を通じて正しい情報を知ろうとしたりしながら、失敗しないように、時間を無駄にしないように、最も効率的な方法などを見つけようとする。

3-5 結果に向けた最短の方法を知りたい

周りの体験談、いわば先行知識層の行動を見て、結果をイメージできたら、自分がそうなるための方法を検索エンジンで探す。社会保障のような将来の生活にかかわる情報の場合、自分がその制度を使うことで、どうなるのか、何ができるようになるのか、そのために何をすれば良いのか、「結果と道すじがわかりにくい」と言われることが多いようだ。それは、いまのスマホメインの広報という視点で見たとき、検索結果として出てきたのが役所のWebサイトで、そこに制度の内容が手続きの方法とともに画面いっぱいに漢字だらけの文章で出てくるからではないだろうか。

特に、時間や手続きの煩雑さなどを無駄と感じる若い世代は、こうしたWebサイトには、二度と訪問してくれない。直感的にわかりやすく、最短の方法をガイドしてくれるようなチャートや図など、ビジュアルをまじえた情報構成が求められる。

4　気づき、誘引、後押しの流れをつくる

毎日の生活に寄り添いながら、いろいろな人の生活、知恵、挑戦、遊びの中から面白い情報、身近な情報として使ってもらえるようになるためには、単なるお知らせ型の広報ではなく、お付き合い型の広報という形式を採る必要がある。

毎日の生活の中に必要な情報、役に立つ情報として動画や写真、画像をハッシュタグを用いて、直感的な入り口をつくり、そこから情報の活用にもっていく、いわば情報接点の動線をつくるという考え方だ。

社会保障制度の広報で考えてみると、SNSを見ながらいわば先駆者となる人の生活情報から、「こんなことをしてくれる制度があるのか」という〈気づき〉を得る。さらにハッシュタグや検索エンジンを使って似たような情報や周辺情報を見始める。

そしてその情報がわかりやすい画像などで表現され、〈お得〉〈お役立ち〉〈成功〉などといった言葉でさらに関心を「誘引」する。

そこで大切なことは、それが公式情報として信頼できるものであることだ。行政の情報

は信頼できる公式情報となる。しかし、せっかくの公式情報も関心を誘引する言葉や図などを使った見え方になっていなければ、スルーされてしまう。

しかし、「制度を使うとこうなる」とか、「制度を使うにはこうする」という、結果と最短プロセスがわかる情報が出てくれば、それが「後押し」となって使ってみようとなる。これが意思決定に寄り添い、支援する広報の一つの形である。

流れとしては【図表4】のようになる。まず、いつも見ているSNSからの情報を通じて、自分はどうなるのか？という疑問、心配ごとが生まれる。そうすると、他の人はどうだったのか？とSNSなどのハッシュタグを通じて先行事例、体験事例などを見る。そこから制度などの告知情報などにアクセスする場合もあるが、先行事例を見て自分がどうなるかイメージできたところから、「私もやってみよう」と、本格的に調べ始め、制度など信頼できる情報源にたどり着く。

さらにSNSの世界では、ここから次の展開が始まる。つまり、使ってみて、やってみてどうだったか、という情報を当人が発信するのだ。このときに良い評価を得られると、さらに認知が広がる。

意思決定に寄り添う広報のポイントは、次の5つにまとめられる。

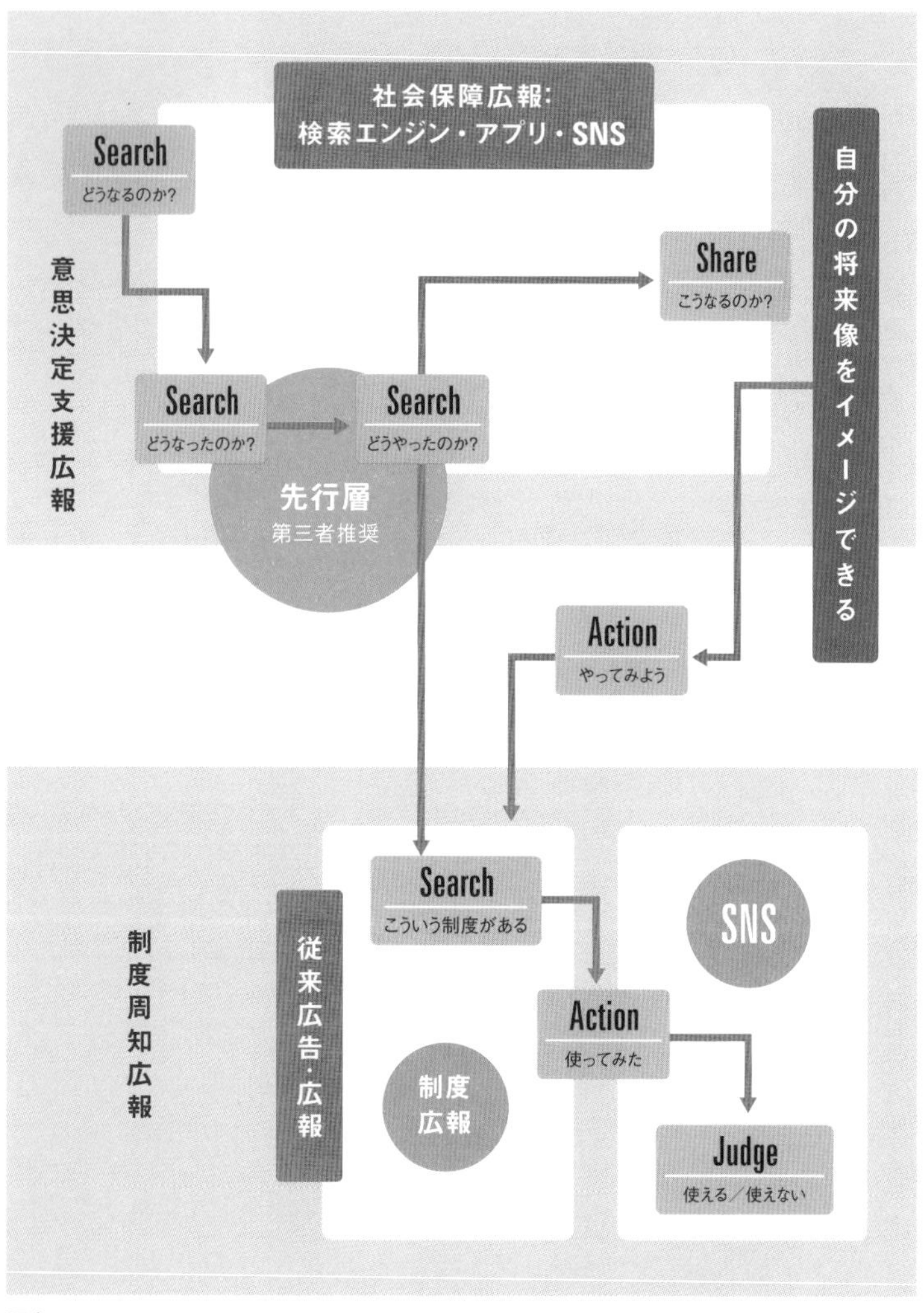
自分の将来（どうなる）に関心を喚起する広報
社会保障広報：
検索エンジン・アプリ・SNS
Search
どうなるのか？
意思決定支援広報
Search
どうなったのか？
Search
どうやったのか？
先行層
第三者推奨
Share
こうなるのか？
自分の将来像をイメージできる
Action
やってみよう
制度周知広報
従来広告・広報
Search
こういう制度がある
制度広報
Action
使ってみた
SNS
Judge
使える／使えない
図表４

①いきなり制度を伝えるのではなく、「こんな人がいた」

制度の告知をどうするかを考えるのではなく、SNSなどを活用して使ってほしい人が抱えている不安などに寄り添う言葉、キーワードをつくり、適切なハッシュタグを付ける。

②安心できる公式情報

先行する人の情報を見た人が、信頼できる情報源とするのは公式情報。よってWebサイトはもちろん、SNSも情報発信元をしっかり明記する。

③「まさに今」のタイミング

人生には節目として自然と選択する意識が高くなるタイミングがある。広告に加えSNSでは、こうしたタイミングに合わせたコンテンツの情報更新とキーワードの設定を戦略的に行い、検索にかかる確率を上げる。

④自分との関係をつなぐ言葉

情報にアクセスしてくれた人を逃さないためには、口語体などを使い、生活者の不安に寄り添った表現や、日常の言葉にすることが大事。役所的な漢字と文語調ではスルーされる。

⑤共有が後に続く人をつくる

SNSを見て情報にたどり着いた人は、使ってみて、やってみてどうだったか、ハッシュタグをつけてSNSで発信する。これが周知につながる。SNSなどネットでの情報のやりとりが主軸となっている若い世代には、特定の時期に展開する広告だけではなく、SNSでの日々の情報更新によって接点を継続的につくることが重要となる。

5 これからの広報戦略のあり方

スマホ、SNS、ネットの活用を通じ、広報の世界でもデジタルトランスフォーメーションが加速する中、さまざまなメディアをどのように活用していけばよいか。SNSにおいてはFacebook、Instagram、LINE、Twitterなどがあるが、これもそれぞれ特徴があるので、使い分けが必要だ。

世代とメディアの使い方については【図表5・6】のような関係になっている。これを見ると、10歳代〜20歳代はネットネイティブでテレビなどをリアルタイムで見ない一方、高齢者層はテレビや新聞をしっかりと情報源として活用していることがわかる。

20代まではモバイル、30代以降はテレビが情報を知る主なメディア

10代男性	モバイル（スマホ）がテレビとほぼ同率。いずれテレビを抜く。
10代女性	すでにモバイル（スマホ）がメインメディア。テレビは情報チェック用。
20代男性	スマホがメインとなり、テレビ、パソコンと続く。
20代女性	スマホがメインで、テレビと続くがパソコンの割合が低い。
30代男性	モバイルの割合がぐっと落ち、テレビが主となりパソコンが増える。
30代女性	テレビがモバイルを抜きメイン。パソコンの割合は低いまま。
40代男性	テレビが主となりモバイルがさらに低下。パソコンが迫る。
40代女性	ほぼテレビがメインメディアとなり、モバイルがさらに低下する。
50代男性	テレビが主となり、サブがパソコン。新聞が伸びモバイルと拮抗。
50代女性	テレビが主であり、モバイルと続くが、パソコンと新聞が拮抗。
60代男性	メインはテレビ、サブが新聞となる。
60代女性	メインはテレビ、サブが新聞となる。
70代男性	テレビに新聞が迫り、2大メディアとなる。ラジオが急浮上する。
70代女性	テレビに新聞が迫り、ラジオと折込みチラシ・クーポンが入る。

※70代については別途のシニア調査からみたもの

図表5

20代まではモバイル、50代以降はパソコンを通じて情報活動を行う

10代〜20代のパソコン利用は少なく、モバイル（スマホ・タブレット）を通じてインターネットにアクセス。対して、特に60代以降はスマホではなく〝ガラケー〟を使っていることもあり、インターネットの利用は圧倒的にパソコンを経由している。

↓

**このアクセス利用機器の違いによって
コンテンツの使い方も大きく変わる**

10〜20代中心で40代まで

スマホを持つことにより
アプリメインの活用

検索・SNS・写真・ショッピング

特に60代以上

パソコンメインなので
ブラウザメインの活用

検索・通販・ニュースが3大活用

特にSNSについて

- ニュースを見る
  Twitter
- 知りたい情報を探す
  Twitter, Instagram
  ※特に女性はInstagramで趣味/買い物情報を収集
- 特定の人とのやりとり
  LINE
- 親しくない人とのやりとり
  Facebook
- 自分の情報を発信する
  Twitter,Facebook
- 人の情報行動を見る
  Twitter,Instagram
  ※特に女性はファッションなどInstagramチェック

●家族など親しい人とのやりとりで、LINEを活用することはある程度。これは、スマホを所有している層に限られる。
●テレビを観て、新聞を読み、ラジオを流しながら家で過ごし、チラシなどでお得な情報を得て行動する。
●メールでやりとりをし、家族や友人からの写真をPC、モバイルで楽しむという生活。

図表6

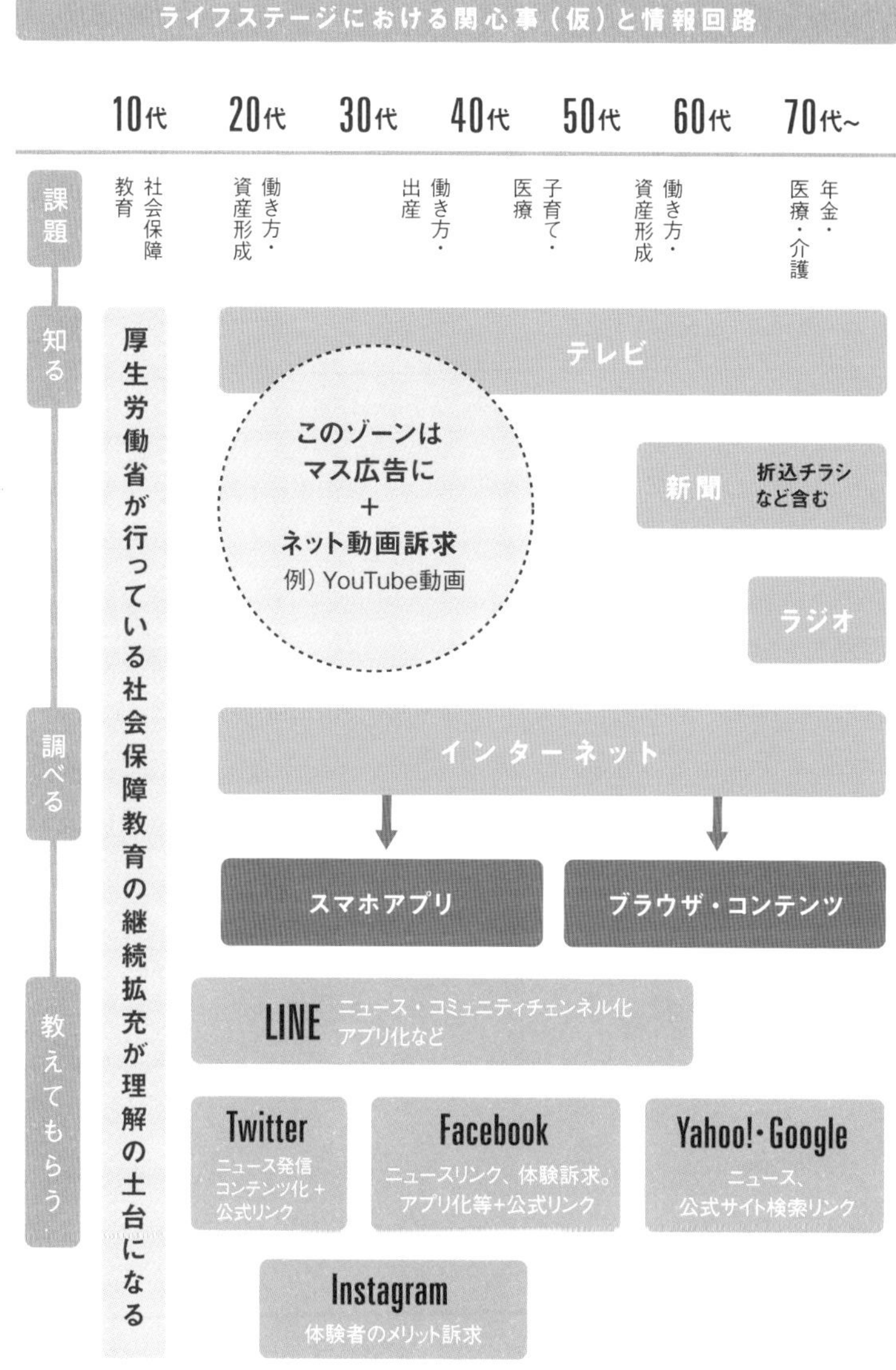
ライフステージにおける関心事（仮）と情報回路
10代
20代
30代
40代
50代
60代
70代～
課題
社会保障教育
働き方・資産形成
働き方・出産
子育て・医療
働き方・資産形成
年金・医療・介護
知る
調べる
教えてもらう
厚生労働省が行っている社会保障教育の継続拡充が理解の土台になる
テレビ
このゾーンはマス広告に＋ネット動画訴求
例）YouTube動画
新聞
折込チラシなど含む
ラジオ
インターネット
スマホアプリ
ブラウザ・コンテンツ
LINE
ニュース・コミュニティチェンネル化
アプリ化など
Twitter
ニュース発信
コンテンツ化＋公式リンク
Facebook
ニュースリンク、体験訴求。
アプリ化等+公式リンク
Yahoo!・Google
ニュース、
公式サイト検索リンク
Instagram
体験者のメリット訴求

図表７

〈博報堂DYメディアパートナーズ、メディア環境研究所、博報堂アクティブシニア研究所レポートより抜粋〉

これに主なSNSの使われ方を加えると、メディアを通じた情報の活用、接点は、【図表7】のような概念にまとめられる。特に、SNSアカウントを通じて広報を展開するには、それぞれの特徴を把握し、コンテンツを使い分けながらうまくキーワード設定を通じて公式情報に誘引することになる。

行政広報、特に生活やライフステージに密接にかかわる社会保障の広報では、世代によって必要になる課題が違ってくるため、【図表8】のような情報の使い分けを含めた情報回路という視点での設計が必要になるだろう。マスメディアを通じた垂直的な回路と、日常の水平的な情報接点を通じて、生活者の意思決定に寄り添う状態をつくっておくことが肝要だ。

先にも述べたが、日常のSNSを通じた情報の中で、自分の生活やキャリアにかかわることがあると、人は自分と同じような不安や課題をもった人の情報を探して参考にしようとする。いわば〈先行した層〉がいることが基点となって情報が広がり、認知や制度の利用が進む。広報的には、こうした基点となる層をつくることが意思決定支援に寄り添う広

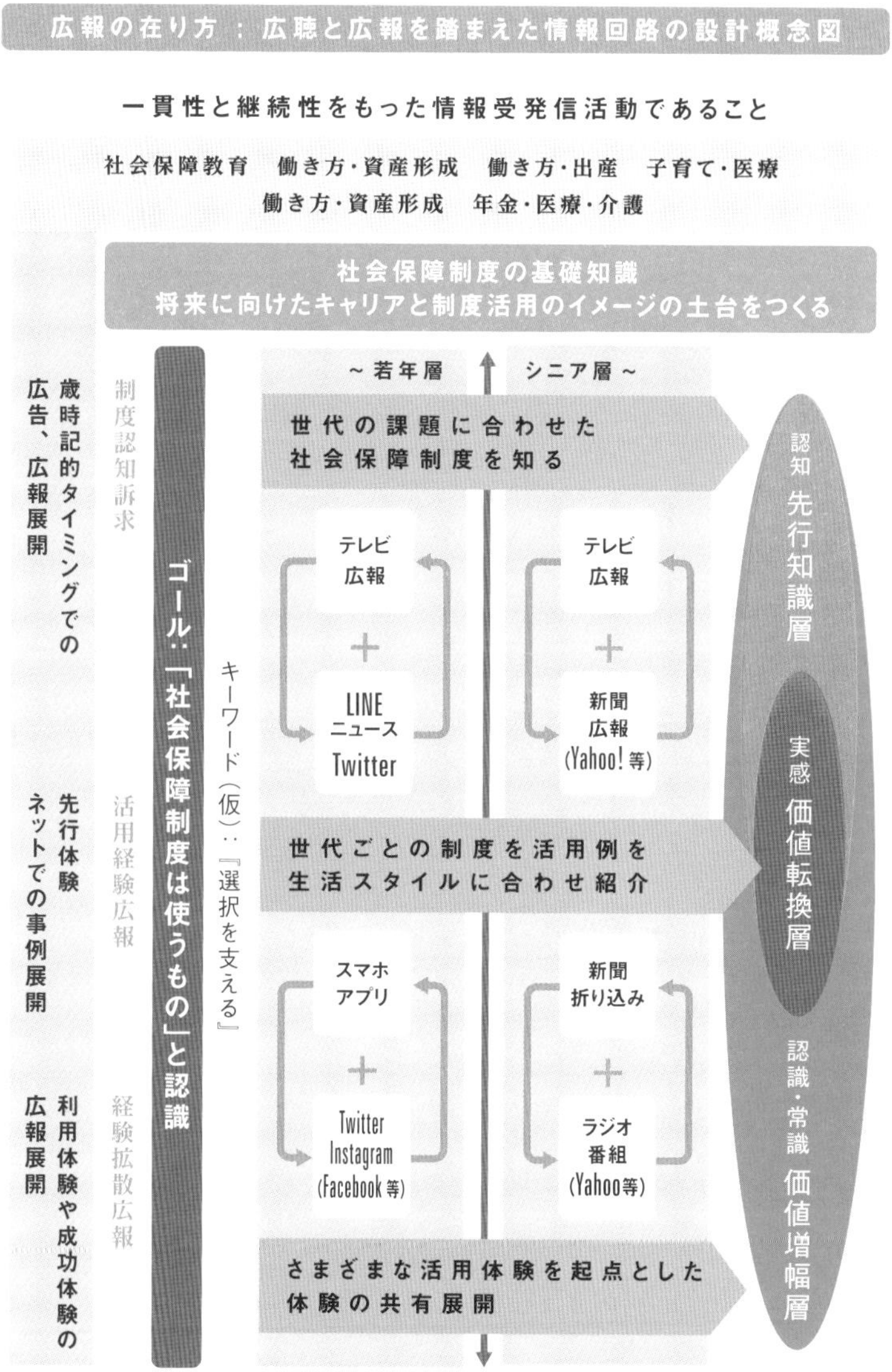
広報の在り方 : 広聴と広報を踏まえた情報回路の設計概念図
一貫性と継続性をもった情報受発信活動であること
社会保障教育　働き方・資産形成　働き方・出産　子育て・医療
働き方・資産形成　年金・医療・介護
社会保障制度の基礎知識
将来に向けたキャリアと制度活用のイメージの土台をつくる
歳時記的タイミングでの広告、広報展開
先行体験ネットでの事例展開
利用体験や成功体験の広報展開
制度認知訴求
活用経験広報
経験拡散広報
ゴール:「社会保障制度は使うもの」と認識
キーワード(仮):『選択を支える』
~若年層
シニア層~
世代の課題に合わせた
社会保障制度を知る
テレビ
広報
LINE
ニュース
Twitter
新聞
広報
(Yahoo!等)
世代ごとの制度を活用例を
生活スタイルに合わせ紹介
スマホ
アプリ
Twitter
Instagram
(Facebook等)
新聞
折り込み
ラジオ
番組
(Yahoo等)
さまざまな活用体験を起点とした
体験の共有展開
認知
先行知識層
実感
価値転換層
認識・常識
価値増幅層

図表8

報の出発点とも言える。

　そして、マスメディアを通じた広告、ニュースなどを通じた紹介から知識を得た先行層が生まれ、その先行層の体験がSNSを通じて広がり、追従した層がさらに体験談や評価を広げていく、というのが意思決定支援広報における情報回路の基本である。

5-1 コンベア、コンテナ、コンテンツそしてコミュニティ

　情報の発信だけでなく、交流を通じて認知や理解、そして制度等の利用を促進するには情報を届ける電波やインターネットなどのコンベアが要る。

　そしてそこに乗っかるテレビやWebサイト、スマホ、新聞、ポスターなどのコンテナがあり、そこにどんな内容を詰めるかというコンテンツがある。

　従来のコミュニケーションモデルであったAIDMA（Attention, Inerest ,Desire, Memory, Action）モデルが、ネットの普及によりAISAS（Attension, Interst, Search, Action, Share）モデルに代わったが、特にS（シェア）が重要だ。コンテンツをシェアすることで、コミュニティができるためだ。

このコミュニティが日常の意思決定局面において、さまざまなアドバイスをしてくれ、広報情報を側面的に支援してくれる。「告知から体験」「読むから見る」といった人の体験を基点に、生活者のいろいろな生活ステージでの意思決定に寄り添う情報回路をつくる。

これが、今の意思決定支援広報の在り方なのではないだろうか。

博報堂 顧問
立谷 光太郎　たちや・こうたろう

1984年、早稲田大学政治経済学部政治学科卒業し博報堂に入社。PR局配属以来、広報領域を中心とした業務を担う。インナーとアウター、広告と広報を統合した統合情報戦略発想をもって幅広い業種を担当。2007年にはこうした知見をもって第 次安倍政権の「美しい国づくり」プロジェクトメンバーとして内閣官房に出向。19年4月1日に政府・行政担当の執行役員から顧問となり現在に至る。

CHAPTER 7

ブランディングと広報
――DXを踏まえて

インターブランドジャパン
エグゼクティブディレクター
薄阿佐子

1 ブランド／ブランディングにまつわる誤解

1-1 ブランドは、コミュニケーションのみで築かれるものではない

本章では、デジタル化によって質的に変貌する広報のあり方とブランド構築について、考察を進めたい。多くの企業で、企業自身や、その企業が取り扱う事業、商品、サービスのブランド価値を高める「ブランディング」活動について経営課題としてとらえ、取り組むようになってきている。自治体などについても、都市や街のブランディング活動を推進しているケースは少なくない。

その一方で、「ブランド」や「ブランディング」という言葉が指し示すものがはっきりしないために、そうした活動に意義を感じていないケースも同様に多いと思われる。しかし、「ブランド構築をしている」「ブランド価値を高める活動をしている」という自覚があるかないかによらず、誰しも一定程度かかわっているものなのである。

どういうことかをご説明する前に、ひとつ質問をさせていただきたい。たとえば、あなたがいま住んでいる街の名前を思い浮かべたとき、その街はどのような存在として思い描かれるだろうか。「この街は、○○だからとても気に入っていて、これからも住み続けたい」という方もいれば、その逆もあるだろう。また、いまは満足していても、「家族構成が変わったら引っ越そう」という方もいらっしゃるかもしれない。

つまり、それが本章で述べる「ブランド」なのである。「ブランド」とは「人々の頭の中にある、確固たる存在感」である。あるグローバル企業のＣＥＯは、このようなことを言っている。「もし、当社が災害ですべての生産設備を失っても、会社は生き残る。しかし、当社のすべての顧客が記憶を失い、当社についてのすべてを忘れてしまえば、会社は倒産する」と。誰にも存在を認められていない企業は、どうやって存続するのだろうか？　逆に言えば、存続している以上、誰かの頭の中には「存在感」がある。製品は工場に、商品は店頭に、そしてブランドは人々の「頭の中」に存在する。

その「存在感」は、その街で日々暮らしている中で、形作られていったものだ。ふだん使う店や役所、交通手段、その街を構成するすべてとの接点であなたが体験したこと、その積み重ねが、（その街の）「存在感」を構築している。

先ほど『ブランド構築をしている』『ブランド価値を高める活動をしている』という自覚があるかないかによらず、誰しも一定程度かかわっている」と述べたのは、そういう意味である。特別に〝ブランディング〟をしていなくても、企業のさまざまな活動を通じ、人々の頭の中にブランドは構築される。

広告や広報といったコミュニケーションも、ブランド構築の一端を担ってはいる。しかし仮に、「子育てしやすいファミリー層向けの街」と広報していながら、事件や事故の報道が多い――こうした街を思い浮かべてみてほしい。実態がなければ、広告や広報はブランドを構築する上で無力であることがわかるはずだ。むしろ広告や広報で伝えていることと実態とのギャップで人々をがっかりさせ、かえって不信感をあおってしまうこともあるかもしれない。

一方、たとえば「人の温かみのある街」というメッセージどおり、役所に行っても、商店街で買い物をしても、親切にしてもらうことが多い――そういったシーンが実現できれば、広告や広報などのコミュニケーションと実体験は、相乗効果を生む。

ブランドを醸成するプロセスや考え方は、企業だけでなく、行政や教育機関、あらゆる組織において役立つものである。一般企業であっても、行政であっても、商品やサービス、国や都道府県の施策、産品、街自体などの良さを感じてもらい、活用してもらう、という目標は同じだからだ。発信者と、受信者の二者がいれば、もうそこには「ブランド」という考え方が存在する。

では、どのようにしてブランドを醸成するか。ブランドの価値を高めるために、広報はどんな役割を果たすべきかについて、次節以降述べていきたい。

1-2 ブランドの価値が高まると、どんなよいことがあるのか

100円ショップのエコバッグと、高級品メーカーの10万円のエコバッグ。機能は同じなのに、後者を買う人がいるのはなぜだろうか。それは、最安だからではなく、「最愛のもの」だからだ。それがブランドの力である。

私が所属するインターブランドジャパンでは、ブランドを次のように定義している。す

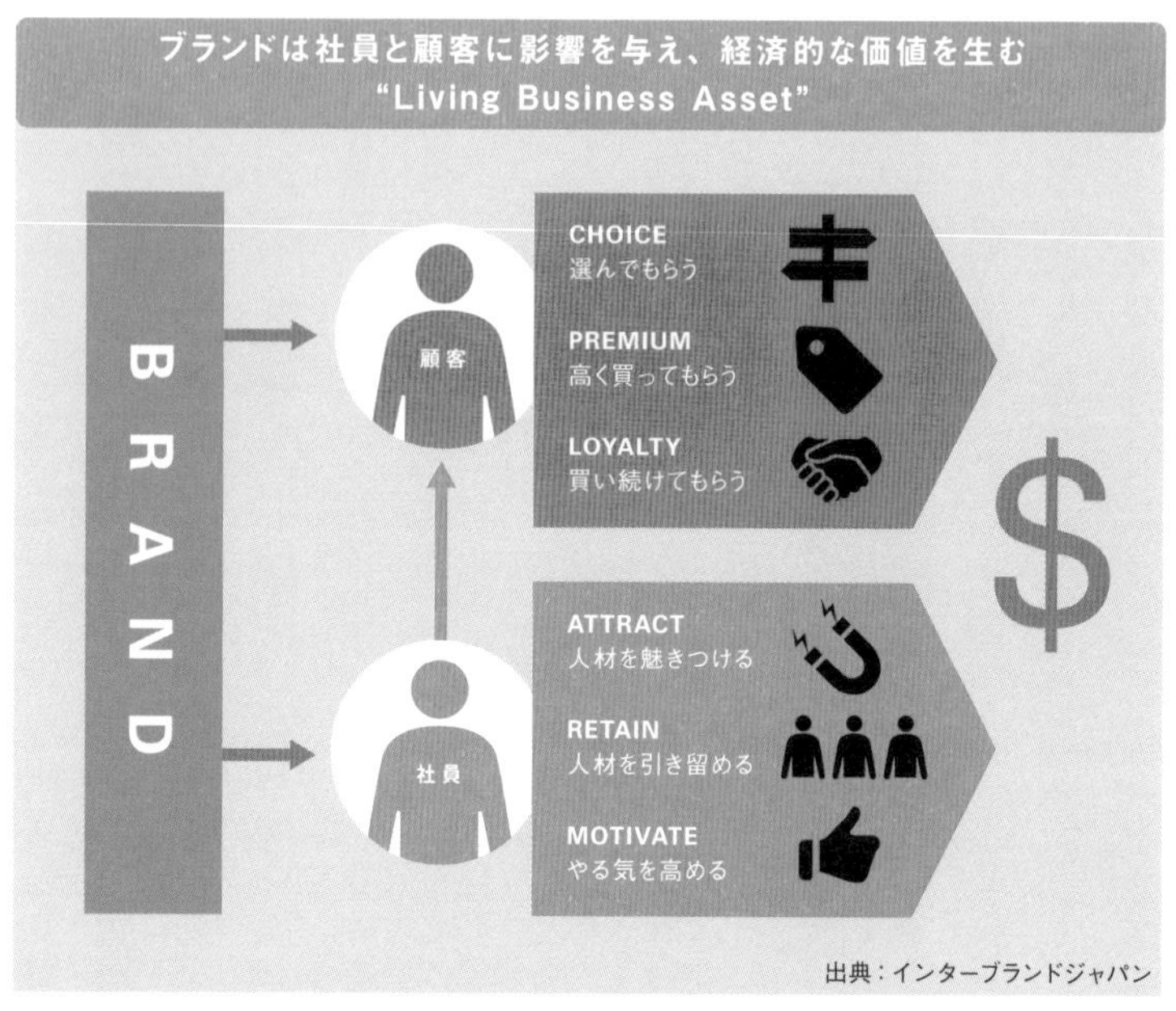

図1

なわちブランドとは、すべての企業活動を通じて生み出され、変化し続けていく「資産」である、と。「ブランド」は高級品ではない。企業や商品のネーミングやロゴでもなければ、コミュニケーション活動でつくられる単なるイメージでもない。

ブランドが力を発揮する相手は、顧客だけだろうか。答えはノーだ。ブランドはまず、社員に影響を与える。優秀な人材を惹きつけ、定着させ、さらにモチベーションを上げてパフォーマンスを高める。最近では、優秀な人材を集めるべく、採用を目的としてブランディングを考え始める企業も少なくない。

また、ブランドは顧客にも便益をもたらす。たとえば、安心して選びやすい。そして、ステータスになる、使っている自分が誇らしい、等々。

ひとたびブランドが構築されると、関係者すべてにベネフィットがある【図1】。

1-3 ブランド価値はどのように高まっていくか

人々の頭の中にある「存在感」を確固たるものとし、そこから付加価値を生み出していく。言い換えればブランド価値を高める活動が「ブランディング」である。すでに述べたとおり、ブランディングとは、ロゴをつくったり、広告や広報活動をすることだけではない。あらゆるビジネス活動をマネジメントするものであり、むしろそちらのほうが本義である。

たとえば、こんなスーパーマーケットがあるとしよう。店名は「ロープライスマーケット」。利用客の頭の中における同店舗の存在感は、「とにかく安い」というものだ。しかし競合店舗との価格競争が熾烈化し、また、低価格戦略が今後の日本社会にも見合わないと考えた経営者は、思い切って店名を「プレミアムマーケット」に変え、ロゴもリニューアルした。「高級で、サービス品質も高い」という店に生まれ変わるためだ。大々的に広告を投下したり、記者発表をしたりして、メディアにも露出した。

それで利用客の頭の中も変わるだろうか。なかなか難しそうだ。利用客と直に接するのは従業員であり、仕入れた商品である。接客マニュアルを改訂し、問い合わせへの対応の仕方や店内レイアウトを変え、商品の仕入れも刷新しなければならない。社員の評価基準や採用方針も変更する必要がある。それで初めて社員の意識や動き方が変わり、顧客体験がかつての安売り店から変わっていく。そしてようやく、存在感も意図通りのものになっていくのだ。

「私は楽しい人間です」といくら声高に叫んだところで、実際に人を楽しませられなければ、そのようには思ってもらえないのと同じである。つまり、ブランドは、社内の全員がつくり上げる、事業活動の実態によるところが大きい。まずは商品やサービスそのもの。店頭や窓口における社員の対応。パンフレットや説明書などのコミュニケーションツール、等々。企業活動のすべては社員による活動であり、その活動を通じて、顧客の頭の中に「存在感」が築かれる。

前項では、ブランドはまず社員に影響を与えると述べた。それはこう言い換えることもできるだろう。ブランディングの第一歩は社員から、だと。その企業や商品・サービスの理想的な「存在感」が社員の頭の中にあるからこそ、商品やサービス、接客対応、そして広告や広報といったコミュニケーション活動で伝播することができるのだ。

2 デジタルがもたらした、ブランディングの変化

2-1 生活者側の変化

前節では、ブランドは、あらゆる企業活動によって築かれるもの、と述べた。しかし、インターネットによって情報の受発信が容易になったことから、さらに新たな経路が加わった。本節ではここ十数年間、情報を手に入れる手段が多様化したことで、ブランディングに起きた2つの変化について概観する。

生活者は、企業からだけではなく、自身と同じ志向や嗜好を持つ多数の人々からのインプットを受けるようになった。Ｗｅｂにはいまなお、消費者が生み出すコンテンツがあふれており、それらは簡単に手に入れることができる。

近代マーケティングの父とも言われているフィリップ・コトラー教授は、「伝統的マーケティングは、認知と関心の構築に大きな役割を果たす。デジタルマーケティングの最も重要な役割は、行動と推奨を促すことである」（フィリップ・コトラーほか、『コトラーのマーケティング4・0　スマートフォン時代の究極法則』、2018年）と述べている。人々が、マスコミュニケーションを通じて、企業や商品・サービスなどを認知するのは、現代においても変わらない。しかし、認知よりも先の行動喚起につながる情報は、Web上の、同じ消費者による評価のほうが効果的だというのだ。

ある企業や商品・サービスがどのような存在か、ということが構築される上でも、同じ消費者間での情報がいっそう重要になったということだ。先ほどの例で言えば、「あの人、とても楽しい人だよ」という評判を、自分と同じ立場の人から聞く、ということに相当する。本人が自称するよりも説得力があることがわかる。

2-2 企業側の変化

こうした生活者の変化を、企業側もきちんと認識している。Web上で交わされる消費者の発信、やりとりについて調べることで、より客観的に、自社がどのような存在としてとらえられ、語られているかがわかるようになったからだ。

生活者に向けて何らかのアクションをとれば、それに対する人々からの反応が得られる。好意的な反応が多ければ、期待に応えるためにより良いアクションをとることができる。ネガティブな評価であれば、そのような行動を改めれば良い。こうしたフィードバックループが成立しやすくなっているのだ。

ここで、ちょっと事例を見てみよう。

2011年の東日本大震災において、東京ディズニーリゾートのアクションが当時、多くのメディアで報道され、人々からの賞賛を浴びた。震災当時、東京ディズニーリゾートでは震度5弱を記録した。しかし、そもそも大きな揺れや液状化に備えた建築工法が採用されていたことに加え、危機管理チームによる指揮命令系統と、「キャスト」と呼ばれる従業員やアルバイトらの危機管理意識や臨機応変な対応で、約7万人もの安全を守ったという（2011年4月15日付 日本経済新聞『ディズニーランド、7万人の安全守ったアルバイト』）。

東京ディズニーリゾートは、「キャスト」のゴール（目標）を「We Create Happiness ハピネスの創造」と設定しており、それを実現するための行動基準「The Four Keys ～4つの鍵～」を定めている。すべての「キャスト」は、この考え方に基づいて判断、行動するのだそうだ。これらは同社の公式Ｗｅｂサイトで確認できる。

震災時には、こうした行動基準に基づく臨機応変なキャストの対応も話題になった。たとえば、何百人ものゲストが不安な夜を過ごす中、園内のある施設では、シャンデリアの下に立ったキャストが「僕はシャンデリアの妖精。何が起きても皆さんを守ります」と言って笑いを誘ったという。また、あるショップにおいては、防災ずきん代わりにと、ぬいぐるみ数百個が配られた。

こうした対応ができる「キャスト」には、「東京ディズニーリゾートがどのような存在としてあるべきか」が確立されていたのだろう。だからこそ、機械的にマニュアルに沿うのではなく、自律的に必要な対応を取ることができたのではないか。それが7万人ものゲストの安全につながったばかりか、ブランドの評判をも高めたのだ。

２０１１年は、日本においてソーシャルメディアが一気に普及した年でもあった。当時、いまと同じくらいソーシャルメディアが普及していたら、もっと数多くの体験がそれぞれの消費者から語られ、拡散され、より多くの人の目にふれたはずだ。

2-3 有事下・平時下の企業に向けられるまなざし

前項で、東京ディズニーリゾートの東北大震災時の振る舞いについて紹介した。生活者は有事の状況下において、ブランド（企業）がどのような行動をとっているか、興味関心が高まり、話題にする傾向にある。

最近では、やはり新型コロナウイルス感染症の世界的な流行が挙げられる。当社グループの、グローバルに展開するカスタマーエージェンシーである、ＣＳｐａｃｅ（シースペース）の調査では、２０２０年3月の米国で、企業によるポジティブな活動について「聞いたことがある」と答えた人の割合が半数近くに上った。特に関心を持たれたのは、以下の4点だ。

・従業員を守るためのアクション
・顧客を守るためのアクション
・顧客へのサービス提供
・社会への貢献

人々は不安になればなるほど、自分たちを助けてくれる人を求める傾向にあるので、企業が何をしてくれるかについて関心を持ち、注目するというのは自然な心理だろう。しかし、ここでちょっとよく考えてみたい。こうした傾向は、有事下だけだろうか。答えはノーだ。

２０１６年ごろ、某大手飲料・食品企業のブランディングプロジェクトで、企業に対する生活者の意識をグローバルで調査分析した。そこでわかったのは、プロダクトを選ぶ際、そのプロダクトはどのような会社から出されているのか、その会社はどのようなことを考え、世の中にどのような貢献をしているのかが、影響しているということだ。特に、若い世代ほどスマートフォンなどを用いて情報を調べている。

また、２０００年代に入り、自社利益だけを追求するのではなく、本業を通じて社会課題を解決する「共通価値の創造（ＣＳＶ）」をうたう企業が登場しはじめた。２０１５年９月に国連サミットで採択された、「持続可能な開発目標」（ＳＤＧｓ）に取り組む企業も増えつつある。投資家側も、従来の財務情報だけでなく、環境や社会、ガバナンス要素を重視するＥＳＧの考え方を取り入れてきた。

大きな傾向として、「社会に対して意味のあるアクションをしているか？」といった視点は、企業を見る際の重要なポイントの一つになっているのである。有事下において、「企業は自分にとって何をしてくれるのか?」という興味関心が高まったのは事実だ。しかし実は、それよりも以前から企業が何を考え、どのようなアクションをしているのかは注目されている。こうした傾向がより顕著になるのが有事のとき、と考えるほうが無難だろう。

3 ブランド資産を高めるために何をすればよいのか?

3-1 Be it ――企業、商品・サービスの中核概念を定める

では、生活者や企業の変化を踏まえて、人々の頭の中にある「確固たる存在感」、すなわちブランド資産を高めていくためにはどうしたらよいか。その考え方について、従来と変わらない普遍的な視点と、現代における生活者側、企業側の意識変化を受けて付加すべき視点といった二つの側面から見てみたい。

まず、その企業が世の中にどのような意義を持ったものをもたらすのか、その中核となる考え方(「中核概念」)を定めるところ(Be it)から、ブランド資産を高めるプロセスは始まる【図2】。

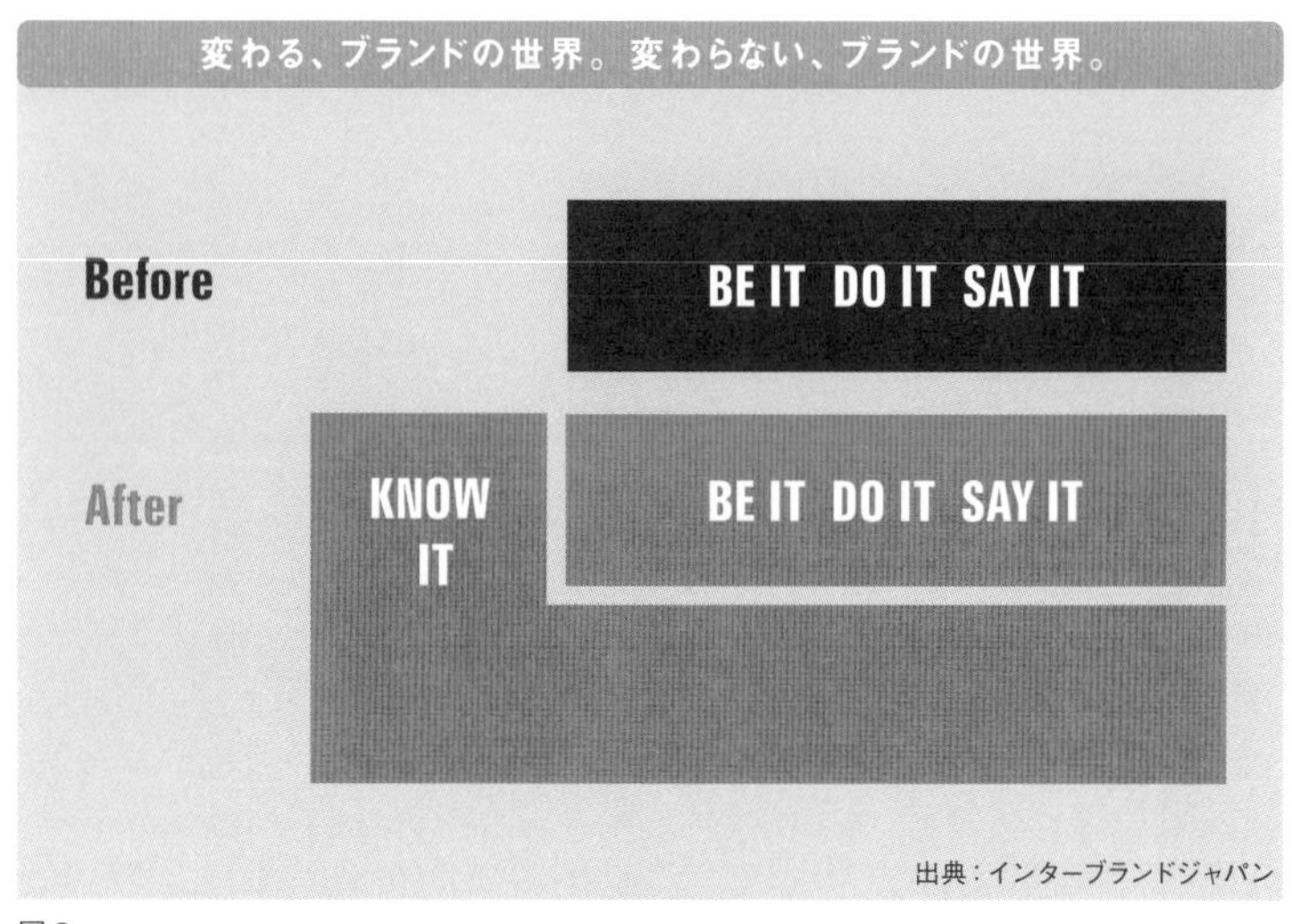

図2

「中核概念」とは、何ができるか、何がしたいか、何が求められているか、何が強みか、ブランドオーナーの意思、競合との差異点、顧客インサイトの3つが重なるところを、ぎゅっとコンセプト化したものだ【図3】。

この中核概念が、ブランドとしてとるべきアクションの判断基準、拠り所となる起点となる。ここをどう定めるかが、ブランド資産を構築できるかのカギを握ると言っても過言ではない。

中核概念には、いくつか盛り込んでおくべき視点というものがあり、それを入れるほど、よりその企業らしい中核概念が規定できる。たとえば、以下の3点をポイントに、中核概念の方向性を考えていく。

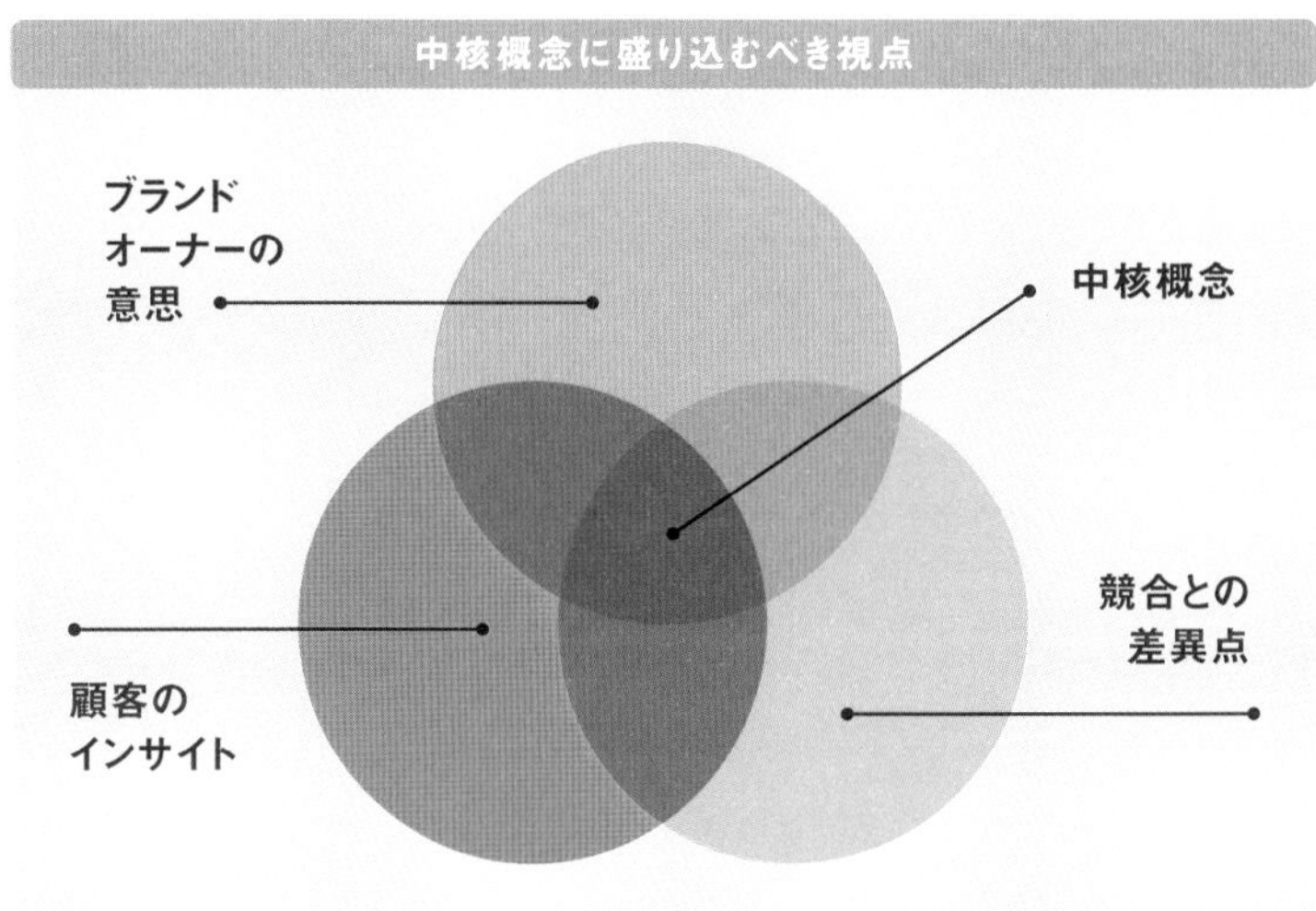

図3

1 **ブランドオーナーの意志**：ブランドオーナーとは、冒頭に紹介したような、いわゆる「社内」に位置づけられるが、ここではそのブランド（企業、あるいは商品やサービス）の直接の当事者だけではなく、その活動に関わる組織や人も含めてブランドオーナーであると考える。

そうしたブランドオーナーの意志として、何を目的に、どのような期待をそのブランドに込めていくのか。まずはオーナー側の「意志」を明らかにしていく。

2 **顧客インサイト**：そのブランドのターゲットが、どのようなことに関心を持ち、悩み、解決を期待しているのか。その深層心理を明らかにしていく。

特にこの部分は、顧客の選択肢が増えたことに伴い、その深層心理も複雑化、多様化してきているため、より重要な視点となってきている。

3

競合との差異点：自分たちのブランドが顧客に受け入れられ、ファンとなってもらうためには、ほかにはない、そのブランド独自のものを確立することが求められる。

そのためにも、競合が何を、どのような信念を持って提供しているのかについて把握する必要がある。その上で、自分たちらしさを考えていく。

ここで留意すべきは、いわゆる「競合」という概念が変化してきているという点である。それまでは同じ業界の中での他社を意識すればよかったのだが、その業界という垣根もわかりにくくなってきているのが昨今である。

クルマを例に考えてみよう。従来であれば、同じ自動車業界における競合を意識していたはずだ。しかし昨今では、オンライン会議ツールが競合（代替手段）になるかもしれない。移動しなくてよくなるからだ。

このように今後、「競合」を考える際には、企業側の視点だけではなく、顧客側の目線で、自社のどのような点が、ほかと比べられているのか、代替されているのか、について考えていく必要がある。

なお、以上の3点に加えてさらに今後、重要になってくるのが、「どのような社会的意義のあることにかかわっていくのか?」といった点だ。昨今では「パーパス」(目的、意図)とも呼ばれる。2−3でも述べたように、企業の掲げる「パーパス」に対し、生活者の視線はますます強まっている。

3-2 Do it ――中核概念を実行する

次のステップは、中核概念の実現だ。まずは全社員に、その中核概念の理解浸透を図る。そして商品やサービス、コミュニケーションなど実態をつくり上げる活動すべてへとつなげていく。

ここで強調しておきたいのは、スピーディーにぶれなくその中核概念を実現し、顧客(生活者)に深い理解と共感、愛着を得ていくためには、実態をつくる社員や職員一人ひとりが自発的に判断、行動できるまで、中核概念について深く理解している必要があるということだ。そのためにも、ブランドの中核概念は、常日頃から社員や職員が意識できるようにしておくべきだ。

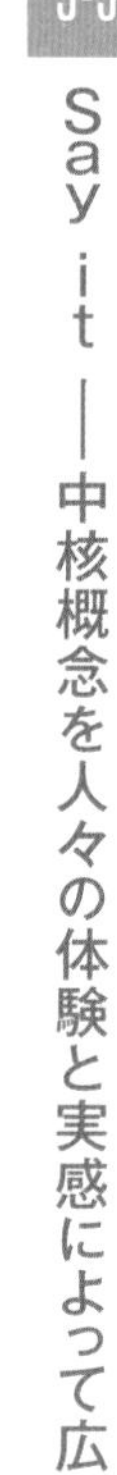

3-3 Say it ―中核概念を人々の体験と実感によって広める

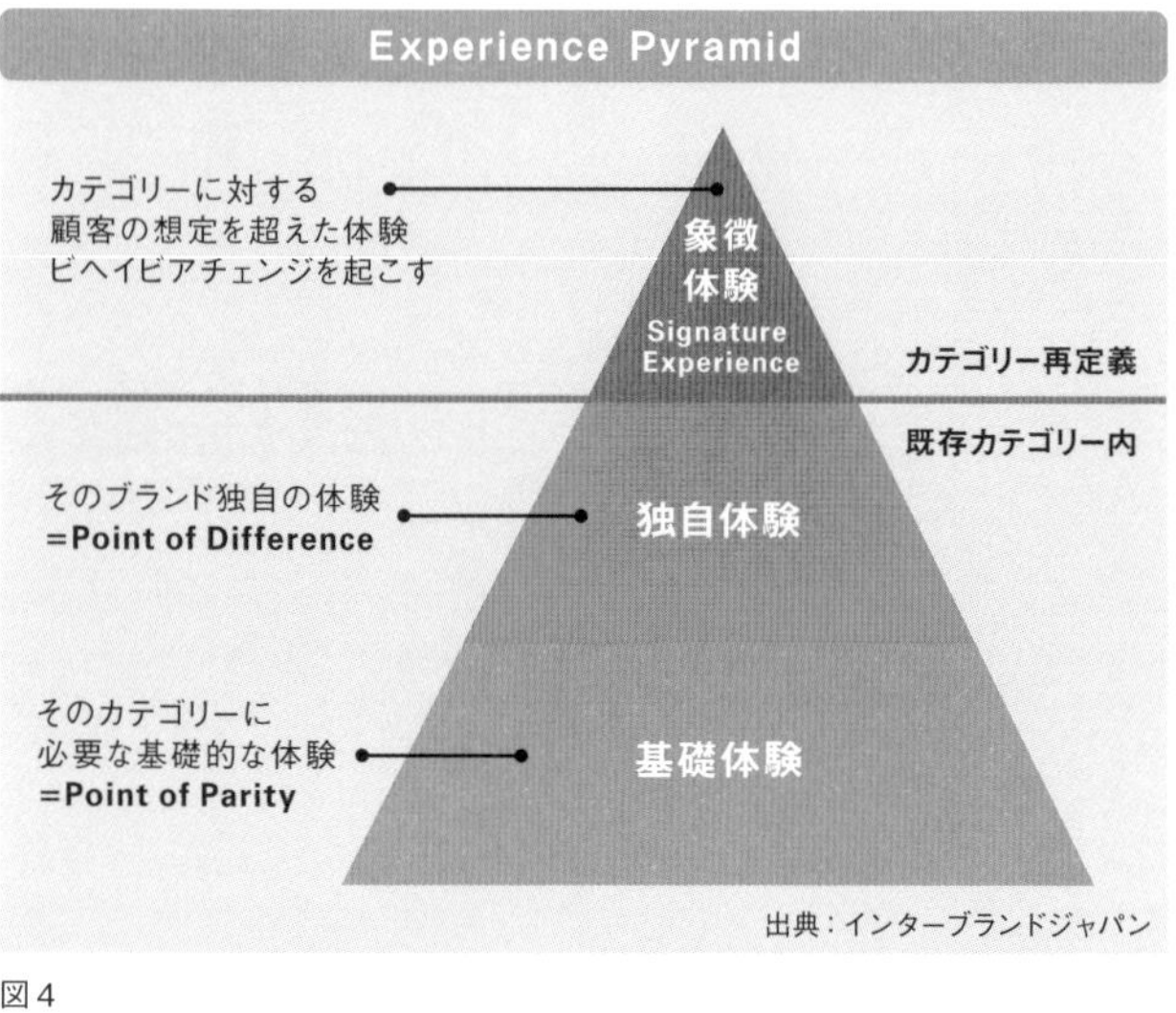

図4

Be itで（そのブランドの中核概念を定める）、Do it（その中核概念を全社員に浸透させ、実態をつくり上げる）の次は、顧客が体験を通じてその良さを実感し、広めていく段階である。この体験づくりについて、インターブランドジャパンでは図4のような3つの段階があると考えている。

特にブランドの良さを、より効果的にわかりやすく顧客に実感してもらうのが「象徴体験」である。「何を象徴させるか？」の基となるのは、Be itで定めた中核概念だ。

1 **基礎体験**：そのカテゴリーであれば、いずれのブランドも満たすことが求められている基礎的な体験。

2 **独自体験**：ほかにはない、そのブランドならではの体験。

3 **象徴体験**：そのカテゴリーにおいて、顧客の想定を超えた体験。

3-4 Know it ──世の中の評価、インサイトを取り入れる

これまで述べてきたBe it（そのブランドの中核概念を定める）、Do it（その中核概念を全社員に浸透させ、実態をつくり上げる）、そしてSay it（その中核概念を、実態を伴う形で、人々の体験と実感によって広める）の全体のフェーズに通底して必要となるのが、この「Know it」という考え方である。

ここで、一つ重要なポイントをお伝えしたい。企業と顧客（生活者）の関係が大きく変化したことで、ブランド構築における顧客の役割も大きく様変わりしているということだ。顧客を、ターゲットではなく「パートナー」としてとらえるのだ【図5】。

2－1で消費者間の発信が、ブランド構築に大きな影響を及ぼすと述べた。消費者は、ブランド構築の担い手そのものであるとも言える。企業の発信をただ受け取るだけのターゲットでもなく、また、「何が求められているのか」「何を言えば、どう思ってもらえるの

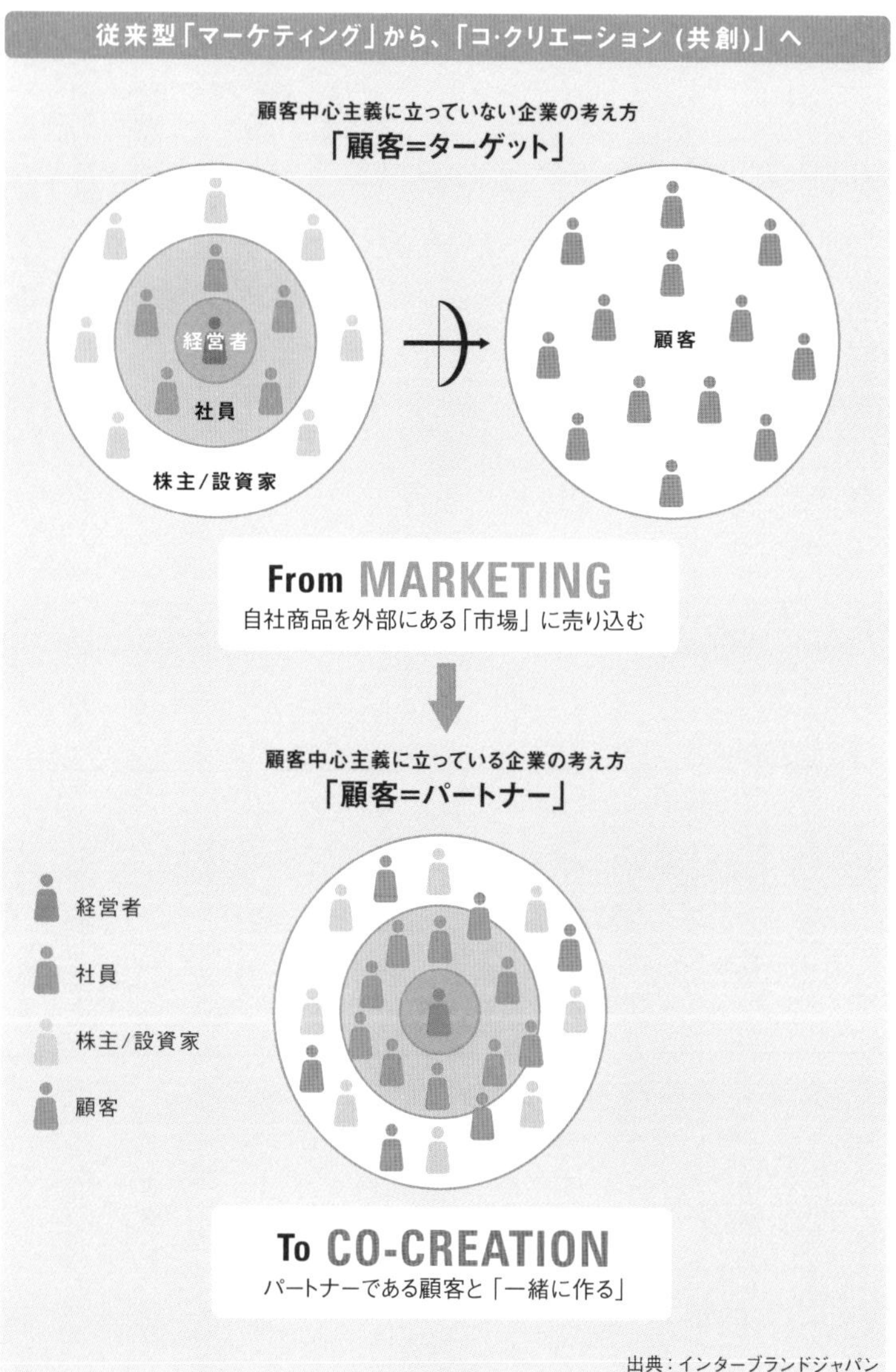
従来型「マーケティング」から、「コ・クリエーション（共創）」へ
顧客中心主義に立っていない企業の考え方
「顧客=ターゲット」
経営者
社員
株主/設資家
顧客
From MARKETING
自社商品を外部にある「市場」に売り込む
顧客中心主義に立っている企業の考え方
「顧客=パートナー」
経営者
社員
株主/設資家
顧客
To CO-CREATION
パートナーである顧客と「一緒に作る」
出典：インターブランドジャパン

図5

か」を知るための単なる調査対象でもない。ブランド構築という側面では、企業と同等の立場である。

現在では、ひとたび、ターゲットとして消費者をとらえ、その意識調査を基に「中核概念」を構築すると、それを頑なに守り、実行し続けているケースが多い。しかし、変化する顧客の生活習慣やニーズ、発信に対応していくためには、中核概念はどうあるべきかを必要なタイミングで見直したり、それを具現化する施策や、顧客が体験・実感する方法についても、随時課題を把握し、修正していくことのほうが適している。そのためには、変化し続ける消費者の期待や評価に対し、真摯に向き合い続けることが必要だ。それは、ともにブランドを構築するパートナーの声に耳を傾け続ける、ということである。

4 行政への応用

ここまでは民間企業を念頭に、ブランディングと、広報コミュニケーションのあり方にどのような変化が起こっているかについて、紹介してきた。

しかし、この変化は企業だけでなく、行政においても同様だろうと思われる。なぜなら、一般企業も、行政も、そのサービスを提供する相手は生活者一人ひとりだからだ。

本書の主旨に則り、官民に架橋する意味も込めて、本節では、これまで紹介してきた一般企業におけるブランディングの考え方を行政に置き換えた場合、どうなるかについて、簡単に検討してみよう。

4-1 制度の設置目的と中核概念

ある行政施策なり制度なりにおいて、ブランドの中核概念に相当するのは、「設置目的」であろう。行政側の「この制度を通じて、このような社会的意義のあるものを提供していきたい」といった、ブランドオーナーとしての視点が込められているはずだ。その背景には、国民や住民のニーズ、課題があろうかと思う。

一見、異なりそうなのは、「競合との比較」である。民間における競合との差異点のように、ほかと何が違うのか、を述べることが規模によっては難しい。国の施策であれば、対象者全員が利用、活用することが前提であり、競合するサービスと排他的に使用するものではないからである。

結果、「何と比較するのか?」という視点においては、以前と何が異なるのか、というように、過去と比べることが多くなるように思う。改善であればそれでもよいかもしれないが、改悪ととらえられれば、非難が集中する原因にもなる。

そこで視点をヨコに向けてみるのはどうだろうか。似たような制度を他国や他の自治体はどのような目的、特徴で設けているか、ということだ。設置背景が必ずしも一致しないことを踏まえても、「制度の中核概念」を構築しやすくなるのではないだろうか。コミュニケーションを図る際にも、生活者に意義あるものとして認知、理解されやすくなるはずだ。

4-2 制度の設置後の伝達活動（＝Do it、Say it／実行と伝達）

ひとたび政策や制度を設けてからは、「中核概念」とその良さ、特徴を広く国民や住民に伝えて利用してもらう、実行・運用のステージに進むことになる。

1 **全職員への理解浸透**：政策や制度の中核概念、良さ、特徴などを伝えていくためには、制度にかかわる職員ほか関係者が、まずそれを深く理解し、誰もが「この制度の設置目的は？」などと問われたときに、同じように魅力を語ることができなければならない。

ここで説明する職員によって内容が異なってしまうならば、窓口対応、パンフレットや広報紙誌、Ｗｅｂサイトなどの広報の各接点で伝えようとすることが違うというのに等しい。それでは伝える相手の理解も一致しなくて当然だろう。

2　**「言語面、視覚面」両方を活用したコミュニケーション**：人は、たとえ何回も説明を聞いたり読んだりしても、文字だけだとなかなか頭に入ってこないものである。従って、職員に対しても、国民に対しても、その制度の設置目的や魅力を効果的に伝えていくためには、文字だけではなく、視覚的要素もうまく組み合わせてコミュニケーションしていくことが望ましい。

このときに、どのようなキャッチフレーズがよいのか、あるいはそこに添えるビジュアルはどんな雰囲気の画像が望ましいのか。その判断基準になるのが、最初のステップで定めた「中核概念」である。

3　**「象徴体験」の創出**：ブランドの「中核概念」に基づき、その考え方を象徴するような体験の創出という視点も、行政における未来型広報のヒントになるのではないだろうか。

たとえば、その制度を利用することで、どのようなベネフィットが得られ、気持ちの変化がもたらされるのか。生活者側の視点に立ってそれをリアルに感じられるような映像やビジュアルを用意するのもいいかもしれない。利用する世代ごとに象徴体験づくりに取り組むのも有効だろう。

4 **国民／住民をアンバサダーに**：「企業と顧客の共創によるブランド構築」という考え方を、行政における伝達の仕組みに置き換えて考えてみよう。行政においては一部、地域住民を巻き込みながら周知を進めるケースもあると聞く。自治会や町内会からの呼びかけや民生委員はある意味、行政のアンバサダーの役割を果たしているとも言えよう。

アンバサダーへの理解浸透は丁寧に行う必要がある。その制度の魅力を体験、実感することで、さらにその先の全国民への理解浸透が効果的に実現されていくことが期待されるからだ。

4-3 広聴の進化（#Know it）

企業においては、顧客をターゲットではなくパートナーとしてとらえ、常に顧客インサイトを得ながら、共にブランド価値を継続的に高めていくべきと説明した。これも、今後の行政における広報の参考になるのではないかと考える。

たとえば広聴で、アンケートから一歩進めて、コミュニティという形式で直接会話する、オンラインでも国民や住民のインサイトを継続的に洞察できるような仕組みをつくる、といったことだ。そこで交わされる何気ない会話を通じて国民の深層心理をあぶり出し、ニーズをくみ取り、制度の改善改良に生かしていくのだ。

もちろん、実現に向けてさまざまな課題を解決していく必要があると思うが、これからの広報のあり方を考えるにあたっては、国民と共創する可能性を視野に入れてもいいのではないだろうか。

本章では、世の中に起こっている生活者側、企業側の変化とそのトレンドを基に、生活者の頭の中にある企業や商品やサービス、そして行政施策の「存在感」をいかにして高め、強いブランドを構築していくか、について考えてきた。生活者は身の回りにある商品やサービス、行政サービスなどを利用する際、大なり小なり「自分にとってどんな意味があるのか？」を考えている。事業、商品、サービス、制度について、「社会や受け手（顧客、生活者）にどのような意義があるのか？」を考えながら、ぜひ人々の頭の中に「強い存在感」を確立していっていただきたい。

CHAPTER 7

ブランディングと広報

薄 阿佐子

インターブランドジャパン
エグゼクティブディレクター

薄 阿佐子 すすき・あさこ

シンクタンク・経営戦略部門を経て、2000年3月にインターブランドジャパンに参画。Strategy group歴任後、Client services & Solutions groupに所属。幅広い業界における数多くのブランディング活動をリードする。さまざまなマーケティング活動を通じて、インターブランドのレピュテーション向上も手がける。

PART

Ⅳ

〈広報DX〉の実装

The Digital Transformation of Public Relations:
Innovate Policy Communication with Digital Technology.

CHAPTER 8

インターネット時代の広報
発信情報のオンライン伝搬の追跡と分析

慶應義塾大学
政策メディア研究科
特任教授
田代 光輝

1 インターネットと広報

1-1 インターネットの社会インフラ化

1968年に米国のARPANETから発展した国際的通信網のインターネットは、すでに生活インフラのひとつとなっている。令和元年度の情報通信白書【1】によれば、2018年のインターネット（以下：ネット）の普及率は79・8％で、20代では98・7％、50代や60代以上でも93・0％や76・6％となった。またスマートフォンの普及も進んでおり、2019年2月の時点で、普及率は85・1％（フィーチャーフォンは11・3％）であり、多くの人が手軽にネットを利用している。

ネットの普及に伴い、ネット上のサービスも多くの人が利用している。MMD研究所の発表[2]では、2019年のメッセージアプリのLINEの利用率は92・9%、SNSのFacebookの利用率は35・0%、ミニブログのTwitterの利用率は56・2%、写真共有サービスのInstagramは38・8%となっている。さらに2020年以降は、新型肺炎の影響でオンライン会議のZoomやWebExなどの利用率も上昇していることが予測される。

1-2 行政機関のネット利用

行政機関のネット利用も進んでいる。海外の例としては、米国政府がクリントン政権下の1993年6月に、市民からの電子メールの受付を開始した。さらに1994年2月にはスウェーデン首相とクリントン大統領の電子メール交換が行われ[3]、1994年10月にはホワイトハウスがWebサイトを開設するなど、積極的な取り組みが進んできた。2004年の米国大統領選挙では、オバマ陣営のネットを利用した選挙戦が注目されるなど、政治・行政で積極的にネットが使われている。

日本では、行政機関としては1994年6月24日に首相官邸がドメイン（www.kantei.go.jp）を登録、8月23日にWebページが公開された。続いて、郵政省が同年9月16日にWebページを開設、その後、経済企画庁や通商産業省が続いた〔編注：いずれも名称は当時のもの〕。1996年6月に発行された「インターネットアドレス帳」[4]の行政機関のカテゴリーには、省庁が首相官邸、大蔵省（当時）、外務省、厚生省（同）、農林水産省、通商産業省（同）、気象庁、郵政省（同）、経済企画庁（同）の9サイト、各省庁の傘下の研究所や機構などが86サイト、合計95サイトが紹介されている。

2020年現在、各行政機関でWebページを持つことはもちろんのこと、SNSに関しても活発に利用されている。広報用のSNSやメッセージサービスとして、内閣府ではTwitterやFacebook[5]、首相官邸はInstagram、LINE、Facebook、Twitter[6]を利用している。厚生労働省はTwitter、Facebookに併せてYouTubeやUstream（サービス終了）などの動画サービスでも公式アカウントを持っている。厚生労働省のYouTubeの登録数は2020年12月段階で4・87万人であり、注目度も高い。

また、国税庁ではインターネットを利用した納税手続き（e-Tax）を進めており、利用率は平成31年度（令和元年度）[7]で、所得税が59・9％、法人税が87・1％となっている。厚生労働省は2020年初頭から感染が拡がった新型コロナウイルス感染症に関して、接触確認アプリCOCOA[8]をリリースするなど、行政のWebサイトやSNS、スマートフォンアプリなど、ネットの活用が進んでいる。

2 インターネット時代の広報のメリット

国民・市民側も、ネットの影響で、行政機関からの情報の受け取り方が変わりつつある。2019年の横浜市の調査[9]では「普段、市や区の情報（事業や行事、お知らせなど）をどのようなものから得ていますか。（複数回答）」に対して、広報よこはま（紙媒体）が70％、回覧板が45％、電車やバスの車内広告が33％と紙媒体が多いものの、Webも16％となっている。世代別に見ると30代、40代では市や区のWebページが27％と26％で、若年層の閲覧媒体は紙からネットにシフトしつつある傾向が読み取れる。

情報媒体としての紙とネットは、それぞれに強みと弱みがある。しかし、ネットは歴史の浅いメディアであり、強みに関しては徐々に理解されつつあるものの、弱み、特にリスクに関しては知見が不足している。ネットに関して、メリットやデメリットを整理し、その活用方法を探る。

2-1 プッシュ型メディアとプル型メディア

ネットの、情報媒体（メディア）としての特長は、既存メディアが「プッシュ型メディア」であったのに対して、ネットはプル型メディアである点である。プッシュ型メディアとは、編集者側から閲覧者側に一方的に情報を送り付ける（プッシュする）メディアのことである。プッシュ型メディアは、新聞紙やチラシ、ポスターなどの紙媒体や、ラジオ、テレビなどの電波媒体など、マスメディア全般がこれにあたる。閲覧者側に選択権はほとんどなく（数種類の新聞やテレビのチャンネルから選ぶ程度）、編集者側が内容を決めて発信する。閲覧者が発信側になることはほとんどなく、深夜ラジオで投稿した葉書が読まれる程度である。

プッシュ型メディアは、地域等に一斉に情報を頒布することに適しており、編集者側の力が強く、アジェンダ設定の力がある。しかし、権力者などに利用された場合、大衆扇動などに利用されるリスクがあり、実際、政府の力の強い国家では、公然と検閲がなされ、自由な報道は守られていない。日本では、戦前に情報統制があり、検閲等が行われた。戦後になり、日本国憲法では第二十一条で「1、集会、結社及び言論、出版その他一切の表現の自由は、これを保障する。2、検閲は、これをしてはならない。通信の秘密は、これを侵してはならない」と定めており、表現の自由が守られ、検閲は禁止されているが、利用の仕方を間違えれば、また戦前のような間違いを犯してしまうこととなる。

2-2 プル型メディアとしてのメリット

一方、プル型メディアとは、閲覧者側が主導的に情報を引き出す（プルする）メディアのことである。ネットで利用できるサービスには、電子メールやＦＴＰ（ファイル交換）やＷｅｂ（World Wide Web）等があるが、特にＷｅｂがプル型メディアの特長を持っている（プル型メディアという言葉は１９８０年代のパソコン通信の登場あたりから使われた用語で、ネット、特にＷｅｂが普及しはじめた１９９０年代から多用されるようになった）。

プル型メディアの代表であるＷｅｂは、欧州の原子力研究の中で、論文検索やデータをネットで交換等を容易にする仕組みとして開発されたサービスである。１９９１年８月６日に欧州原子核研究機構のページからスタートし、日本では１９９２年９月30日に文部省高エネルギー物理学研究所計算科学センターの森田洋平氏のページが皮切りとなり、次々とページが作られた。筆者も1993年の慶應義塾大学在学中に、大学のサーバーで個人のWebサイトを開設したが、当時の日本でサイトを開設していたのは、大学やNTT研究所の関係者など、一部に限られていたことをよく覚えている。

現在は、ほぼすべての組織がWebサイトを持っており、法人の銀行口座開設には法人のWebサイト開設が条件となっているところもあるほど、信頼性を担保するメディアとなっている。閲覧者側は、検索エンジン等を通じてサイトにアクセスし、必要な情報を〝引き出す〟ことができる。発信者と閲覧者も対等。閲覧者側が発信者側になるのが容易で、誰でも気軽に、安価に情報を発信することが可能である。

プル型メディアとしてのネットのメリットの1つは、利用者が〝必要なとき〟に〝必要な情報〟を引き出せることである。既存メディアでは、紙媒体の入手や、電波媒体は、放送時間に閲覧・視聴するか、録画や録音したものを手に入れる必要がある。また、それらの保管のためのコストもかかる。さらに、紙面の大きさや、放送時間などの制限があり、すべての人に必要な情報を届けるのは非常に困難である。また詳細は電話で問い合わせ、というような誘導をしたとしても、電話の対応にも限界がある。

一方、ネットは、発信者側のサーバーに情報を置いておけば、閲覧者側が、必要なときに必要な情報を勝手に「引き出す」ことができる。紙媒体を入手する必要も、録画や録音データを入手する必要も、放送時間にテレビやラジオの前に待機している必要もない。さらに、情報はサーバーの容量が許す限り掲載が可能で、特に近年は保存媒体の価格が下がり、ほぼ無尽蔵に情報を掲載することが可能になっている。発信者側から見れば、広報費用（紙の印刷代や、配布費用、電波費用）は必要最低限（サーバー費用など運用費）の費用で情報発信ができるため、効率のいい広報手段と言える。

3 インターネット時代の広報のデメリット ❶ デマの流布

プル型メディアであるネットには、さまざまなデメリットもある。ネットにおけるリスクのひとつがデマの流布である。

3-1 ネットとデマ

デマとは本来は、何者かが意図を持って流布する偽情報であるが、本項では、単なる勘違いや、偽情報、いわゆるフェイクニュースなども含めて、ネット上の虚偽の情報を〝デマ〟として扱う。近年でネットとデマに関してニュースにもなったものが、２０１６年４月に発生した熊本地震の際に流布されたデマである。発災直後に「動物園からライオンが逃げた」[10]という偽情報が、ライオンが町中を歩く写真とともにＴｗｉｔｔｅｒ上で拡散し、動物園や市に問い合わせが殺到するなどの騒動となった。デマを流布したアカウントの管理人は、その後、威力業務妨害罪で逮捕されるに至った。犯行の動機は、いたずら目的であることがわかっているが、発災時のデマとしては悪質なものといえる。同様の事例は数多く報告されており、２０１１年の東日本大震災や、２０２０年の米国大統領選挙などでは、数多くのデマが流布された。

ネットにおいて、デマが拡散しているプラットフォームの１つが、ミニブログ（主にＴｗｉｔｔｅｒ）である。ミニブログ上で多くのデマが拡散する原因は、利用者が多いことが主たる要因ではあるものの、ミニブログ自体がデマを拡散しやすい構造を持っていることも要因の１つである。

ブログ（ｂｌｏｇ）とは、ニュース記事などを１つのページに時系列に並べる仕組みを持つＷｅｂサイトのことである。従来のＷｅｂサイトは、新しい記事がある場合、専用のページを作り、目次のページ（ｉｎｄｅｘページやｈｏｍｅページ）等にリンクを貼ることで誘導

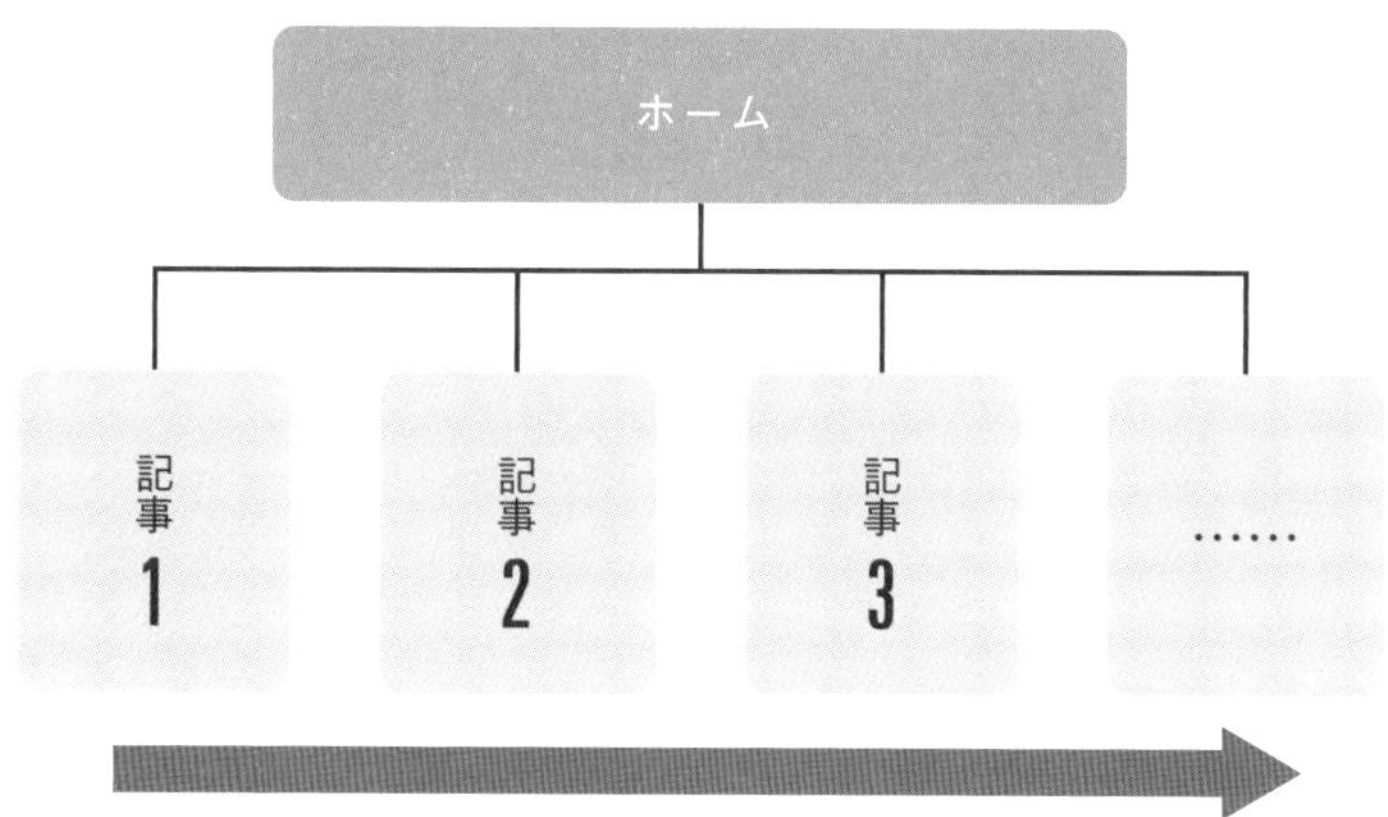
それまでのWebサイトの概念と、ブログの概念の違い
それまでの概念
ホーム
記事1
記事2
記事3
……
新しい記事を別ページで作る

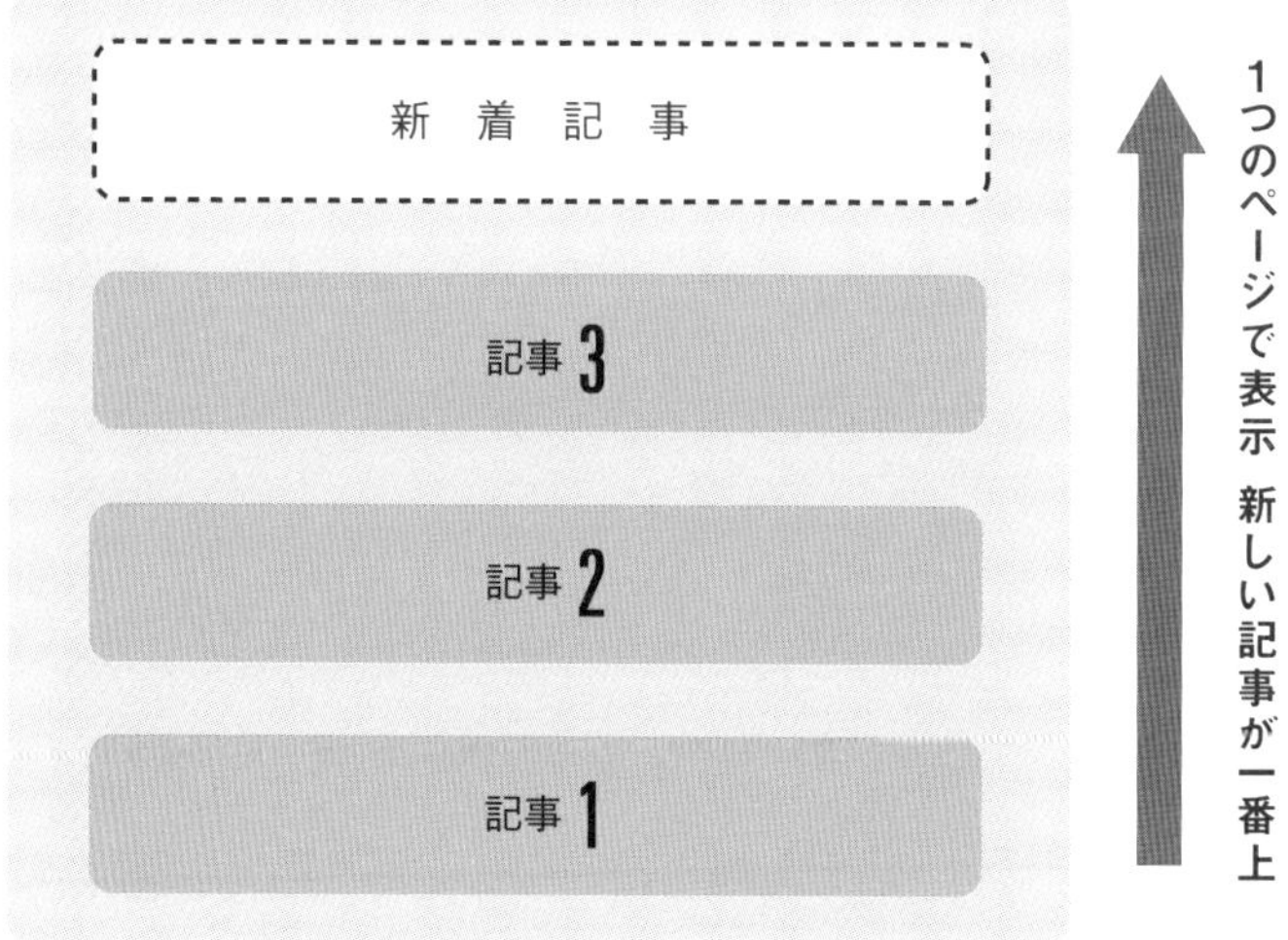
新着記事
記事3
記事2
記事1
1つのページで表示 新しい記事が一番上

図1

した。これに対して、1つのページに時系列に記事を並べて、一覧できるようにしたのがブログである【図1】。元々は米国での通信品法改正の反対運動（24hours democracy）から生まれた仕組みで、自分たちの意見を広めて同志を集め、闘争していくためのツールである。

Ｔｗｉｔｔｅｒはブログに対して文字制限を加えたサービスで、ミニブログとも呼ばれている。（補足：中国版Ｔｗｉｔｔｅｒは微博（ウェイボー）であるが、微はミニ、博はブログの意味で、まさにミニブログの中国版である）。Ｔｗｉｔｔｅｒには「いいね」機能や「リツイート」機能などの拡散させるための仕組みが用意されており、より多くの人に、より多くの情報を拡散できるようになっている。

3-2 デマの構造

このような話をすると「ネットはデマだらけ」という誤解を与えてしまうが、実態はそうではない。東日本大震災における情報拡散の分析[11]では、ＮＨＫ（@NHKPR）などの報道機関の情報が最も拡散されており、デマの拡散は一部にとどまったとしている。しかし、一部であってもデマによって不利益を被る人がいる以上、対応が必要である。

デマの研究として有名なものの1つが、オルポートとポストマンによる研究[12]である。

オルポートらは戦前の米国での伝染病にまつわるデマを分析し、デマの流布量（R）は、曖昧さ（A）と関心度（I）に比例（R∝A・I）すると結論付けている。特に米国では、スペイン風邪への対応の不手際で、保健や公衆衛生行政に関する信頼が著しく低下していた時期であった。そのため曖昧さ（A）を消すことができなかったとしている。また、スペイン風邪流行直後で関心度（I）も高い状態であったため、流布量（R）が多かったと推測している。

日本における社会保障は、年金や健康保険などは元々関心が高い。「Googleトレンド」で「年金」と「健康保険」を調べてみると、「年金」の検索はアイドルグループの「乃木坂46」（含む：乃木坂）の検索数とほぼ同等で、「健康保険」はその半分程度となっている【図2】。最も人気のあるアイドルグループとほぼ同じ、もしくはその半分の検索数というかなり高い推移を示しており、社会全般の関心の高さを伺わせる。また、アイドルのような人気の浮き沈みがあるわけではなく、2004年から一貫して多くの検索数があることから、社会全般で高い関心がある（関心度〔I〕が高い）事項といえる。

社会保障制度に関して、特に年金は、2000年代に入り年金未納問題や、消えた年金問題などの問題が連続した。さらに2019年には「老後には2000万円が必要」とい

「年金」「健康保険」「乃木坂46(含む乃木坂)の2004年以降の検索数推移

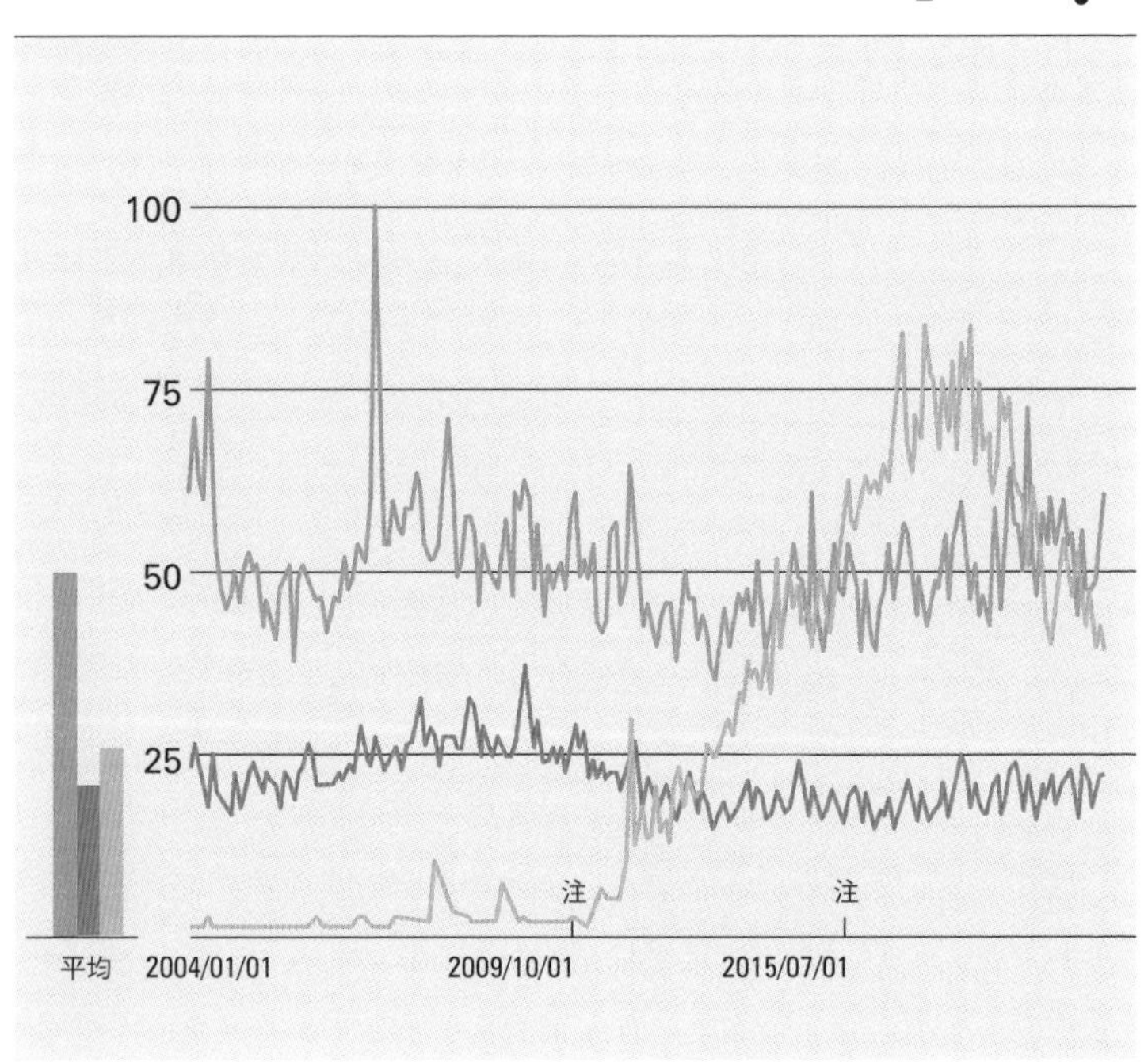

図2　「Googleトレンド」による(調査日2020年11月25日)。

う言葉だけが独り歩きし、不安をあおる形となった。そのため、国民の社会保障に対する信頼度は高いとは言えない。

特に年金問題は、時の政府、民主党政権下、自公政権下それぞれで、政権を攻撃するための材料として利用されてきた。そのため、社会保障は党派性をもって語られることが多く、訂正の情報を入れても反対勢力には聞き入れられない割合が高い。これは戦前の米国の保険行政と同じく、曖昧さ（A）が高い状態である。

つまり、社会保障については、関心度（I）や曖昧さ（A）が高いため、デマが流布しやすい状態と言える。

実際、２０２０年12月現在でも「運用失敗で年金が消えた」「今の若者は年金をもらえなくなる」等のデマが流布しており、それを打ち消す有効な対策が取られているとは言い難い。また新型コロナウイルス感染症に関するデマも散見され、保険行政全体への不信感にもつながっている。

4 インターネット時代の広報のデメリット ❷ ネット炎上（サイバーカスケード）

このようにデマが拡散しやすい状況において、突発的に批判的な攻撃が集中して発生する現象が、いわゆる〝ネット炎上〟である。ネット炎上には明確な定義がないが、ネットの発信が原因で、意図した以上の批判を受けること（批判を意図して受ける〝釣り〟という行為もある）等がネット炎上とされることが多い。ネット炎上は、研究が進んでいるもの、全容の解明までには至っておらず、発生の原因や予防・対応の精査は十分ではない。

国際大学グローバル・コミュニケーション・センターの山口らによる研究[13]では、ネット炎上の参加者は40代の管理職以上の男性にその傾向が強く、特に社会時事ネタに関心のある層が起こしているとしている。山口らの研究成果から考えれば、社会保障は全世代に関わる問題であり、社会時事のように特定の属性に特に関心が集まる話題とは言い切れない。社会保障は誰もが炎上参加者になりえる話題である。

4-1 選択的接触

ネット炎上は、選択的接触による情報の偏りと、物理的・時間的な制約が比較的少ないネット上のコミュニケーションの特長と、グループ討議を経て集団極性化する、人間の持つエラーなどが原因で発生するとされている。

選択的接触とは、自ら欲しい情報は積極的に選択するが、関心のない情報は選択しないことである。選択的接触が進むと、自らの思い込みを肯定する情報には積極的に接するが、思い込みを否定する情報には接触しにくくなる。選択的接触は、関心のない分野での知識が不足し、自分と異なる意見は排除されがちになるため、偏見が増長され、それを修正する機会も減ってしまう。たとえば、自分が重い病気ではないかと思いこんだ人が、病気であることを肯定する情報を積極的に集めてしまい、かつ、病気を否定するような情報を排除することで、医療的根拠がないにもかかわらず、「やはり自分は重い病気なのだ」と思い込んでしまう、というような現象である。この現象は、ネット登場以前から観測されているが、ネットが登場し、特にWeb上に多くの情報があふれることにより、偏見を助長する極端な情報に過度に接することや、否定や批判を気軽に（マウス操作1つで）排除することが可能になった。

さらに、ネットは物理的・時間的制約が比較的少ないコミュニケーションが可能である。メッセージアプリを使えば遠く離れた人と、その人がその時間忙しくても、コミュニケーションが可能である。また、SNSなどを利用すれば、多くの友人に近況を伝えることができる。一方で、1万人に1人しかいないような極端な考え方を持つ人などは、現実世界で出会うことは非常に困難であるが、ネットでは比較的簡単につながることが可能である。その結果、極端な考えをした小さな集団が、ネット上のあちこちで出来上がり、その小さな集団の中で極端な議論が繰り返される状態となる。

4-2 サイバーカスケード（ネット上の集団極性化）

この「極端な考えをした小さな集団」の中で「極端な議論」が繰り返されると、最も極端な意見が採用され、集団が攻撃的な集団に変容するリスクがある。これは「グループ討議」による「リスキーシフト」の結果の「集団極性化」である。人は、「グループ討議」による「リスキーシフト」というエラーを持っている。これは、同質性をもつ集団が、異質なものに対して議論（グループ討議）をすると、最も極端な意見が採用されがち（リスキーシフト）で、その集団が攻撃的で排他的に変異（集団極性化）するエラーである。

たとえば、Aという属性を持っている集団が、異質なBという属性の集団について議論すると、あいつらを追い出せ、というような攻撃的で排他的な極端な意見が採用され、Aの集団そのものが攻撃的なものに変異し、Bの集団への差別や攻撃を始めるという現象である。日本での中国・北朝鮮・韓国に対する排外主義、中国や韓国での反日運動、欧州の反イスラム運動や東洋人攻撃、英国での欧州連合離脱運動、米国の黒人差別や中国への敵対言動などが、これにあたる。ネット上にはさまざまな情報があふれかえり、極端にマイナーな偏見を持つ人たちがつながりやすい。そのような人たちが、選択的接触を繰り返し、偏見と誤解が増長され、同質性をもって議論することで、集団極性化を起こしている。

ネット以前は、新聞やテレビなどが主な情報メディアであった。マスメディアは、コストをかけた情報の精査が可能である。そのため、情報の精度が高く、誤情報等の割合が少ない。しかし、批判的意見や、人々が望んでいない不愉快な情報も出さざるを得ないため、しばしば批判の対象ともなる。そのため、サイバーカスケードの中には、マスメディアの不信感を公言する向きがある。日本では排外主義者の集団から朝日新聞やNHKが攻撃対象となり、2020年の米国大統領選挙では、トランプ陣営が選挙戦術として、マスメディア不振を煽り、米国内の分断を促進する結果となった。

社会保障に関しても同様で、年金がもらえないと思い込めば、年金がもらえないことを肯定する情報により多く接触する。同じく年金に不安を持っている人ともネット上では簡単につながることが可能で、そのつながりの中でグループ討議を経て、集団極性化していく。

ネット上で散見される〝上級国民批判〟はその典型で、自らの苦境は自分のせいではないと思い込みたい人たちが、存在しない〝上級国民〟という階層を妄想し、理不尽な事件やトラブル、また自分の将来の不安に対して、〝上級国民〟による搾取や陰謀が原因であると思い込み、存在すらしない〝上級国民〟に対して、過度な攻撃性を示している（私自身も大学の授業でこのことを話す機会があるが、リアクションペーパーでは、存在しない〝上級国民〟への批判を書きつづる学生が少なくとも存在する）。

5 新しい日常の広報

5-1 デマを抑えるための「真実のサンドイッチ」

このようなデマやネット炎上はどう抑えるべきであろうか。最もやってはいけないものが、デマの直接的な訂正である。キャリーらは、ブラジルにおけるジカ熱のデマに関して分析[14]をし、訂正情報は、誤解を解かないどころか、病気に関する情報の信頼を減らし、意図しない影響を及ぼす可能性を示した。また、訂正報道は、場合によっては逆効果で、特に陰謀論に関しては、伝染病から身を守る行動を消極的にさせる可能性があるとしている。

デマの否定がデマを拡げた例として、2020年の2月末に日本全国で起こったトイレットペーパー不足がある。2020年2月は、新型肺炎の蔓延初期で、マスクやアルコールが不足していた時期である。そこに「トイレットペーパー不足はデマ」というニュースが報道され、ネットニュース等にも転載されたことで一気にデマが拡がり、実施に全国的なトイレットペーパー不足に陥った。

デマを抑えるためには、いくつかのマスコミ経験者の経験則では「最初に真実」を述べ、そのあと「デマを紹介」し、最後に「デマに関するファクトチェック」をする、「真実のサンドイッチ」がとよいとされている[15]。たとえば、「年金は十分な額がもらえます。しかし年金がもらえないというデマが拡がっています。これは事実ではありません」という順番である。

5-2 ウインザー効果による広報

また、ネットは誰でも発信者になれるメディアである。党派性をもって、政府や行政機関に対して不信感を持っている人に正しい情報を届けようとしても、なかなか聞き入れてもらえない。それであれば、その人が信頼する「第三者」に真実を伝えてもらえばよい。

広告業界などでは「ウインザー効果」と呼ばれているが、主体からの情報よりも、第三者からの評価・情報のほうが信頼されやすいという現象である。

たとえば、課長から「お前のことを頼りにしている」と直接聞くよりも、第三者から「課長さんはあなたのことを頼りにしているみたいだよ」と聞いたほうが信じやすいという現象である。外食のお店を選ぶのにお店の宣伝文句よりも口コミサイトの評価のほうが重要視されたり、商品をネットで購入するときにカタログ情報よりもレビューのほうが重要視されたりするのは、この効果である。

ネット上ではさまざまな人が情報を発信している。その中には専門性を持っていたり、多くの人に信用されていたり、情報を伝えることに長けていたりする人もたくさんいる。そのような人たちが、自ら検証した結果を、自らの責任で伝えてくれれば、より信頼度の高い情報を、多くの人に伝えることが可能である。そのために、行政側は正確で検証可能なデータを公開する必要がある。前述の熊本地震でのデマに関しても、多くの人が検証し、真実を伝えたことで、デマは収まっている。

5-3 新しい日常の広報

新型コロナウイルス感染症の流行により、オンライン会議などが普及し、いままでパソコンやネットにあまり触れていなかった層も、パソコンやネットを頻繁に利用するようになった。新しい日常において、ネットはますます社会インフラの1つとして定着し、広報メディアとしても重要性が高まっている。

社会保障制度は過去のトラブルなどから、国民からの信頼を失った時期もある。まずは国民からの信頼を得るような努力が必要であることはもちろんであるが、そのためにも正確なデータを公開し、第三者を含め、多くの人に検証してもらう必要がある。

行政機関は、広報手段としてのネットを使う上で、ネットのメリット・デメリットを理解し、より有効に使うことが重要である。そうすれば、発信側の負担も少なくなり、閲覧側も効率よく正確な情報を受け取ることが可能になる。

【1】総務省「情報通信白書令和元年度版」２０２０年

【2】ＭＭＤ研究所「２０１９年版：スマートフォン利用者実態調査」https://mmdlabo.jp/investigation/detail_1844.html

【3】会津泉「始まった行政のインターネット利用」http://www.anr.org/web/html/archive/old/html/output/96/jpgovnet.htm

【4】Channel No.5「インターネットアドレス帳（ビジネス編）」ＷＡＶＥ出版　１９９６年

【5】内閣府「内閣府Twitter、Facebook一覧」https://www.cao.go.jp/about/list.html

【6】首相官邸「首相官邸が活用しているソーシャルメディア」https://www.kantei.go.jp/jp/headline/kantei_sns.html

【7】国税庁「令和元年度における e-Tax の利用状況等について」２０２０年８月

【8】厚生労働省「新型コロナウイルス接触確認アプリ（ＣＯＣＯＡ）COVID-19 Contact-Confirming Application」https://www.mhlw.go.jp/stf/seisakunitsuite/bunya/cocoa_00138.html

【9】横浜市市民局広聴課「平成29年度横浜市の広報に関するアンケート調査」横浜市　２０１９年

【10】産経新聞　２０１６年7月21日版「熊本地震でライオン脱走とデマ投稿、「悪ふざけでやった」20歳男を逮捕　県警」

【11】秦恭史、諏訪博彦、岸本康成、藤原靖宏、新井淳也、飯田恭弘、岩村相哲、鳥海不二夫、安本慶一「東日本大震災におけるクラスタリングに基づく情報拡散度の比較」人工知能学会全国大会論文集 JSAI2017（０）, 3P1NFC00a5-3P1NFC00a5, 2017

【12】G・W・オルポート、L・ポストマン、南博（翻訳）「デマの心理学」岩波現代叢書1952年

【13】田中辰雄、山口真一、「ネット炎上の研究」、勁草書房（２０１６／４／22）

【14】John M. Carey, Victoria Chi, D. J. Flynn, View ORCID ProfileBrendan Nyhan, and View ORCID ProfileThomas Zeitzoff "The effects of

corrective information about disease epidemics and outbreaks: Evidence from Zika and yellow fever in Brazil"
Science Advances 29Jan 2020:Vol. 6, no. 5, eaaw7449 DOI: 10.1126/sciadv.aaw7449

[15] Julia Waldow, "George Lakoff says this is how Trump uses words to con the public",
https://money.cnn.com/2018/06/15/media/reliable-sources-podcast-george-lakoff/index.html

慶應義塾大学大学院政策メディア研究科
特任教授

田代 光輝 たしろ・みつてる

博士（学術）。１９７３年２月27日静岡県生まれ。95年慶應義塾大学環境情報学部卒。２０１９年青山学院大学社会情報学研究科修了。ネットいじめや誘い出しの予防を主研究として、ネットの安全利用の促進の研究を進めている。ネット炎上などのネットトラブルにも詳しい。

CHAPTER 9

情報発信の精度を高めるための基本プロセス
――社会保障制度に関する分析事例を交えながら

ヤフー
メディアチーフエディター
岡田 聡

1 情報発信の基本は「ユーザーファースト」

1-1 データは誰の資産か

スマートフォンの誕生以来、誰もがインターネットを利用して発信・受信できるようになった。多くの人が日々、検索やソーシャルメディアを通じて情報を探索し、発信している。インターネットの発展は、社会や個人の生き方に大きな変化をもたらした。そして、その副産物として生まれ、価値が飛躍的に増大したのが「データ」だ。

グーグルやアップル、フェイスブック、アマゾンなどのテックジャイアント企業は、データを利用してアメリカの一大情報産業となった。インターネットの登場によって得られたデータを、石油に代わる資源とみなした企業が、多くの国々で消費者革命を起こし、市場を席捲している。

データの価値を正確に把握し、その分析・活用手法の開発を含めてビジネスで生かすことは、産業を問わず成長のために必須の要素と言えるだろう。日本でも民間だけでなく、行政プロセスのデジタル化が進み、データを広範に活用できる環境が整ってきた。

重要なのは、データはそれを生み出した利用者自身の資産であるということだ。よって期待されるのは、データを適切に取得し、利用して、利用者にとって意義のあるサービスを提供することである。

本章では、データを用いるにあたり、前提となる組織文化や考え方、利用方法についてまとめ、社会保障制度に関する分析事例を交えながら、情報発信の精度を高めるための基本プロセスを解説する。

1-2 小さな実践から始める

情報発信と一口に言っても、報道もあれば、広告や広報、さらにソーシャルメディアを通じた個人的な発信までさまざまだ。だが、どんな発信であれ、人の「知りたい」「理解したい」という欲求に対して、必要な情報が過不足なく、わかりやすく、丁寧に提供できることが理想だろう。発信の主体者には、常に情報の受け手のことを第一に考え、人々が何を望み、どんな意識でいるのか、求めていることの端緒を掴むことが求められる。こうした受け手に寄り添う「ユーザーファースト」の考え方は、業種・業界・業態を問わず、サービスの基本的、かつ、最も大切なマインドだ。

私が所属するIT企業ヤフーでは、1996年の創業以来、どんな事業であれ、「ユーザーファースト」を価値の中心に置いてきた。サービスを磨き上げ、成長していくために、経営陣から現場社員まで全員が共有する最も大切な理念となっている。人々のニーズが激しく変化するインターネットサービスでは、こうした揺るがない文化・哲学を組織に浸透させておくことが重要だ。それが、提供するサービスの品質向上にもつながる。ヤフーでは、「ユーザーファースト」が、顧客との信頼関係を築くための礎となっている。

「ユーザーファースト」に限らず、業務の文化を所属組織全体に浸透させ、実践につなげていくには、トップダウン式で解決しなくてはならないことも多々あるだろう。しかし、業務単位や対象の顧客範囲を規定し、絞って考えてみるなど、自分の所属する最小単位のチームの範囲で、ボトムアップ式で小さく実践して成功体験を積み重ねることができれば、組織全体に大きな価値を提供することができるはずだ。

さて、この「ユーザーファースト」は、データ利用において、非常に重要なポイントだ。データ利用はあくまで手段だが、往々にして目的と取り違えられることがある。ユーザーの求めるものを正確に把握し、「ユーザーファースト」を実践するための手段と据えておくことで、目的化することを防げる。

では、ユーザーのニーズはどんなデータに表れるのか。

データには数値・数量で表せる定量データと、数値では表せない性質を示す定性データがある。定性データは、個々人の感覚に寄り添うための有効なデータだ。代表的な調査には、ユーザーの意識を問う聞き取り調査が挙げられる。しかし、定性的な調査には調査する側の意図や主観が混じることもあり、質問の仕方によっては、ニーズの実像が見えづらくなる。

他方、定量データはユーザーの反応を数値化できる。さらに、データをかけ合わせて、多角的なデータ分析も可能だ。中長期的にデータを取っていけば、変動要因が、恒常的なものか突発的なニーズなのかも区別可能になる。しかし、数値に現れない機微を見出すことはできない。

ユーザーが求めるものを正確に把握する上で、どちらか一方では不十分である。定性データと定量データのかけ合わせによって精度を高め、よりニーズに近いアクション、施策を講じるべきだ。そうすれば、ユーザーの行動変容が起こした理由についての理解も深めることができる。

現在はさまざまなツールを使うことによって、自社サイトや広告出稿においてユーザーの反応を可視化でき、Web上での定性調査も行えるようになった。データをリアルタイムに取得することで、ユーザーの欲求を一層すばやく、くみ取ることもできる。

小さなことからでもかまわない。データからユーザーが何を望んでいるかを把握し、生かすための行動に移せさえすれば、「ユーザーファースト」は実践できる。日々、顧客の声を虚心坦懐に聞き、そこから着想を得ることが重要だ。

2 目的を決めて提供価値を整える

2-1 データ活用のための土壌づくり

データを分析・活用する前に、情報発信の主体者が必ずやっておかねばならないのが、「目的」を明確にすることだ。

情報発信は、伝えたい内容をまとめてチラシとして配布する、あるいはオンラインで配信する、といった手法だけを考えればよいものではない。印刷媒体で配布するほうがいいのか、Webサイトで届けるほうがいいのか、または広告出稿するべきなのか、提供の選択肢は多岐にわたる。そして、手法は目的によって異なるはずだ。

伝える手法が目的化してしまうと、場当たり的で硬直化した情報提供になりがちであり、新しい発想も生まれづらい。自分たちは何のために情報提供をするのか、目的を明確にすることで、適切な手法を選べるようになる。つまり最初の一歩の、さらにその前が肝心なのだ。

まずは、自分たちの業務はどんなものか、目的や目指すべき理想、何を解決するべきなのかを言語化する。そしてチーム内での共通認識とし、そこからプロセスや手法を導き出す。

たとえば、「○○市からの情報発信は、市民にとって世界一わかりやすくする」というような、抽象度の高いスローガン的なものでもかまわない。それに従っていけば、文字だらけの資料ではなくビジュアルを用いよう、ということになるし、膨大なPDFファイルをただリンクするだけでは、不便な上にわかりにくいであろうことも想像がつく。そしてタイトルを工夫したり、要約のテキストを用意したり、といった手立ても浮かぶ。結果として無駄を避け、人的・金銭的コストを下げることにもつながる。

2-2 言語化した目的は、きちんと使う

Yahoo! JAPANのメディアサービスでも、「ユーザーファースト」の理念に基づいて、各事業、各プロジェクトで同様の取り組みを実施している。

まず、役職や立場にかかわらず、全員が何度も議論し、言語化して、浸透させる。さらに、組織全体にアンケートを実施して声を集め、仮案とすり合わせつつ、サービスの提供

価値は何か、を規定する。そして、また全員から事例やフィードバックを集める。こうしたプロセスは10人規模の小さなチームでも日常動作となっている。サービスに所属するスタッフ全員が同じ価値観でいないと、意思決定のための基準がずれたり、ガバナンスが効かない状態になってしまう。野放図にプロジェクトを立ち上げていくと、サービス体験に一貫性がなく、逆効果でしかない。

毎日多数のニュースを媒体社からお預かりして配信している「Yahoo!ニュース」を例に取ると、サービスを提供している目的=たどり着きたいゴールは、「ニュースを通じて行動につなげる」だ。ユーザーが情報を得て、自ら判断して、関連の記事を見たり、コメントしたり、検索したり、購入したり……と、情報摂取から、オンライン・オフラインを問わずアクションにつながるきっかけの提供を最も重視している。

たくさんのコンテンツを集めて整理・分類し、図版や動画などを用いて誰もが情報を理解しやすいように力を注いでいるのも、それを実現するためだ。そして、公共性と人々の興味関心に基づいて、ユーザーに最適な形で情報を届けることを本質的な価値として設定している。Yahoo!ニュースに付随する、あらゆるプロジェクトはその実現に取り組む【図1】。

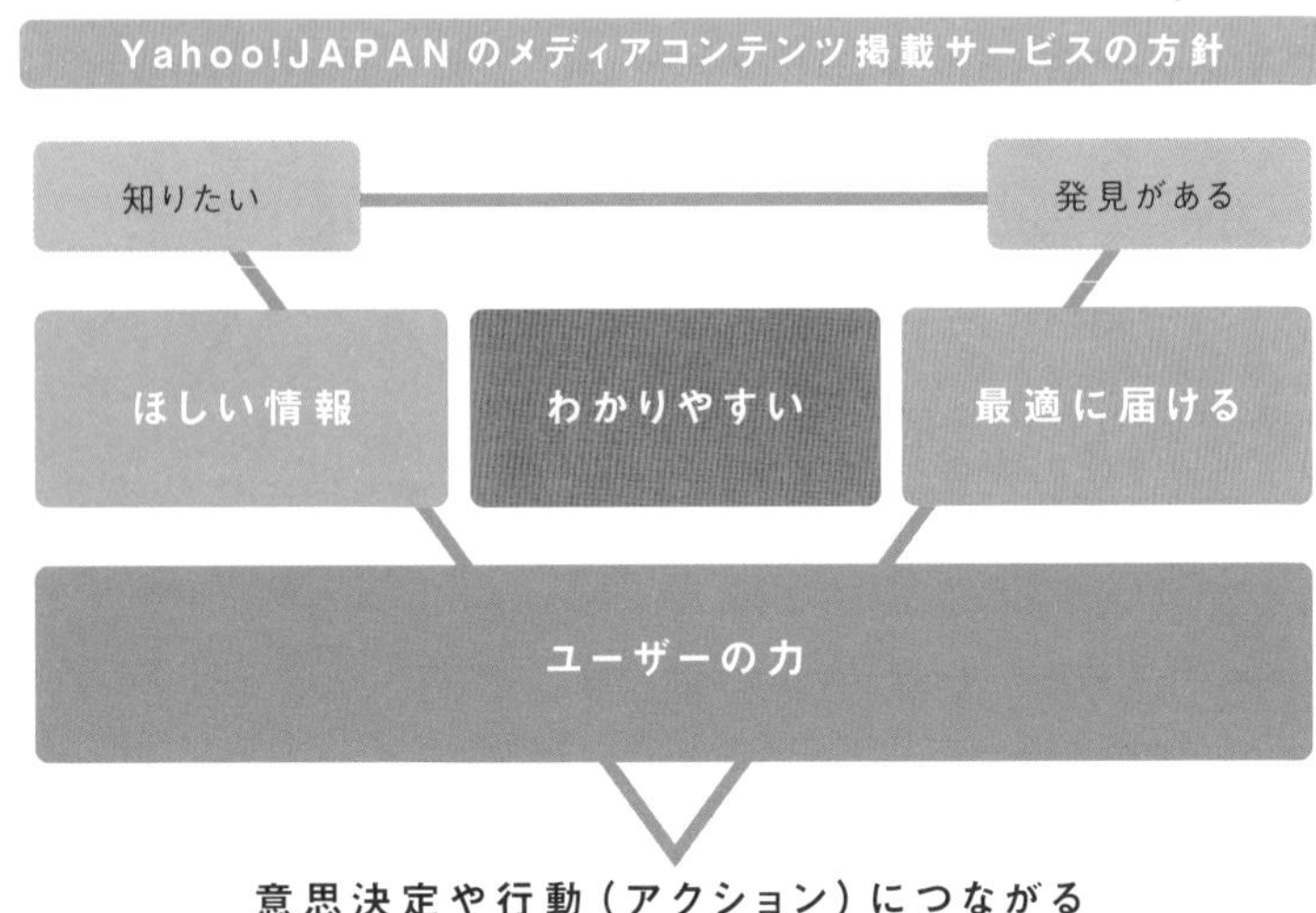

図1

こうした決めごとを明文化し、実際に浸透させていけば、現場と上層部の齟齬はしだいになくなっていくはずだ。施策の優先順位や実施可否の判断もしやすい。また、自分たちには何が足りないのか、という課題も全員が理解できるようになる。

このようにデータ利活用をする前の段階での準備が、その後のアクションに大きく影響する。まずは自分たちの情報発信において基本的な動機を整えることが大切なのだ。

3 データを活用し、「問い」を立てる

3-1 何のためにこの課題に取り組むのか

自分たちの目的と依って立つ価値を認識できれば、次はいよいよ課題の解決に向けた実践だ。とはいえ、情報発信において、データから成功のための手立てをいきなり導き出せる、ということはない。データはあくまで事実であって、何が課題なのかを見つけ出すもの。その意識がなければ、使いこなすことはできない。

最初に行うべきステップは「問いを立てる」ことだ。

「問いを立てる」とは、ユーザーに問う内容を決めるのではなく、まず情報発信をする主体者が、何のためにこの課題に取り組むのか、を決めることである。解決のための本質的な事柄を認識し、的を射た施策を選ぶための大事な工程だ。これまで述べてきたことを整理すると、「問いを立てる」は、以下の②にあたる。

①目的と提供価値の設定
②現状把握から根源的な問いを設定する
③仮説を元にした打ち手の発想

ゴールが明確になると、そこまでの距離も必ず見えてくる。それは課題となって現れるが、その際、「なぜ、この課題に取り組むのか?」というような、根本的な疑問を掘り下げておくとよい。課題に対して、視野を広く構えて、得られる成果も大きなものにしていくと、成功事例や既存のサービスの活用に留まらない、真に取り組むべき問いが見えてくるからだ。

3-2 データを見渡し、課題を捉えなおす

では、「問いを立てる」ことの一例として、2020年1月から開催された、行政の情報発信の在り方を議論した政府の有識者会議「全世代型社会保障に関する広報の在り方会議」(広報の在り方会議)でYahoo! JAPANが発表した、検索データから伺えるユーザーニーズの抽出レポートを基に、「問い」を見出すプロセスを解説していく。

「広報の在り方会議」は、国民の社会保障制度に関する意識と認知の不足を課題としており、社会保障制度をどう広報すれば理解してもらえるのか？ ということを問いとしていた。つまり「なぜ社会保障に関する情報は伝わらないのか？」を考える場ということである。

それを前提に、広報の在り方会議では、Ｙａｈｏｏ！ ＪＡＰＡＮが保有するデータから、Ｙａｈｏｏ！検索利用者の、社会保障全般に対する意識の調査と分析をした。

「Ｙａｈｏｏ！検索」のクエリ（検索エンジンに入力される文字列）は１００億種類以上という膨大な数に上る。このデータを定点や特定ワードで見てみると、折々のトレンドをよく把握することができる。

たとえば毎年4月1日前後には、「ネクタイの結び方」に類するクエリの数が急上昇する。新入社員や入学式、卒業式などに参加する学生が調べるからだ。また「インフルエンザ」というクエリについて調査すると、各地の流行の始まりや、流行度合いを可視化できる。つまり検索データは、ログを元に関連度合いなどを分析すれば、人々の興味関心、探求欲求はもとより、潜在的な意識をもうかがい知ることができる。

今回は、Ｙａｈｏｏ！ ＪＡＰＡＮが提供しているビッグデータツール「Ｄ・Ｓ インサ

テーマごとの大ラベルと検索クエリ一覧

大ラベル	検索クエリ
01 年 金	シルバー人材センター ダブルワーク 定年延長 副業
02 労 働	個人年金 厚生年金 国民年金 年金ネット 年金定期便
03 医 療	医療費 医療保険 後期高齢者医療制度 高額医療費制度 国民健康保険 傷病手当金
04 予防・介護	介護福祉士 介護保険 健康寿命 生活保護 訪問看護
05 子育て・育児	育児休業 児童手当 児童福祉法 保育園

図2

イト」を利用して、社会保障に関する検索クエリを分析したところ、次のようなことがわかってきた【1】。まず社会保障制度の4つの骨格である「社会保障」「公的扶助」「社会福祉」「公衆衛生」に関連するキーワードを抽出し、社会保障制度の中間報告書や厚労省の定義を参考にして、クエリ調査をするカテゴリーを「年金」「労働」「医療」「予防・介護」「子育て・育児」と定めた。

その上で、それら主要カテゴリーに関連する検索クエリから、どれが一番Yahoo!ユーザーが利用し、検索している言葉なのかを調査したところ、候補のキーワード【図2】に対する検索数にかなりの違いがみられた。性別や世代別では、総じて「年金」関連について検索する人は少なく、世代ごとに関心の高い項目は異なる様子が見て取れる。

詳細なデータはここでは割愛するが、いくつかの特徴的事例を挙げると、たとえば、ヤング・ミドル層（ヤング層：29歳以下、ミドル層：30歳〜49歳）の男性では、「副業」や「個人年金」に関連した検索が多く、逆に「定年延長」や「年金」への関心は薄い。ヤング・ミドル層の女性は「ダブルワーク」や「子育て」「介護」への関心が高い傾向が見られた。また、シニア（シニア層：50歳以上）男性では「定年延長」や「年金ネット」、シニア女性では「介護」「シルバー人材センター」「後期高齢者医療制度」などに高い特徴が表れた。

これら個別の結果から、今後の人生設計への不安という心情が共通していることが見えてくる。今後の個人資産の形成や老後の働き方などを含めて、生活への不安があると推察できそうだ。

こうした人々の興味関心から、広報活動において強化するべきポイントを見出すことができるだろう。しかし、「なぜ社会保障に関する情報は伝わらないのか?」という問いを俯瞰してみると、「人々の将来不安は何によるものか?」を問いに設定したほうが、より大きな課題の解決につながりそうだ。

このように、データを見渡しながら、より高い視座で課題を捉えなおすと、「問い」の質も上がってくる。

課題に対する解決策を見出すために、正しい出発点=問いを立てることは非常に重要で、これが次のステップで効いてくる。

4 解決策を見出すための仮説を作る

4-1 パズルの全体像

情報発信において、データを利用しながら「問い」を立てた次のステップは、解決のための仮説を構築することである。

データは先にも述べたとおり、あくまでひとつの事実でしかなく、適切な手法を編み出すための参考情報にすぎない。つまり正解ではない。検索データにしても、それぞれが検索していることに対して、社会保障制度の理解を深めてもらうためにターゲティングするといった施策は有効と思われる。しかし、本質的な課題の解決に向けた施策としては小さなものになってしまう。

より質の高い取り組みにするためには、データから見つけ出した問いを基に、解決のための仮説を立てることが必要だ。

仮説とは、手元にあるいくつかのピースを元に、パズルの全体像を想像してみるようなものだ。別種の切り口によるデータを見たり、解釈したりした上で仮説を立てることで初めて、データは価値を生むことができる。

4-2 課題はどのようにつながっているか

再び、社会保障制度を例に取ろう。前述のように性別・世代ごとによく検索されているワードは異なっていた。検索クエリは多岐に渡るため、特徴的な結果だけが人々の意識を表すものでもないが、量を把握してそれぞれのつながりを整理してみると、「人々の将来不安を生み出しているものは何か？」という問いに対して解像度の高い仮説を立てることができる。

改めて検索データを見渡してみると、①年金や医療に不安がある　②労働環境の変化に関心がある　③子育てや介護の参考情報を探している、という3つの特徴的な結果が得られる。これらをつなげてみると、人々の不安を取り除くには、まず労働環境の変化がポイントで、これが年金や医療、子育て・介護の諸問題に影響するのではないか、という仮説が立てられる。

すなわち、労働の問題が、年金や子育てなどの課題の遠因となっており、将来にわたっ

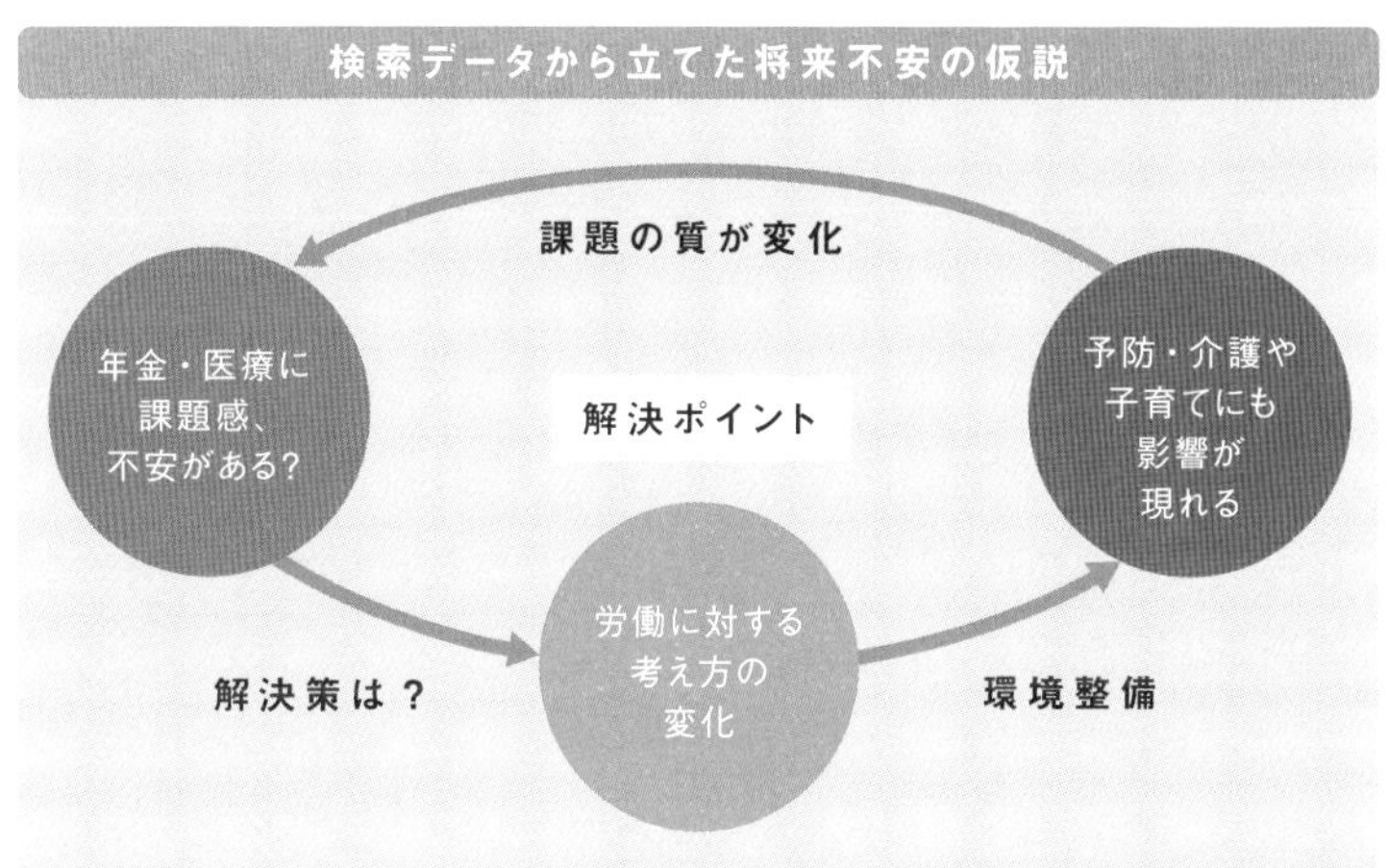

図3

て自分の生活を支えるお金の問題につながることを考えると、長く働くことや働き方改革などを促すことが、そのほかの社会保障領域の課題にも好影響を及ぼし得るのではないか、という仮説である【図3】。

これに基づくならば、まずは収入源を多角化する副業の促進や、長時間労働の抑制に代表される労働環境の改善などをサポートする政策を手厚く発信すること。次いで、子育てや介護、医療などの課題の解決につながる発信、という道筋が見えてくる。

まずはここまでの大まかな筋立てが作れれば、情報発信においても、まずは何に力を入れて取り組むべきかが検討できる。筋立てから得たデータに基づいてイシューを整理してみることで、課題解決につながる情報発信の具体的中身を検討でき、他の課題にも効く施策を選択することができる。

もちろん仮説は仮説であり、唯一の正解ではない。問いをデータから探るにあたっても、異なるさまざまなデータから見出すことができるので、プロセスにおけるデータの活用の仕方として捉えてほしい。

問いを立てるにせよ、仮説を立てるにせよ、必ずしも大規模な定量データを用いなくてはならないわけではない。少ないデータでも検討する際の端緒にしたり、ディスカッションベースで見出すことも可能であろう。課題の規模や内容によって、最善の選択をするべきだろう。

しかし、質の良い問いと仮説を作った後に、情報発信の具体施策の検討を行えば、おのずと無限にあった発信の方向性が絞られ、優先順位が見えてくるのは間違いない。

5 PDCAの高速回転のための組織文化

5-1 挑戦の数が成功の確率を上げる

前節の最後に少しふれたが、仮説に基づいて情報発信をしたら、次に必要なアクションは、その検証である。情報発信の施策を「PDCA」で確認していくプロセスだ。PDCAとは継続的な業務改善のための代表的なマネジメント手法で、Plan（計画）、Do（実行）、Check（評価）、Action（改善）のプロセスを循環的にくり返すことで、より施策の精度を高めることができる。

企業では事業成長のためによく提唱される考え方で、売上げなどの目標達成のための、日常的な業務スタイルだ。ポイントは高速で行うことである。四半期ごとや年度計画ではなく1日単位で実験や検証を繰り返す、常に目標とのギャップを意識して、毎日の改善を図ることが、成功体験の積み重ねにつながる。

実践のコツは、徹底して少人数でプロジェクトを回し、意思決定のスピードを速めることである。ユーザーの要望を素早く検知、察知して有効な手を打つことは、情報発信においても大いに効果を生む。そのために上長は、権限と責任はセットであることを前提に、部下への適切な権限委譲を行うことが重要だ。

もちろん、短いサイクルでのＰＤＣＡが適さないケースもある。ある程度やりたいことが見えている施策や、優先度が変化するような案件の場合には有効だが、サイト全体の構築など広範にわたって順を追い、正確な構築作業をする必要がある場合は、その限りではない。

Ｗｅｂ開発においては、承認を得た計画の通りに開発が上流工程から下流工程へ移行していく「ウォーターフォール型」と、数週間程度の期間内で素早く機能を開発・リリースしていく「アジャイル型」がある。前者は大規模かつ要件が明確に決まっている状態の開発案件に向いていて、後者は一定のイメージはあるが、要件はまだ見えてない開発案件に採用される。

どちらもメリット、デメリットがあるが、大規模なＷｅｂサイトを構築する場合はウォーターフォール型で、その中身にあたる機能、あるいは掲載する情報やコンテンツを考えたりする場合はアジャイル型が向いている、とイメージするとよい。情報発信の場合、どちらのスタイルを採るべきか、案件の中身によって、PDCAに取り組む時間軸を変化させていくことが望ましい。

Yahoo! JAPANの提供するメディアサービスでも、災害発生時や、新型コロナウイルス感染症の拡大といった緊急かつ即応が求められる事象が発生した場合は、わずか1週間~2週間、場合によっては数日で特設Webサイトを公開することもある。まずは最低限必要な情報を整理して掲載し、需要を見ながら並行して開発を進め、ほかの案件を止めてでも、スピード優先で順次リリースしていく。実際、Yahoo! JAPANではあらゆる事業領域において、数カ月の間に、数十ものサービスで新型コロナウイルス関連の機能を公開できた。最初は情報量も少なく物足りない出来かもしれないが、毎日ユーザーのニーズをデータから掴んでフィードバックしていけば、着実に機能や品質は充実していく。

もちろん、行政の場合、国民の税金を利用した施策を軽々しくリリースできないし、ましてや失敗も許されない。他方、有事が起こる前に日常的に情報整理や開発プロセスを整理して準備をしっかり行った上であれば、トライ&エラーのサイクルを回すことは、刻々と変化する国民のニーズを把握して、期待に応えるスピードを高めることにつながる。まずは挑戦の数が成功の確率を上げるという共通認識をステークホルダー含めて組織全体が持ち、そうした動きを称揚する文化を作ることが重要だ。そして、なにより成果を出すことで、徐々にユーザー＝国民の理解を得ていかなければならない。

最も心がけねばならないのは、Ｐｌａｎ（計画）だけに時間を費やして精緻にしても、Ｄｏ（実行）しなければ意味がないという点である。インターネットのサービスは常に実行が重要で、アクションなくして結果は出ない。施策を次々と試しながらフィードバックを得て、時には失敗してそこから学びを得ることも重要だろう。

5-2　結果や得られた知見は組織に公開

ユーザーの反応や声を聞き、挑戦したあとは必ず振り返りをして次につなげていく誠実さも組織に浸透させる必要がある。よく知られているのはKPT法だ。Ｋｅｅｐ（続けること）、Ｐｒｏｂｌｅｍ（問題点）、Ｔｒｙ（挑戦すること）をそれぞれ整理するマネジメント手法である。

特にＰｒｏｂｌｅｍ（問題点）については、施策によって得た知見や結果も含めて、広く組織内にオープンにしながら、多くの関係者に事例を共有し、生かしてもらうべきだろう。

こうした循環が提供するサービスの質を高めることにつながっていく。施策を行った際の問題点は、関係者全員がひとり一人が意見を出し合い、みんなが理解できるように可視化する。続けていくべき点（Keep）についてもしっかり振り返っておきたい。この両輪が揃うことで、次回、何に挑戦するか（Try）も見えてくる。

振り返りの際はモデレーターにあたる人物が、チームメンバーから挙げられたどんな小さな意見も否定せず、ホワイトボードに書こう。必ずしもまとめる必要はない。参加者が各々挙がった点を見て、次の仕事に生かすだけでも有意義だ。大事なのは振り返りをする行為とその質を変えることである。

組織形態によって前提となる状況・環境が異なるのは当然ではあるが、こうしたプロセスの整理を着実に実行することで、マイルストーン（経過点、中間目標地点）が見え、施策の要件定義が精緻になり、行政発の情報の質が飛躍的にアップデートされるだろう。そして、その利益はユーザーが享受することになる。

6 情報発信者は課題解決エンジンになれる

6-1 ツールよりも組織文化の形成

ここまで述べてきたように、情報発信におけるデータ利活用の実装は、常に定量・定性データを収集・分析していくデータドリブン社会への変化そのものだ。サービス提供者は率先して環境に適応しなければならないだろう。加えて、データを役立てるということは、数値だけを頼りに施策を練り、実施するだけではない。サービスを提供する側が、いかに受益者に寄り添って声を聞き、そこから発想を得て仮説を立て、有効な施策を打ち続けていくかにかかっている。

●デジタル社会における情報発信の要件

1　ユーザーファーストを基本理念に据える
2　目的や提供価値を明確にする

3 データを活用して真の「問い」を立てる
4 仮説を立て、解決のための打ち手を見出す
5 高速PDCAなどのマネジメント手法を駆使して実践を繰り返す

データはさまざまな方法で取得できるが、組織によっては予算やセキュリティの問題からデジタルツールなどの道具立てが整わない場合もあるだろう。しかし、データを利用することと自体においては、ツールだけでなく組織文化の形成が施策の成功を左右する。業務遂行のための自己の質的変化を起こさせてこそ、デジタルトランスフォーメーションの第一歩だ。

また、第1節でも述べたが、ユーザーが求めるものを正確に把握する上で、定性データ、定量データのどちらか一方では不十分である。データを生かすには、ユーザーの感情の起伏や機微など意思決定に関する変数を理解する人間の存在が必要不可欠だろう。

情報発信においても、「表出」したデータを元に、具体的な「表現」としての施策に落とし込まなければ意味がない。デジタル社会では、データ分析の専門家だけではなく、ユーザーの意思の読み取りや解釈、文脈作りなどのアナログ的な実践によって価値を生み出

す人材も必要だ。人間とデータと技術を生かす、組織的な人材ポートフォリオをしっかり設計していくことも大切である。

6-2 少しずつでも日々、改善をする

私は、メディアや広報などの情報発信は、社会の課題解決を前進させるためのエンジンになり得ると考える。

人々が困っていることを把握・理解して、解決に導くためにＩＴ技術を駆使して適切な手法や表現を使いこなせば、快適なサービスを提供できる。今日より明日、少しずつでも改善を加えれば、人々の生活がより便利で豊かになるだろう。

一般的な企業だけでなく、国や自治体も同じだ。デジタル技術の活用と、官民協働を軸に、国や地方、官と民の枠組みを超えて行政サービスを見直し、行政そのものの在り方を変革していく「デジタル・ガバメント」は、巨大なデジタル・サービスを運営することにほかならない。

行政発の情報によって、人々の課題を発見・解決し、意識や行動を変えていくきっかけにしてもらうためのデジタル化、情報発信におけるデータ活用が、一層促進されていくこ

とを願う。

日本は課題先進国といわれて久しく、諸外国と比して課題に最初に向き合う局面も多い。行政の改革は、日本という国に住む人々の課題解決につながっていく。これからも官民問わず協働する社会を目指して、共に未来を創っていきたいと思う（了）。

【1】 検討会で用いたデータは、2019年1月〜12月のデータを利用しています。ヤフーにおいて検索を利用したユーザーのデータに基づいており、数値は全デバイス合算数値を用いています。個人を特定するデータは利用していません。また、位置情報の取得と利用については、お客様がご利用の端末で、Yahoo! JAPANに位置情報を送信するための設定が有効になっている場合に限ります。その上で、位置情報利用に許可いただいたユーザーの位置情報データをユーザーの特定が不可能な状態まで統計化した上で、分析に利用しています。

ヤフー
メディアチーフエディター
岡田 聡 おかだ・さとし

雑誌編集者を経て、2008年にヤフーに入社。Yahoo!ニュース、Yahoo!ニュース個人、Yahoo!トップページ等のメディア事業を担当。16〜20年メディア統括本部オリジナルコンテンツ部門ユニットマネージャーを兼務。現在は、メディア事業を中心にエディトリアル観点から経営・事業のサポート業務に従事。Zホールディングス GCTSOグループリスクマネジメント部、ヤフーCEO事業推進室を兼務。

CHAPTER 10

システムが人間に合わせる行政サービスのDX

LINE／政府CIO補佐官
砂金信一郎

1 高まるDXの期待　これまでと何が違うのか

1-1 コロナ禍が顕在化させたデジタルインフラの重要性

いま、行政のデジタル化に対して、かつてない期待が寄せられている。本章の執筆時点では、デジタル庁設置法案が衆議院を通過し、参議院で可決、成立を待っている状況だ。先行プロジェクトの推進に関わる人材採用が行われたさなかでは、これまであまり行政に興味を持たなかった非・公共領域のＩＴ業界の人々や、スタートアップ業界で活躍する起業家の方々から、政府ＣＩＯ補佐官を担当している私のもとにも「興味がある、何か貢献できないか」といった相談がいくつも寄せられた。

ところで、行政のデジタル化はいまに始まった話ではない。「IT基本戦略」は2000年、「e-Japan戦略」は2001年に発表されている。その時代その時代の技術を活用しながら、行政のデジタル化が進められてきた。その積み重ねがあってこその〈いま〉ではあるのだが、その過程は、常に順風満帆であったとは言えない。特に行政のデジタル化がうまくいかない理由をIT業界の方々が議論すると、「タテ割り組織」「事なかれ主義」「利用者目線の欠如」といった批判が矢継ぎ早に出てくる。

それでもなお、いや、あるいは、これまでとはある種異質な期待がいま熱を帯び、デジタル化で力を果たそうという人が増えているのはなぜだろうか。

もちろん、生活にITが浸透し、利用環境が整ってきたことや、各種サービスを支える技術が進歩し、有用なものになってきたことも背景にはある。ただやはり契機として挙げなければならないのは、新型コロナウイルスのまん延であろう。

たとえば、移動や物理的な接触に制限がかかったために、行政だけでなく、医療や教育など対面が前提となっていた場面でも、デジタルツールを活用した遠隔コミュニケーションの導入が急ピッチで進むことになった。

これらも前述の行政のデジタル化と同様、いきなりの着手だったわけではない。教育でもたとえば２０１０年度に総務省が「フューチャースクール推進事業」を始め、翌11年度には文部科学省が「学びのイノベーション事業」として、学校で１人１台の情報端末、電子黒板、無線ＬＡＮなどの環境整備をした状態での子どもの学習状況の実証研究を実施した。医療では、そもそも医師法に照らして遠隔診療は原則禁止だったが、２０１５年の「経済財政運営と改革の基本方針２０１５」以降、遠隔診療が進められてきた。

しかし、今般のコロナ禍においては、これまでの5年ないし10年で得られた以上の課題が見つかったのではないかと思う。それは、デジタルインフラが、単なる補助的な位置づけから、必要不可欠のライフラインのような存在となったからではないだろうか。ひとつの恒久的な手段として、どのように運用していくか、していかなくてはならないか、という観点がコロナ禍で重視された結果、いままで以上に実務的な、実践的な課題が多く見いだされたのだ。

行政サービスに目を戻してみても、新型コロナウイルス感染症の問い合わせ窓口として、オンラインにも受け皿を用意していたところは少なくなかった。しかし各自治体で基盤がそれぞれ異なるという格好で、（ふつう複数の自治体の行政サービスを同時に受けて違いを感じるケースは乏しいにせよ）利用者の体験には著しい差があったのではないかと思う。そして、その「差」はどこまで必要なものであっただろうか。

デジタルトランスフォーメーション（DX）に期待されることのひとつは、「なくてよい差」と「あるべき差」の線引きをし、各自治体の良さを最も効率よく、生産的に発揮できるようにすることではないかと思料する。そして、実のところ、後者の部分、それぞれの自治の住民＝ユーザー層に対し、適切なサービスを提供する、という「住民目線のサービスデザイン」を果たしていくことこそ、各自治体に求められることであるはずだ。

たとえばDXに積極的な渋谷区は、施政方針もさることながら、やはり住民との関係が深く影響していることが伺える。区内で暮らす人々は非常に多様で、日本語が流暢な、日本生まれの人ばかりではない。生まれも育ちも渋谷区という方はごく一部だ。近隣や遠方、国外から引っ越してきた人もいる。こうした住民に1枚の「お知らせ」を送れば全員が理解し、行動に移せるといったことは現実的に考えづらい。ひるがえせば、多様な住民に必要なサービスを効率よく提供し、さらには改善を重ねていかなくてはならない切実な事情が渋谷区にはある。それを叶えるためにデジタル技術やツール、働く環境が必要とされているのだ。そうした姿を見て、まさに企業でサービスデザインに携わっている人材が、行政においても「自分の知見やスキルを役立ててもらえるのではないか」と意気に感じることは少なくないのではないかと思う。

2 DXを担う人材はどこにいる？

2-1 リーダーと現場のタッグのあり方

先ほど挙げた渋谷区に限らず、神奈川県や福岡市など、DXに取り組む自治体は広がりつつある。共通するのは、「デジタルを活用して住民（と行政の）接点をよいものにしよう」というビジョンである。

こうしたビジョンを掲げる背景には、住民の利便性の向上と、当該自治体が先進的であるというブランディングという2つの側面で公益に適うという判断がなされているのではないかと考える。私見にはなるが、こうした動きが、各自治体から自発的に立ち上がっていくことは、一律に強制されるよりも、よいことのように感じる。自然に、徐々に変化していく流れが加速していくと、それにともなって、行政の情報発信のパラダイムも変化していくはずだ。

さて、現場はどうかというと、民間からデジタルトランスフォーメーション担当を登用し、業務を回していることがほとんどだ。つまり、自治体トップが掲げるビジョンと、それを具体化するプロジェクトマネージャーとしての担当者がそろって、デジタルトランスフォーメーションが成立している。どちらかが欠けてもだめなのだ。

では、それを担うのはどのような人材か。本章執筆時点でもチーフ・インフォメーション・オフィサー（CIO）や、チーフ・デジタル・オフィサー（CDO）を募集している自治体が散見される。求められる能力の細部は、案件ごとに異なるが、およそ共通する要件は、なにより「自治体が提供するサービスの存在意義を理解している」こと、その上で「住民＝ユーザーの体験向上を主導できる」こと、ならびに、それを推進する上で構造的な課題があっても、「実施と改善を重ねられるパッションがある」ことだろう。

ものづくりが始まる部分で、具体的な与件（どうやるか、How）と締め切り（When）を受け取り、そのとおりに実行する、これは多くの人ができる。なぜやるか（Why）、そのために何をするか（What）を受け取り、HowとWhenを決める、これも多くの人ができる。しかし、さらにもう一段抽象度の高い、首長などリーダーの描くビジョン、きち

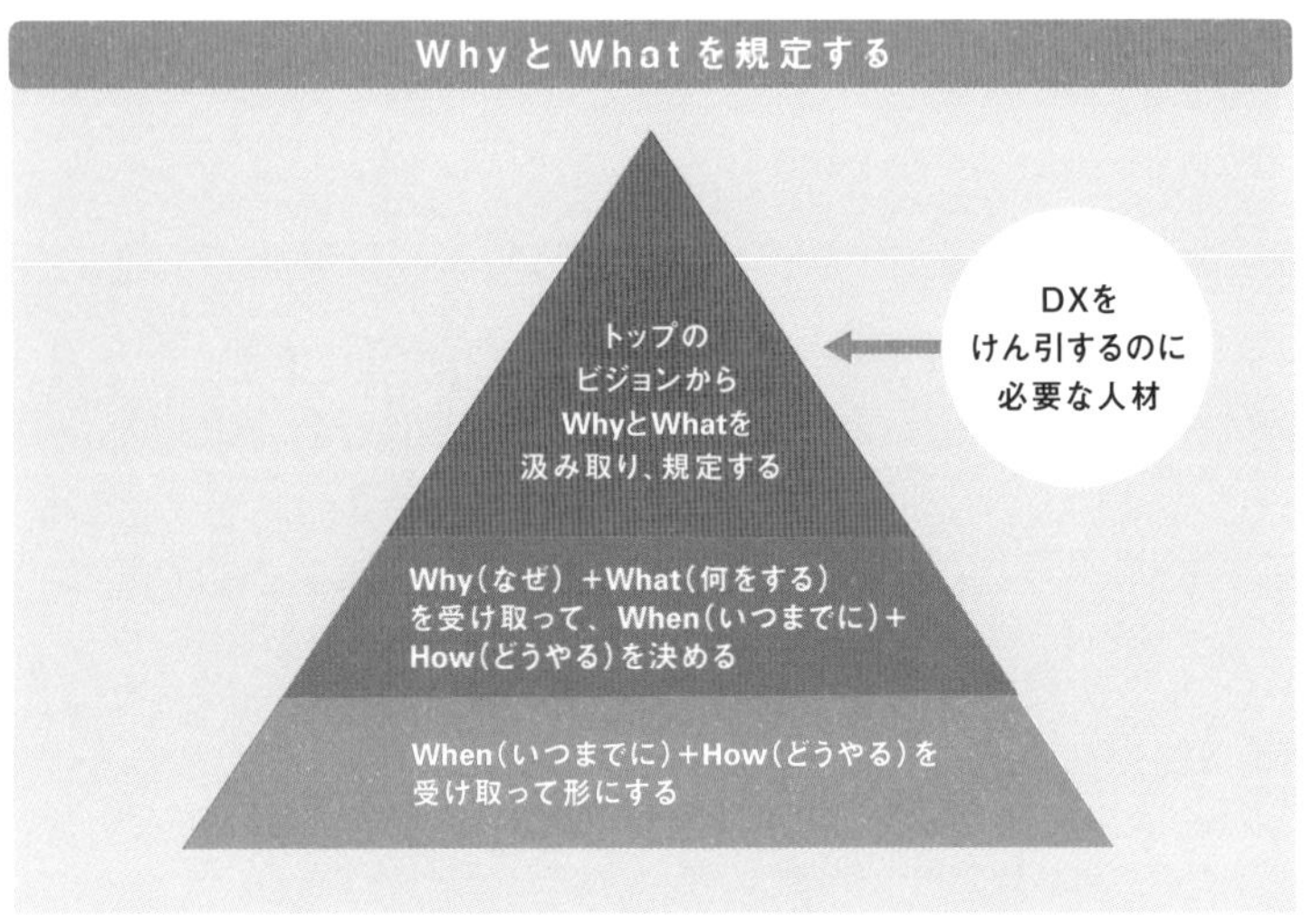

んとしたオリエンテーションではなくても、ＷｈｙとＷｈａｔを汲み取り、「こういう理由でこういうことをすればよい」と規定し、形にする、これはできる人が限られてくる。そして、必要なのはそういった人材である。

現場の関係者の共通言語にできるキーワードを立てて、全体のプロジェクトをリードできるようなデジタルトランスフォーメーション担当者は、民間企業で言うなればプランナーや事業責任者、プロジェクトマネージャーに近い。

2-2 増えつつあるキャリアパス

そうした人材はどこにいるのか。私の実感では、民間任用の募集に手を挙げる人は増えてきている。その背景には、近年のIT系スタートアップ（新興企業）の増加があるのだろう。従来、大資本の装置産業と組まないと規模を拡大できなかったところが、スマートフォンアプリでは少資本で利用者を大きく広げやすくなっている。プロジェクトマネージャーとしての経験を積む場が増えているのだ。

そうしたスタートアップが行政に接触する機会も少なくはない。最初のうちは、何らかの法規制に対する陳情といった付き合い方かもしれないが、それ以外にもパブリックセクターとのコミュニケーションは日常的なものになっている。サービス内容によっては地域住民にリーチする必要が出てくることがあるからだ。そうした企業は、自治体と手を携えることに抵抗がない。

私も、政府CIO補佐官として、パブリックセクターに飛び込んだ一人だ。その体験として、視野が広がり、視点が増えたことを強く実感する。調達仕様書やガイドラインが、なぜ、そういう文書になっており、なぜそのような仕様が求められるのか。そういった視点から、課題解決に取り組むことができている。

加えて痛感したのは、行政で働く方々は、みな使命に則って最大限の仕事をしていることである。ならば問題はどこにあるか。それは、それぞれの仕事をうまく融合させ、新たな一つのものとして進化させづらい点である。これができないと、非常に特徴のない仕様になったり、もしくは、各所の要望が衝突し、最終的なユーザー体験へと整理、昇華されないまま事業が始まってしまったりする。そこで、民間側からの視点を加えて解きほぐし、きちんと一つにより合わせることが求められている。

もちろん言うほど簡単ではないのだが、構造的な問題に興味を持ち、内側から解決することに習熟している人は向く。そして行政サイドとしても、民間で培った知見に基づいて動いていない課題を動かすことは、今後一層求められるだろう。そうして力を尽くした後、行政側で得た知見を民間に還元し、活躍していく、というキャリアパスは現実的なものだと思われる。

3 競合入札という壁をどのように乗り越えるか

3-1 正しいとわかっていてもできない理由

さて、サービスデザインに話を戻そう。利用者/住民目線を達成するには、実施しながら利用者の反応を得て、着実に改善を続けることが必要である。しかし、行政が、改善を前提としたサービス提供をする際、大きなハードルとなるのは、契約方式であろう。現状、一般的なのは、仕様を発表し、業者が入札、発注、仕様通りかを検品・検収し、支払いというサイクルの競争入札である。これは合理的な仕組みであるし、業者との癒着、不正を防ぐ上でも一定の効果がある。随意契約という例外はあるが、ふつう厳しい条件が課される。

競争入札に適しているのは、仕様書どおりに実装されたシステムの納品である。その場合、よほどの不具合が発生すれば改修するが、問題が出てきても基本的にはそのままの状態で運用され続けることになる。そればかりか、システムの入れ替えもとても困難なものになってしまう。

そうした運用では、利用者目線で常に改善のループを回し続けるオペレーションは不可能だ。改善を前提としたサービス開発・運用は、基本的に終了を前提とせず、納品・検収のタイミングが不明瞭だからだ。

実は、状況の変化によって仕様や設計が変わることを前提とした開発・改善運用を行うアジャイル方式の開発が重要であることは、行政内でも多くの人が理解していると私は思う。しかしそれが普及していないのは、従来の調達原則に反していることが一因である。

3-2 改善を要する範囲を最小限にする

中長期的には、調達仕様書を策定する行政側がサービス運営について深く理解することが望ましいが、ベンダー側においても、前述のような内容は行政システム構築における所与の条件として考えたほうが建設的である。民間においても、たとえば金融業界とエンターテインメント業界では規制や文化が全く異なるように、どんなプロジェクトにも構造的な課題というのはついてまわるからだ。

具体的には、アジャイル型でサービス改善を施していく上で、どこまでは回収可能にし、どこからは改修不要とするのかを明確に区分することである。ベーシックなコミュニケーションインフラはしっかりと開発・保全をし、使いながら「こういうメニューもあるといい」とわかったならば、すぐに改修できることが望ましい。手段をバランスよく選択し、どこを継続して改修可能にしておくかを定めておくことで、競争入札との齟齬をできるだけ少なくすることが可能だ。少なくとも、すべてをオーダーメイドで開発して納品してそのままにしたり、逆にすべてをオープンソース化して、改修点が非常に多岐に渡るようにしたりするのは、いまの現場の実態には合わない。

これはユーザーインターフェースという観点でも、メリットがある。一からオリジナルで使いやすいアプリやWebサイトを構築するのは簡単なことではない。特に機能や情報を足し算的に考え、どんどん追加できるようにしてしまうと、最終的にゴチャゴチャした印象になり、使いにくくなってしまう。デザインを重視した設計というのは、見た目がよくて機能が多いサービスではなく、利用者が迷わず使いこなせる仕組みである。

3-3 行政ならではの時間軸

サービス改善を続けるということ自体は、BtoCサービスを提供するIT企業では日頃から実践していることなので、目新しく感じない方もおられるかもしれない。そこで、行政で実施する上でのハードルについて、少しふれておきたい。

多くの民間のサービスと、行政のそれとで大きく異なるのは、利用頻度だ。身近な例を挙げるとすれば、粗大ゴミ回収。それが必要になるタイミングはあまりない。最大の機会は引っ越しだろうが、それでも通常2年〜数年に1回のペースである。大掃除など、ほかに捨てる機会があったとしても、1年に1回という具合だろう。

何を言いたいかというと、利用頻度が低いとサービスの浸透、定着のペースも非常にゆっくりになるということだ。すなわち、使用1回めから、2回めまでのタイムラグが広く、継続して使ってもらえているか＝習慣化／生活に定着しているか、の計測に比較的長い時間がかかる。

サービスは一般的に、便利だったからもう一度使う、使っていたら生活になくてはならないものになる、あるいは周囲に使用を勧めたいものになる、というふうに浸透していく。そこで、KPI（重要業績指標）は、初めて使うユーザーにとっての改善か、2回め以降のユーザーにとっての改善か、どちらをターゲットとして設定するか、という問題が発生する。継続性よりも、ファーストトライ時にどれだけ目的の行動が生起するか、という点で見たほうがよいかもしれない。これは一例だが、要するに一般的な民間のWebサービスの改善より、行政サービスのユーザー体験の向上は、多少難易度が高い。

ともあれ、こうした改善活動を紙の申請書をベースに実施することは、極めて難しいことだと思われる。そして従来はそれがほとんどだった。だからこそ、行政職員の働き方を大きく変えるには、施策や改善行動に対する住民の反応を数字でわかりやすく示すことがよいのだと思う。その場合のスタートは、できるだけ利用者が多いサービスで始めることが望ましい。

もちろん、必ずしも人数の多さが施策の重要度に直結するわけではない。ただ、数値に基づく継続的な改善活動を定着させるためは、何万人が利用しているというほうが成功の体験として積み上げやすいということだ。それが評価されれば、さらに使いやすくしようと思うのが人情である。逆に報告の際に数人が使いました、というのは言いにくいし、周囲の職員があとに続きづらい。

4 行政サービスの未来

4-1 AIの活用に向かう道

利用者目線で常に改善のループを回し続ける考え方やオペレーションが現状より行いやすくなってくると、人工知能（ＡＩ）技術の活用をさらに進めることもできるだろう。ＡＩは、利用者のフィードバックをもとに学習し、継続的に改善してゆくことで、真価が発揮されるものだからだ。

ＡＩやデジタル技術と聞くと、無機質で冷たい印象を持たれる方も多いかもしれないが、実態はその反対である。すべての利用者との接点をデジタル手段に統一することは、平等を重視する行政サービスにおいて、おそらく困難であると考えられるからだ。窓口での対面業務や、電話対応、ＦＡＸや郵送による書類申請や紙メディアでの情報発信は、一定程度残ることになるだろう。しかし、人口減少に向かう社会で、リソースも限られてくる。

電話対応なら、よくある質問と回答で構成されるデータを準備することで、その内容を

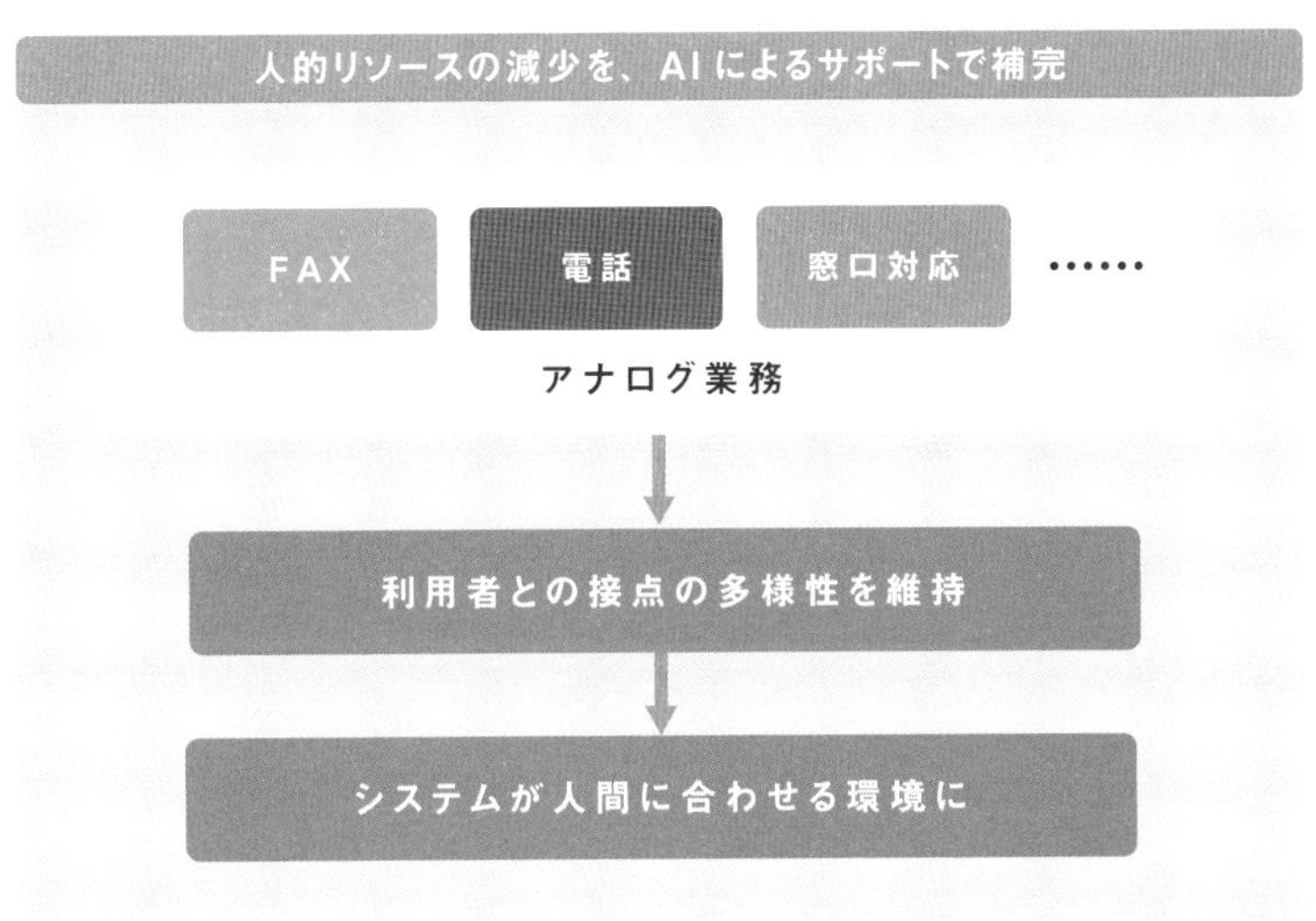

音声分析技術で把握し、規定の質問に完全に一致しなかったとしても、AIで柔軟に対応できる。また、画像認識技術を活用すれば、書類のデジタル化を支援することも実現可能だ。

人間がシステムの都合に合わせるのではなく、システムが人間にあわせて柔軟に対応するのが本来あるべき姿である。その意味でも、AI技術は、従来の業務を消すことなく進化させ、共存を可能にしようとしている。むしろAIやデジタル技術を活用するほうが、より人間に寄り添った、柔軟でやさしいユーザーインターフェースの実現に近づく。

もう一点は、利用者を孤立した存在としてとらえないことである。手前味噌ではあるが、

「LINE」を単なる発信手段以上の、住民との重要な接点として活用いただいている自治体は少なくない。私は、活用し続けていただけている理由のひとつは、利用者同士のつながりではないかと考えている。つまり、少し使い方がわからなくても、周りに利用者がいるので、相談に乗ってもらったり、使用上の問題解決を助けてもらったりしやすいということだ。逆に言えば、自治体側も、いつものLINEと相違ない使用感を意識することで、ユーザー体験を向上させている。

つまり、デジタルツールを活用する上で見るべきは情報を受け取ったり、手続きを行ったりするその利用者本人だけではない。周辺の人をも意識し、手助けを促せるかどうか。スマートフォンやパソコンの操作に苦手意識のある方々に必要なのは、誰かが助けてくれる安心感である。疎外感を感じるなかでは情報も届かないし、手続きも進まない。逆に助け合いを促すことで、デジタルへの移行を歓迎してくれる可能性が期待できる。

「見て！これすごく便利じゃない？」という利用者の声が自然と聞こえてくる、そういう行政サービスが増えてゆく未来に期待したい。

CHAPTER 10

システムが人間に合わせる行政サービスのDX

砂金 信一郎

政府CIO補佐官
LINE執行役員 AIカンパニー カンパニーCEO

砂金 信一郎 いさご・しんいちろう

東京工業大学卒業後、日本オラクル、ローランド・ベルガー、リアルコムを経て、マイクロソフトへ。「Microsoft Azure」担当エバンジェリストとしてスタートアップの支援やシビックテック連携などに携わった後、現職。2019年度から内閣官房にて政府CIO補佐官を兼任。

PART V

〈広報DX〉の以前・以後で変わらない本質

The Digital Transformation of Public Relations:
Innovate Policy Communication with Digital Technology.

CHAPTER 11

対談

DXを経ても変わらないもの

衆議院議員
前内閣総理大臣補佐官
秋葉 賢也

PRプロデューサー
殿村 美樹

1 正しい理解が広まらないのはなぜか SNSを発端とする「世論」

秋葉　日本の人口で最多を占める団塊世代・約560万人が、2022年から2025年にかけ、75歳以上の後期高齢者となっていきます。さらに、その団塊世代の子ども、いわゆる団塊ジュニアが高齢者となってくる2040年も、遠い未来ではありません。

こうした超高齢社会の到来を迎え、年金、医療、介護、少子化対策の社会保障4分野における諸問題への対策を講じることは、まさに急務と言えます。それも、現役世代の負担の上昇をできるかぎり抑えつつ、すべての世代が公平に支え合える「全世代型社会保障」

を実現する。こうした背景から、2019年9月〜2020年12月にかけ、全世代型社会保障検討会議が継続して開催されました。

検討会議は、閉会を待たずして、改革をも並行して実施していきました。しかしながら、十分に正しい理解を得られているかというと、なかなか難しい。

たとえば、2022年4月には、公的年金の受給開始年齢の幅が、これまでの60歳〜70歳から、60歳〜75歳に広がりました。多様化するライフスタイルやライフステージに合わせ、選択肢が広がったのです。75歳まで受給を遅らせると年金額は1・84倍（84%増）になります。また、これまで受給開始を1カ月くり上げるごとに0・5％減額され、60歳開始なら30％減となっていたところを、減額率を減らして1カ月あたり0・4％、60歳開始なら24％減となりました。

しかし、法案改正が審議されていたころ、次のように報じられました。

〈4月10日、年金改革関連法案が国会で審議入りすることが決まった。ツイッターでは「年金75歳」がトレンド（関心の高い単語）に入った。年金を75歳から受け取るようになると理解した人が多く、「年金75歳やめてほしい」などのつぶやきがネット上にあふれた。〉

（「年金75歳」に疑心暗鬼　支給開始、引き上げの布石？『朝日新聞』２０２０年5月22日付、傍線編者）

「受給できる年齢の幅が広がった」という話が、「受給開始年齢が引き上げられた」というふうにとらえられている。

諸外国と比較しますと、日本の社会保障制度は非常に高いサービス水準を誇るのです。たとえば医療保険。皆保険制度のない米国では、１人あたりの年間医療費は約１２８万円（1万１５８２ドル）に及びます（２０１９年、米国民健康支出）。これは日本人の３・８倍に相当する額です（２０１８年、平成30年度国民医療費の概況）。

社会保障制度だけで言っても、正しく知らないことによって、使うべきものを使っていない、有用なものを捨て去ってしまうといった、国民の不利益が生じてしまうことを懸念しています。十分に利用してもらうためにも、行政としては制度があるという事実だけでなく、その中身について、これまで以上に正しく、わかりやすく伝えていかなくてはなりません。殿村さんの視点では、どのようなことが考えられますか。

殿村　先ほど、秋葉先生が「年金75歳」というフレーズを例に挙げられました。そこから、いくつかのことが言えると思います。

かつてなかった世論の巻き起こり方として、マスメディアがソーシャルメディアでのトレンドを、ひとつの社会現象とみなして取り上げるようになりました。これは私が現場の新聞記者やテレビのディレクターから聞いた数字ですが、Ｔｗｉｔｔｅｒにおいては大体１万人以上のリツイートがあると、それは〝国民〟の生の声、疑問として提唱しよう、と考えるのだそうです。そうして報じられた結果、世論に発展することも少なくありません。

では、発端となる投稿というのは、どうして起こるのかと。その根源には、やはり不安や疑問があるのだと思うのですね。これから少子高齢化がますます進むのに、働く世代が高齢者を支えるという現在の構造上、なぜこの状態で社会保障制度が成り立つのか。その点がどうしても疑問である。国からいくらご説明いただいても、信じられない。そうした心情が伺えます。

答えが得られない、ある種のフラストレーションをはらみながら、ソーシャルメディアに投稿して共感してくれる人を求める。それが雪だるま式に膨れ上がっていき、先ほど申し上げたように〝国民の声〟として取り上げられてしまう。そういうことが起きているのではないかと思います。

秋葉　なるほど。どうして国からの説明は聞き入れてもらえないのでしょう。

殿村　行政の発表というのは、すべての情報を届けなければならないといった使命感ばかりが先走って、受け手の状況や変化を考慮していないからではないでしょうか。現代のインターネット社会では、意図して注目するのではなく、「情」を動かすものでなければ目に入りません。よって、一所懸命に発信しても、正確に受け止められず、印象だけで理解してしまうのではないでしょうか。

秋葉　それで、先ほどお話しした年金の受給開始年齢の上限が拡大された、という内容が、印象として「受給開始が後ろ倒しになった」と見えてしまった、と。また、社会保障制度の構造に対する不安や疑問というのは、たしかにあろうかと思います。

冒頭申し上げたとおり、これから超高齢社会が本格化する日本において、社会保障は事実上、「高負担・中福祉」が前提となっています。理想を言えば「低負担・高福祉」でしょうし、誰もがそれを求めて当然です。

しかしながら人口構成上、それは現実的な考え方ではない。だからこそ、そうした中でも、負担に見合う、質の高いサービスをいかに持続させるか。この点にこそ、社会保障が抱える諸問題の本質があるのです。

なるほど、このような話を聞いても、なかなか感情が動かないばかりか、逆に言えばネガティブに聞こえても不思議はないかもしれません。

それに2007年から取りざたされた「消えた年金記録問題」も、いまなお社会保障への信頼を毀損し、濃い影を落としていることは牢記せねばなりません。同じことがくり返されれば、広報に耳を傾けてもらうことは著しく困難になるでしょう。

2 相手の価値観や常識、性質の部分に目を向ける

秋葉　それでも誠実に、コミュニケーションを図っていかねばならないわけですが、どのようなコミュニケーションの仕方が考えられるでしょうか。

殿村　これからはますますデジタル化が進むと考えられますから、これまで五感をフルに

使って受け止められていた情報も「視覚」と「聴覚」だけで理解してもらえるように伝えなければなりません。だからこそ「情」と連動させる必要があるのです。

表現上のことを申し上げますと、まずは興味を引き付けるビジュアルがあり、文章は3行以内にコンパクトにまとめる、ということだろうと思います。

そういった意味では、先ほどの「年金75歳」というフレーズは、文字面からしてキャッチーで、言わんとすることもわかりやすい。「自分たちは何か不利益を被ろうとしているぞ」、そんな「情」の部分に刺さる。だからこそ、広く話題にのぼったのではないでしょうか。

私がいま、最も成功していると思うビジュアルの例は、2025年に予定されている大阪・関西万博のロゴです。ロゴマーク選考委員会の座長・安藤忠雄さんは、「予定調和ではないデザイン」と評しておられましたが、それだけに、いろいろな意見が聞かれました。少なくとも、ひと目で忘れられないほどの強い印象を受けますよね。それくらいのビジュアルでなければ伝わらないというのが、デジタル時代なのです。たくさんの情報があふれている中で目をとめてもらわなくてはならない。

PRというと米国流の考え方をありがたがるばかりで、「こんな最新手法がある」「あんなやり方がトレンドだ」という話に陥りがちですが、情報の受け手のこと、特に国民の「情」の部分を考えてコミュニケーションを図ることが大事だろうと思います。

秋葉 いままでの行政に対しては、ほとんどの国民が、堅くておもしろくないという印象を抱いていると思います。国はインターネットを使った情報発信でも文字で示すだけでなんとなく終わってしまっている。わかりやすく伝える工夫はもちろん、たとえ100点満点ではなかったとしても、もっと興味を持ってもらえるようにしなければなりませんね。

殿村さんの議論は、伝える相手がどのような人か、相手の性質や、マインドに目を向けておられる。

殿村 ええ、日本人向けのコミュニケーションであれば、日本人の国民性に寄り添うものでな

提供:2025年日本国際博覧会協会

（写真提供：共同通信社）

ければ見向きもされませんし、外国の方向けであればまた、それに合わせることが必要です。もちろん、日本人といっても一様ではなく、その地域にはその地域の常識、価値観があります。大なり小なり、コミュニティというものがあり、その地域で長年かけて培われてきた歴史があります。

たとえば、山陽新幹線で広島駅から約30分の三原駅には、駅前にとても大きな広場があります。部外者から見れば、「広場をそのままにせず、開発したほうがいいのではないか」、そう思われるかもしれません。しかし、地元の人たちには、そうしない大きな理由があるのです。そこは戦国時代の名将として呼び声高い、小早川隆景が築いた三原城城址だからです。

小早川隆景は地域の誇りですから、知っていれば地域の人とすぐにでも話が弾みます。知らなければあまり受け入れてはもらえない。このような話は全国にいくらでもあります。どれもその地域に入らなければわからないことです。

秋葉　確かにそのとおりです。殿村さんは日本人の特性をふまえたご議論をされるので、とても腑に落ちやすいですね。

歴史の話が出ましたので、年金のこれまでもかいつまんでお話ししておくと、全国民に共通の基礎年金という形ができたのは、１９８６年。たかだか三十数年前の話です。国民皆年金が制度化されたのも、60年ほど前の１９６０年代初頭。では、制度ができあがるまで、老後を迎え、所得がなくなった人はどうしていたのか。それは、子どもが面倒を見ていたのですね。家族の問題だとされていた。これを私的扶助といいます。

それを、個々人で負うのではなく、社会全体で支え合いましょう、と。すべての国民の老後の所得を保障しましょう、というのが年金の本来の役目です。すべての国民というのがポイント。特に国民年金は、低所得者や無職者も加入させるという点で、国際的に見ても、日本ならではの制度です。

「今年の漢字」（2019年）

なぜ、社会全体で高齢者を支え合うのか。それは高齢者のためでもありますが、「個々人でなんとかしろ」、というのでは現役世代の負担が非常に大きい。子や孫の負担を社会的に軽減するというのが、年金の本義です。先ほど殿村さんからコミュニティという言葉が出ましたが、まさに自分たちや、自分たちの子ども、孫のために、コミュニティのみんなで支え合うものだと。そういう意義を知っていただきたい。

殿村　日本人は組織単位で考える傾向があります。所属とか、肩書きとかをとても気にする民族ですので、そこを理解しないと、情報は伝わりません。

一方で、人間は、いつもあるものには注目

しないという特徴がございます。たとえば漢字。日常で当たり前の存在でありすぎて、その価値に誰も気づかなかった。そこで以前、私は年末にその一年を漢字一文字で表す「今年の漢字」という一般参加型イベントを仕掛け、国民に漢字の魅力を思い出す機会をつくりました。すると次第に漢字一文字で意思を伝える文化が日本に根付きました。社会保障も同じだと思うのです。一人ひとりが社会保障を考える機会をつくり、「みんなで参画して持続させるものなのだ」という認知を促す施策は必要だろうと思います。日本人は、父の日や母の日、バレンタインデーやホワイトデー、クリスマス、海外の風習まで取り入れてプレゼントを贈ることを好む国民です。これは日本人の特徴の一つだと思うのですけれども、こういう文脈に、社会保障を乗せられるとよいのかもしれません。

3 企業や地域コミュニティに落とし込むためには

秋葉　伝えるだけでなく、伝えたあと、動きやすくするための環境づくりが重要なのですね。

それで思い出されるのは、育児休暇に対する給付金の取得です。特に男性での取得がほとんどありません。「全世代型社会保障検討会議」の最終報告でも、男性の育児参加を進めるため、民間企業でも男性の育児休暇の取得を促進することが打ち出されました。
日本の育児休業に対する給付金は手厚く設計されており、休業前の1日あたり賃金の約7割が支給されるのです。社会保険料の免除も含めれば実質的な給付率は給料の8割に及びます。ユニセフからも日本の育児休業に関する制度は世界で最も充実していると評価されている。しかし、女性の取得率は8割であるのに対し、男性の取得率はわずか7％です。どうアプローチすれば、取得してみようと思う方が増えるでしょうか。

殿村 「周囲は取得していないのに、自分だけ取得したいとは言い出せない」――これが最も高いハードルだと思います。これは日本人特有の集団的な考え方で、自分だけ周りと違うことはできないと思ってしまうのです。
厚生労働省の『平成29年度 仕事と育児の両立に関する実態把握のための調査研究事業報告書』を見てみますと、男性の「育児休業制度を利用しなかった理由（複数回答）」として、トップは「業務が繁忙で職場の人手が不足していた」の27・8％。次いで「会社で育児休業制度が整備されていなかった」27・5％、「職場が育児休業を取得しづらい雰囲気だった」25・4％となっておりました。

法律上、育児休業は、取得要件はあるにせよ、基本的には取得が認められています。ですから、2番目の制度のあるなし、というのも、表面上のことではないでしょうか。つまり、この3回答の共通点としては、「自分だけ周りと違うふるまいをすることになるから」と考えられます。

秋葉 なるほど。奇しくもコロナ禍によって、テレワークの普及をはじめ、働き方の多様化が急速に進んでいます。これを転機として「会社にあるデスクで働く」という固定観念をなくしていくことや、夫婦が協力して子育てできる環境の整備をさらに進めねばなりません。そのためには、社会の理解の促進がとても重要で、官民一体となった広報が不可欠。国からの発信で終わらせずに、企業や地域コミュニティに落とし込んでいくという段階的なアプローチが必要ですね。

殿村 ええ、プレミアムフライデーが不振なのも、トップダウン式に休暇を取らせようとしているからで、それは先ほどお話しした三原駅前の城址に、「ショッピングモールをつくれば儲かりますよ」という提案をするようなものなのです。ほかの地域からは理解できなくても、その城址をみんなで守っていくことに誇りを持っているわけですから。まさに、周りと歩調を合わせるようなスタイルをつくることが、日本文化に合った広報のやり方だと考えられるのです。

ですから、育児休暇にしても実際に取得した男性に自分の体験を発信してもらうなど、コミュニティごとのやり方で浸透させていくことが大切です。発信者はその人に近い人物か、説得力のある人物が理想的ですね。広報では、そういう行動を起こしやすい空気をつくっていくことが肝要なのです。

若い人はそういうウェットなコミュニティを避けるのでは、と思われるかもしれませんが、大学で教鞭を執っている私の周辺にかぎっても、オフラインのコミュニティでのかかわりはとても重要だと感じます。いまどきの大学生でも、特に相談ごとになれば、会って話すことを大切にしている。デジタルの「視覚」と「聴覚」だけでは、人の心は伝わりません。育児休暇の取得にしても、「こういうときは、こうすればいいんだよ」と教えてあげられる人を、そのコミュニティでいかに増やすか、だと思います。

4 デジタルと日本的な「型」文化の融合

秋葉　本書では、各章において、デジタル化がもたらす広報の変化に焦点を置いてきました。広報において、デジタル化がもたらせる変化があるとすれば何でしょうか。殿村さんはどうお考えになりますか。

殿村　デジタル技術の良さは、メッセージの受け手が新たな発信源となって情報を無限に拡散できることです。

たとえば、先ほどの育児休暇のお話でも、身近な方、あるいは受け手が説得力を感じる方が発信者として望ましいと申し上げました。日本人は、同じメッセージでも、誰が言うかによって受け取るかどうかを決めるところがあります。

たとえば、国が発信する情報を地域に落とし込んだときに、その地域で尊敬されている、あるいは愛されているキャラクターに変えて語り手とする。そうすることで、受け手にも、聞き入れてもらえるようになります。

これまでは、そういったことは非常に費用がかかっていたわけですが、デジタル技術を用いれば、比較的容易に話者を変えることができます。

それで思い出されるのが、「型」の考え方です。日本文化には、茶道や華道、剣道のように、「型」を重んじるところがあります。俳句や和歌もそうですね。一定の枠組みを設けて、そのなかでの自己表現、自分なりのやり方を発揮することに長けている。

国からのトップダウンではなく、コミュニティごとに伝達してもらう際、完全に自由というのでも、決まりきった文句を押し付けるのでもなく、「型」を設けて、その中で情報を拡散してもらうと、コミュニティごとの価値観に合った表現がしやすくなるのではないでしょうか。

秋葉　デジタル化というと、すぐに変わる部分、これまでとどう違うのだ、という部分に視線を奪われてしまいがちです。しかし、ここまで殿村さんにしていただいたのは、どちらかといえば、手法は変わっても不変の、本質の部分についてのお話だったと思います。人間の、一朝一夕には変わらない部分に目を向ける、という。

デジタル化というのは、おそらくそうした、大切にしなければならないところに目を向けるための、あくまでツールとして用いるべきものなのでしょう。本日は、大変有意義なお話ができたと思います。ありがとうございました。

殿村　私のほうこそ、まことにありがとうございました。

（対談日・2020年12月1日）

PRプロデューサー
殿村美樹　とのむら・みき
PRプロデューサー。地方PR機構代表理事、TMオフィス代表取締役、内閣府地域活性化伝道師、同志社大学大学院MBAプログラム「地域ブランド戦略」教員。著書に『ブームをつくる 人がみずから動く仕組み』（集英社新書）など。

CHAPTER 12

インタビュー

デジタルメディア活用の陥穽

QuizKnock CEO
伊沢 拓司

1 クイズが人を遠ざけてしまうとき

どうすれば、伝えたいことを正しく、十分に伝えることができるか――。企業にせよ、国や地方自治体にせよ、コミュニケーションにたずさわる方にとっては、永遠のテーマだと思います。必ずしも不可能ではない。正解が全くないわけではないが、何にでも通用する唯一絶対のものはない。だからこそ、追求しつづけるのだと思います。

現在私は、「楽しいから始まる学び」を届けるメディア企業QuizKnock（クイズノック）の最高経営責任者（CEO）を務めています。「クイズ王」としてのメディア出演も、会社の活動を知ってもらいたい、という側面が大きくあります。

知識や情報の扱われ方を変えたい。Ｗｅｂサイト『ＱｕｉｚＫｎｏｃｋ』を立ち上げた背景には、そんな思いがありました。２０１６年10月、東京大学４年生のころです。当時は、キュレーションサイトである『ＷＥＬＱ（ウェルク）』の問題（編注：医療健康情報サイトとして、誤った情報を大量に発信していると多方面から非難を受けた）が取り沙汰されていた時期。アルバイトをしていた学習塾で、あまりに多すぎる情報の波を前にして「選び取る」技術すら教わらぬままとまどう生徒さんたちを見て、「情報や知識との向き合い方を伝えたい」と考えるようになりました。

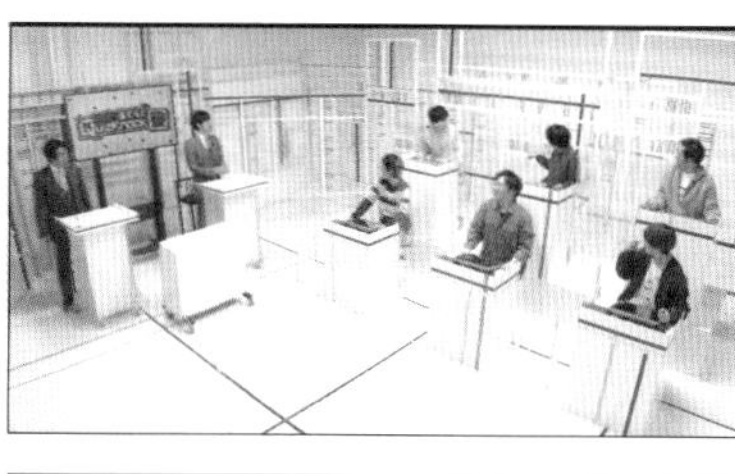

QuizKnockはYouTubeにもチャンネルがある

では、どうすれば、右から左に抜けていかない、的確で記憶に残る情報伝達ができるか。私はクイズという形式が価値を発揮するのではないかと考えました。そうして立ち上げたのが『ＱｕｉｚＫｎｏｃｋ』というキュレーションメディアです。クイズは、一度相手に投げかけられる。受動的な情報摂取を、能動的にさせることができるんです。『Ｑｕｉｚ Ｋｎｏｃｋ』ではクイズの情報伝達力をメディアとして応用できたのではないかと思います。

とはいえ、ただただクイズを出せばいいわけではありません。使う際にはある程度の規律が求められるでしょう。

そもそもクイズという形式は、「答えろ」というメッセージを投げかけます。なかば強制的に、聞き手に話を向けるのです。能動的にすることもできるし、それが行き過ぎることもある。全国の小学校、中学校、高校をめぐり、講演をしてきましたが、クイズに乗り気でない生徒さんはやはり一定以上いるのです。

「クイズというだけで嫌」と感じる人は少なからず存在します。では、どうして拒否されてしまうのか。おそらくその理由のひとつは、クイズの「人前で知識を披露し、正誤の評価を受ける」という枠組みに対する嫌悪感ではないでしょうか。私たちは好むと好まざるとにかかわらず、義務教育をはじめとした〈クイズ的なもの〉にさらされ続けています。結果、そうした嫌悪感が醸成されてしまった。気持ちはとてもわかります。クイズは人を選ぶのです。

クイズが生み出す嫌悪の感情

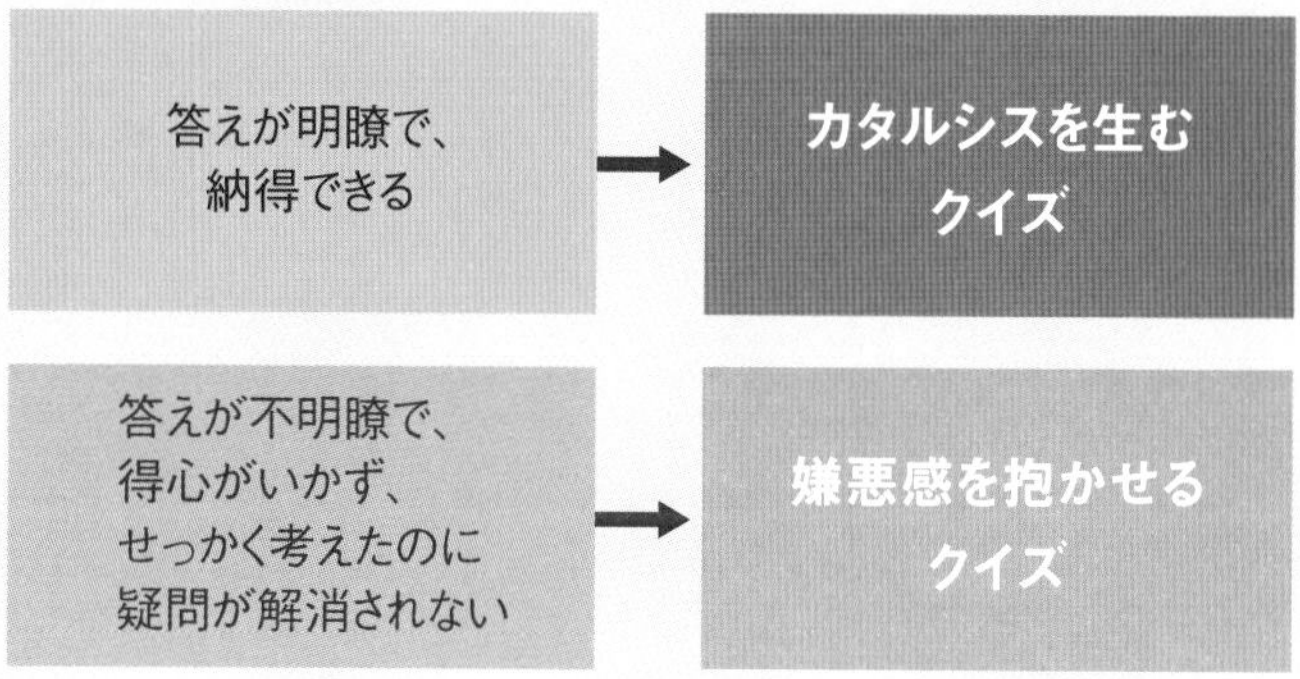

答えが明瞭で、納得できる	→	カタルシスを生むクイズ
答えが不明瞭で、得心がいかず、せっかく考えたのに疑問が解消されない	→	嫌悪感を抱かせるクイズ

フレンドリーな顔をした〈クイズ的なもの〉も、時として好まれないことがあります。テレビ番組などが該当します。もちろんクイズ番組だけではありません。日本の番組の作り方自体も、多分にクイズ的な要素を含んでいます。

たとえばワイドショーなどの情報番組。パネルをめくりながらクイズのように答えさせていく形式が目立ちます。バラエティやドラマ、ドキュメンタリーすら、「CMまたぎ」という形でクイズを強いてきます。「この後、一体何が!」という「出題」(=ヒキ)があり、1分30秒から2分間の「シンキングタイム」(=CM)が入り、「答え」が出る。この構造によって視聴者に次の展開を考えさせ、画面の前に止めようとする。まさにクイズ的と言えるのではないでしょうか。

　これら遍在する〈クイズ的なもの〉が忌避されるかどうかは、ひとえに「スッキリ感の有無」によるものです。クイズは、解答発表があって、答えに納得したときにこそ、カタルシスが生まれます。なんだか得心いかない、せっかく考えたのに疑問が解消されないようなパターンは失敗です。このような問題では、せっかくクイズを使っても相手に伝えたいことが伝わりません。

　企業によるクイズ活用や、〈クイズ的なもの〉の使用においては、これらの失敗が少なからず起こっているように思います。薬機法で縛られるような商品などは仕方ない面もあります。

　また、行政機関からのメッセージでも、あまり上手な活用を見かけません。これは題材の難しさに大きな要因があるでしょう。必ずしも面白みのある情報を伝えるわけではない行政広報においては、クイズと言えどもそのポテンシャルを発揮しきれないのです。

　こうした失敗例から学べることは、クイズというメディアで伝えられる情報のほうにこそ、答えたくなる、呼応したくなる大きな要因があるのではないかということです。メディアとしてのクイズが持つメッセージはそれを補強するものに過ぎない、というのが私の持論。実際、私のクイズ作家としての仕事時間は、アイデアを問題化する時間の数倍、題材探しに費やされています。

そしてそれは、クイズにかぎらず、あらゆる表現形式について同じなのではないでしょうか。表現形式に過度な期待を抱かず、内容とどれくらいマッチしているか、という視点を忘れないようにすべきです。誰にでも100%伝わる表現などありはしません。

2 伝わらないコンテンツに欠けているもの

さて、話を『QuizKnock』に戻します。Webメディアとして立ち上げてから1年ほどはアクセスが伸びず苦労したのですが、その苦境を脱したのは動画共有サイト「YouTube」とのシナジーによってでした。2017年にチャンネルをオープンしてから、YouTubeはクイズプレーヤーのナイスプレーを見て楽しむ場、Webは実際に解いて知識を得る場という棲み分けができ、ユーザーがそれぞれを行き来してくれるようになったのです。結果として『QuizKnock』ブランドのファンも増え、現在では多くの企業からコンテンツ広告の出稿をいただくまでになりました。

Webサイト『QuizKnock』

２０１９年に法人化し、２０２０年時点で三十数名の社員が在籍しています。コンセプトは「楽しいから始まる学び」。クイズや知的な遊びを通した学びの習慣化を達成し、我々が伝えたい情報をエンターテインメントを通して広めていくことを事業の目的としています。ＹｏｕＴｕｂｅやＷｅｂだけでなく、ゲームアプリやメディア出演、イベント開催など、メッセージに合った形での多面的なコンテンツを制作している会社です。

さまざまなコンテンツを展開してわかったことですが、ＹｏｕＴｕｂｅというメディアは数値データがつぶさに手に入り、情報伝達についての検証が非常にしやすいメディアだと思っています。人気・不人気の理由を、データに基づいて探り当てやすいわけです。当社でも多くの知見を蓄え、ほかのメディア運用にも応用することができました。

あらゆるコンテンツに共通することだと思いますが、「伝わらないコンテンツ」に欠け

サイモン・シネックのゴールデンサークル理論

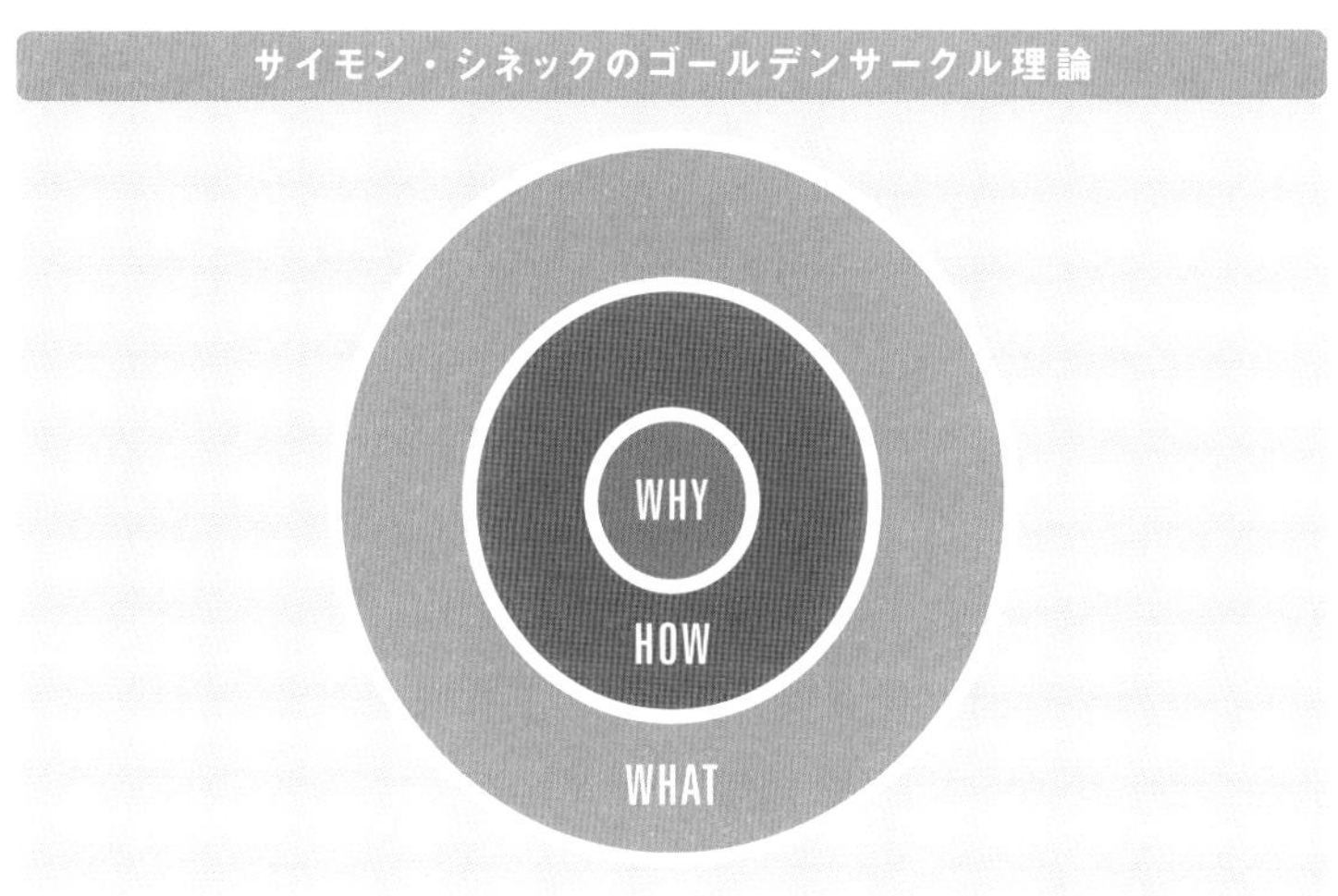

サイモン・シネック『Start With Why』を基に作成

ているもののひとつは、「ターゲットは誰か」という意識です。組織コンサルタントのサイモン・シネック氏が提唱したゴールデンサークル理論は、「Ｗｈａｔ（何を）」ではなく、「Ｗｈｙ（なぜ）」を示したときに人は動くと主張しています。コンテンツと組織は異なりますが、それでも確かに、「何を伝えるか」ばかりに執着したコンテンツは受容されない実感はあります。

しかし、「よし、『なぜ』があればいいんだな」で終わってはいけません。たとえば「なぜあなたにとって必要なのか」というメッセージを織り込むのであれば、「あなた」についても考える必要がある。「なぜ」のあとに来る部分も大切なのです。「あなた」という

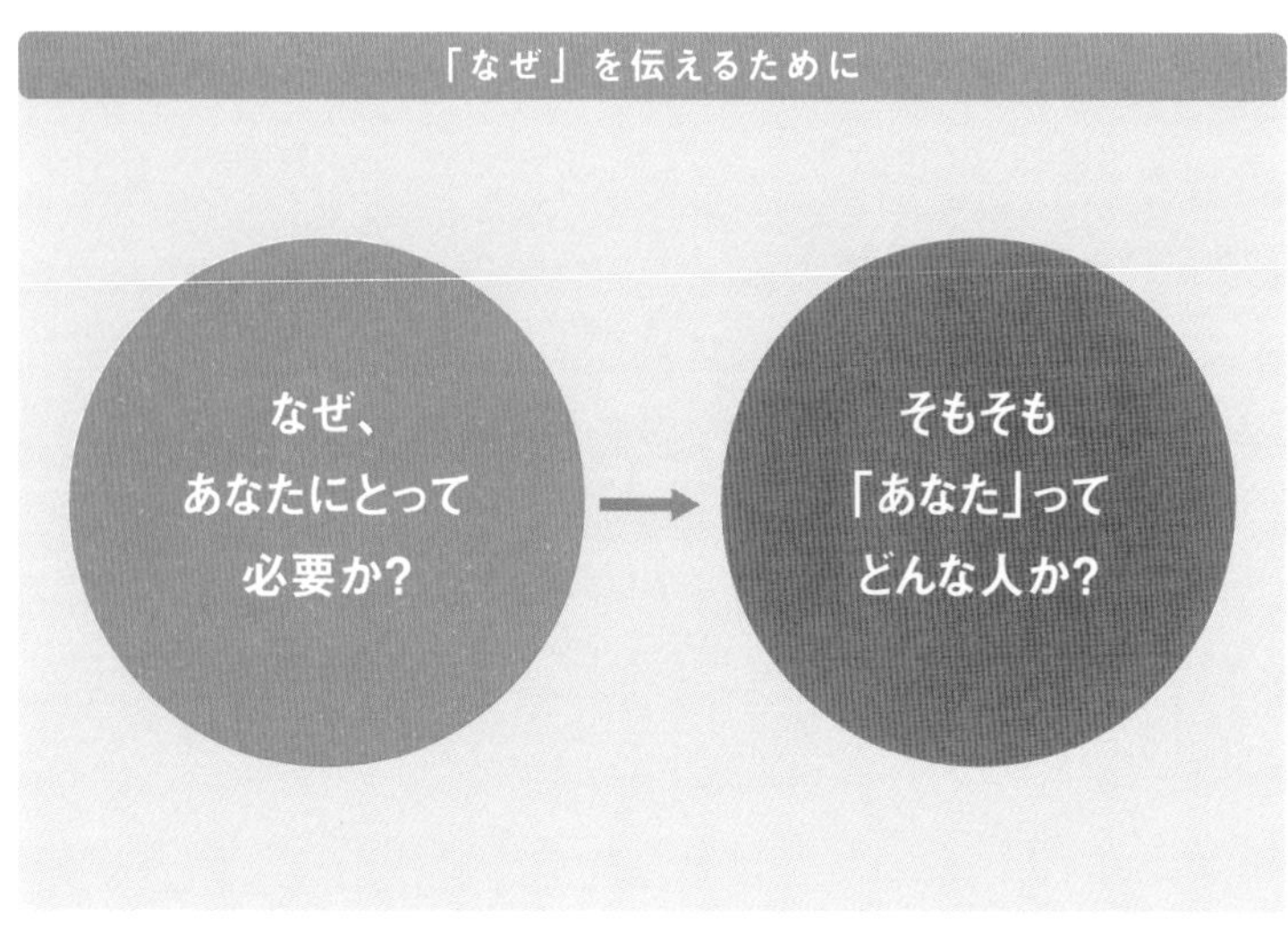

像をきちんと思い描けていなければ、「なぜか」もわからないはず。「なぜか」があっても伝わらないとすれば、「あなた」のほうが漠然としていて、結果、「なぜか」が響かないからです。

本書の背景となった「全世代型社会保障に関する広報の在り方会議」では、年金がテーマに上がりました。年金は、国民全員が関係するものです。しかし、年金のとらえ方や、抱かれる疑問は世代によってまったく違う。40歳代は「いつからもらえるのか？」「どれくらいもらえるのか？」という話かもしれないし、20歳代はまだもらう発想にはならない。「納める意味ってあるの？」というところから説明が必要なわけです。同じ20代でも家庭を築いて働いている人、学生の人、いろいろいます。その人のバックグラウンドが違えば物事へのとらえ方も当然変わってくるはずです。まさにここで言う「あなた」の部分が非常に多様なんですね。

となると、セグメントごとに異なるアプローチ、異なるコンテンツを通して情報伝達したほうが、満足度を高め、メッセージがより深く伝わるのです。もしターゲット層がつかめないのであれば、一度何かコンテンツをリリースしてみて、そこに反応した人をターゲットに定めてもいいでしょう。ＱｕｉｚＫｎｏｃｋがＹｏｕＴｕｂｅとＷｅｂメディアで生み出したシナジーもこの形でした。逆に言えば、それほどまでに「なぜ」のディテールが大切になるのです。

加えて、コンテンツの多様化が進む中で、選ばれるためにはユーザーフレンドリーであるとか、ユーザーが拡散したくなるような要素が必要になってきます。そういう意味では、「なぜ違和感なく見られるのか」「なぜ拡散したくなるのか」など複数の「Ｗｈｙ」を用意する必要がありますね。

伝達に使うメディアを選ぶ際も「Ｗｈｙ」が必要でしょう。「なぜＹｏｕＴｕｂｅなのか」という視点を持つならば、「出演者と、伝達する情報との相性次第で大きなリターンを得られる」ことがひとつの例です。

『QuizKnock』の過去の事例でいうと、BtoB企業との取り組みを積極的に行ってきた点がこの「Why」を生かしたものです。東京エレクトロン社とのタイアップでは、元素を使ったいろいろな遊びを通じて、科学教育に取り組む同社の姿勢をアピールしました。本来お硬いテーマである元素をモチーフにしたにもかかわらず、リリースした動画は軒並み再生回数100万回を突破。これはやはり「QuizKnock」という出演者が科学教育を伝達する存在として適切であった」「その視聴者層もまた、そうした情報を肯定的に受け入れやすかった」という要因によるものでしょう。チャンネル単位で性質が異なるメディアである、という点への理解が、YouTubeについての「Why」を満たすためには必要なのです。

こうしたメディアごとの性質について熟知し、使い分けることが、現在のマーケティングには求められると考えています。流行っているからYouTube連動、ではうまく行かないのです。

片や、私自身がコンテンツ制作者でもあるからこそ、作る側がもっと勉強しなければと思うことはいっぱいあります。そのコンテンツを配信し、広告主から高く評価されたとし

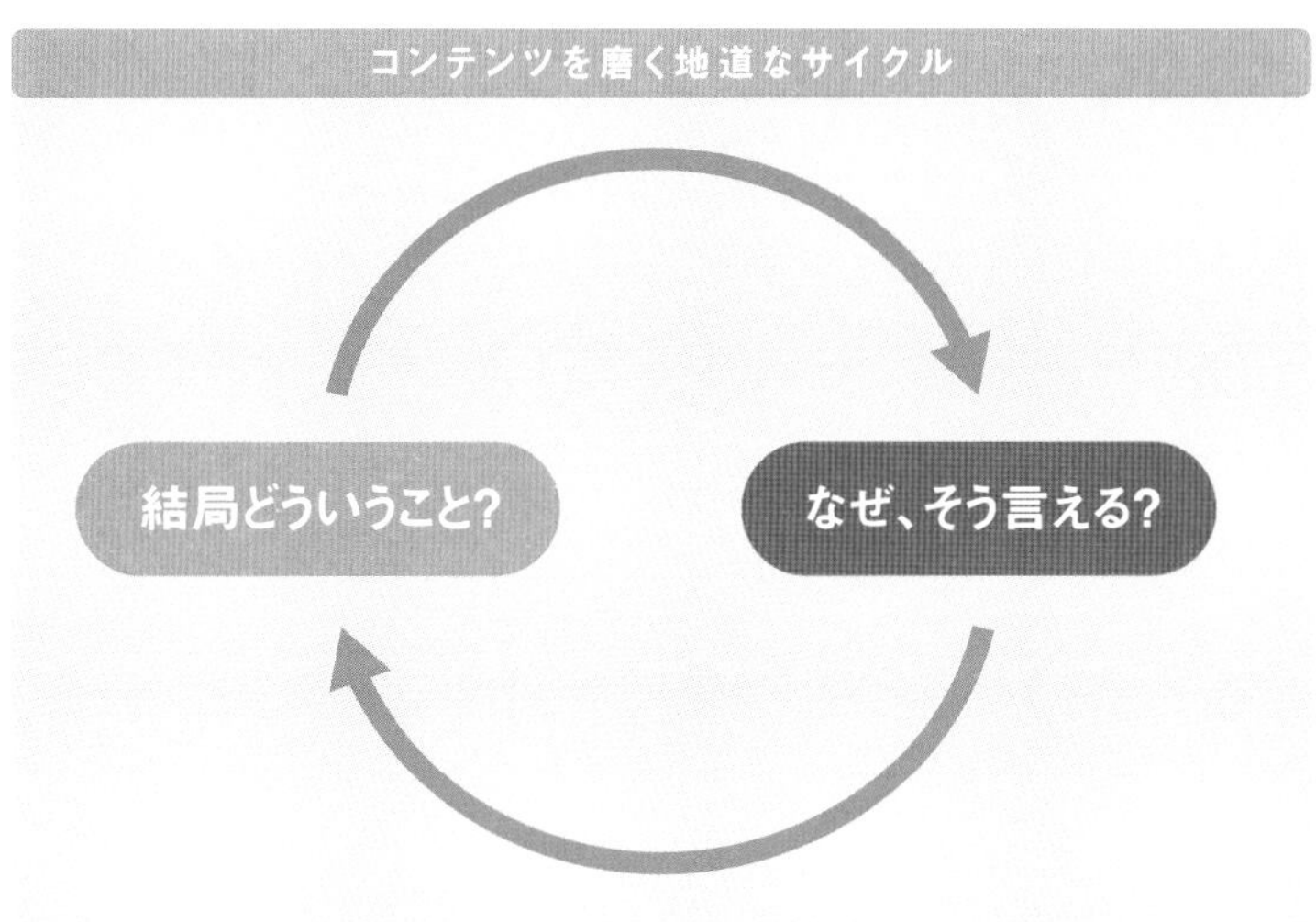

ても、離れてしまうファンが増える恐れもあるのです。逆もまた然りで、ファンが求めるものを作った結果として、広告主が求めることを十分に訴求できないことも起こり得ます。「なぜ我々がこの訴求をするのか」という視点を持ち続けていないと、コンテンツを作る側もチャンスを失うでしょう。

結局のところ、われわれは「川下」の人間なので、川上の人間に損をさせてしまうと、私たちも損をします。そこで求められるのは明確な上下関係ではなく、お互いがお互いのステークホルダーとして協業することです。伝えるべきメッセージについて、メディアがマッチしているのか、製作者がマッチしているのか、ターゲットは絞られているのか……

さまざまな「Why」を追い、その知見を製作者・依頼者間で共有し続ける必要があるのです。

そういう意味で、「So What?（結局どういうことなの？）」と「Why So?（なぜそういうことが言えるの？）」のくり返しで、お互いにコンテンツをブラッシュアップしていく地道な過程こそが、多様化する現代の広告コンテンツ、メッセージ伝達において求められるステップでしょう。

3 デジタルならターゲットのことがわかるのか？

YouTubeを介した伝達で苦労することをさらに挙げるのであれば、それは「コメント」のようなユーザーからの質的評価が存在する点です。しかも、その意見を検証することがほぼできないところにややこしさがあります。コンテンツの内容を非難する人が、もともと強固なバイアスを持っていて、私らのコンテンツではそれをどうやっても崩せなかったのか、それとも私たちの力不足で単純に良くないコンテンツだったのか——コメントの質を検証できないにもかかわらず、こうしたコメントはクライアントからの評価に影響を及ぼします。

後の評価において視聴者コメントを拾われる際に、「この人だけが言っているのに……」というような意見がピックアップされることもあります。さらに、再生回数の増加にともなって、数字としてとらえにくい質的な感想や本質からズレた感想があまりにも増えてしまったがために、目的を果たして達成できたのかどうかが確認しづらくなったケースも多くあると個人的に感じています。

基準値以上なら成功、以下なら失敗——この場合は、感情を挟む余地はありません。しかし、「再生回数はものすごく伸びたけれど、低評価も想像以上に多く、コメント欄ではそこそこ批判もありました」というケースでは、これを成功とするのか失敗とするのかの判断基準が曖昧になってしまうわけです。そのコメントを広告主がどう解釈するか。デジタル化を進めた結果、判断基準が増え過ぎて曖昧に判断するしかなくなるというのはなんとも皮肉です。一度広告コンテンツを作成したものの、「次もやりましょう！」とならなかったときに、どこで判断されたのかがクリエイターにとってもわかりにくく、不透明な面も生まれてきていると感じます。広告主が、ゴールとして再生回数が上がるならよしとするのか、ファン・コミュニケーションを高めることに重きを置きたいのか。少なくともその点については、事前共有や説明の場が必要になるでしょう。

デジタル化が進めば、ターゲットのことが何でもわかるようになるというのは、落とし穴です。むしろ、見えるようになったデータに基づいて、どのように人間が評価、解釈し、次の施策につなげていくか。判断する側のスキルこそ求められているのではないでしょうか。多様化した広告コンテンツを無意識に受け入れるのではなく、コンテンツごとに適切な使い方と評価軸を持っておく必要があるのです。

これまで4年ほど、『QuizKnock』というプラットフォームで数々の企業タイアップを実施してきました。YouTubeを活用したメッセージ伝達については日本有数の経験値が蓄積されているという自負が当社にはあります。とはいえ、手法も評価も移り変わるのがデジタルメディアの難しいところ。常にその性質を追究し、意図のあるコンテンツづくりを続けていかなければならないでしょう。今後も私たちならではのアプローチで、広告主との協業で伝えるべきメッセージを発信していきたいと考えています。

QuizKnock CEO

伊沢 拓司 いざわ・たくし

開成高校在学中に高校生クイズ連覇。東京大学在学中の2016年、「楽しいから始まる学び」をコンセプトに、Webメディア『QuizKnock』を開設。同サイトの編集長を務めるほか、登録者数150万人を超えるYouTubeチャンネル『QuizKnock』の企画・出演も担う。2019年には株式会社QuizKnockを設立し、CEOに就任。学校訪問から企業PR支援まで、マルチに活動するクイズプレーヤー。

おわりに

２０２０年から２０２１年にかけ、新型コロナウイルス感染症が猛威をふるった結果、働き方や生活様式が大きく様変わりしました。日本ばかりか、世界においても、ほとんどの人が初めて直面した危機において、多くの方が、見通しのつかない日々を送ることになったのではないかと思います。氾濫する情報の中から、適切なものを選び取り、よりよい意思決定を下すことがいかに難しいことか。コロナ禍以前から問題視されていたことではありますが、その難しさを痛感させられた事態であったのではないでしょうか。困ったときに支援を受けることは恥ずかしいことではなく、各種福祉制度もスティグマの解消に向けて拡充されてきていますが、人によってはまだ、ためらいが生じていることも事実と思われます。

本書の執筆時点では、まだ新型コロナウイルスとの戦いが続いています。それが収束すればすべての課題が解決するか、と言えば決してそうではありません。むしろ、「感染症のまん延を防ぐ」という至上命題の影に隠れていた、種々の問題に再び向き合うことになると考えたほうがよいでしょう。すなわち、私たち国民一人ひとりがそれぞれの意思決定を基に、幸福を追求していくという人生の道のりは、コロナ禍以前も以後も変わらないのです。

広報におけるデジタルトランスフォーメーション——広報DXの本懐は、めまぐるしく変わる社会情勢の中で、国民一人ひとりが正しいと信じる選択を下せるよう、支えることにあります。単なるデジタル化でもなければ、システムの効率化でもありません。利用者目線のわかりやすい表現方法を追求したり、情報にふれた人の態度や行動の変化を常に分析して絶えず改善を続けたりするのは、選択を支援するためにこそ、です。

国民一人ひとりが自らの意思で、適切な選択ができるよう、情報提供をする。それが積み重なるとどうなるかと言えば、社会全体の生産性や持続可能性の向上につながると私は考えています。個々人の私益にとどまらず、結局は公益に資するものなのです。

2021年5月には「デジタル庁設置法案」が成立しました。同年9月にはデジタル庁がスタートします。同庁に寄せられる期待はそのまま現代の日本が抱える課題の裏返しです。

「はんこ文化の去就」など、ふだん親しいものに注目が集まりですが、デジタル庁の大目的も、デジタル化による効率化にとどまりません。それは国家的なデジタル戦略と、その利活用において、世界に先がけて明確なフレームワークを策定し、成長ビジョンを描き出すことにあります。

米シンクタンク大手のブルッキングス研究所が、テクノロジー関連のグローバル企業の経営幹部158人にインタビューした結果によると、回答者の84％が、世界の電気自動車市場のトップ企業3社の本社は、中国に置かれることになると答えています。クラウドコンピューティング市場に目を移しても、やはり56％が同様に回答しました。実に半数以上が、グーグルやアマゾン、マイクロソフトのいずれかよりも上位の企業が、中国から出てくるであろう、そう予測しているわけです。

このように変化する世界の情勢の中で、日本が存在感を示すための土壌をいち早く整備しなければなりません。そういった期待も、デジタル庁には向けられていると私は考えています。

もちろん、その環境整備は日本の生活者と乖離した、先進的な企業だけが享受するものではなく、むしろ生活と地続きのところにあります。私たちの生活をよりよくする変化である、という視点を「デジタルトランスフォーメーション」の考えからなくしてはいけませんし、むしろ、その視点がなければ、世界に遅れを取ったままになるのではないかとも思うのです。

昨今はいわゆるＳＴＥＭ（科学、技術、工学、数学）人材が重要と言われますが、むしろ欧米で重視されるのは、テクノロジーの実装を担うＥＬＳＩ（倫理、法、社会課題）人材です。否、いつまでも文系、理系の壁にとらわれず、各分野で個々人がその能力を存分に発揮できる社会こそ、これからの日本に望まれることでしょうし、誰ひとり取り残さない気配りや思いやりにあふれたやり方こそ、日本が世界に打ち出せる、ＤＸの姿ではないかと考えます。

本書を手にとられた、実務に携わる皆さんがこれから起こしていく広報のデジタルトランスフォーメーションもまた、その一端を担うものになることを願ってやみません。

末文となりますが、本書の刊行にあたり、「全世代型社会保障に関する広報の在り方会議」の構成員である砂金氏、伊沢氏、岡田氏、河井氏、薄氏、田代氏、立谷氏、殿村氏、富永氏、森下氏、オブザーバーの佐久間氏ほか関係各位には貴重な議論と多大なるご協力をいただきました。編者として深く感謝いたします。同時に、私の首相補佐官在任中、秘書官として実務を担い、着実な仕事ぶりを発揮してくれた佐藤豪竜氏と原田耕太氏の二人と、厚労省の異才・菊地英明氏にも有益なアドバイスをいただいたことに深謝し、結びの言葉にいたします。

秋葉　賢也

宣伝会議 の書籍

広報の仕掛け人たち
顧客の課題・社会課題の解決に挑むPRパーソン

日本パブリックリレーションズ協会 編

いかに生活者の共感を呼ぶ企業、ブランドとして語られるかが問われるようになった現在、広報が負うべき新たな使命とは。2018年度PRアワードグランプリ受賞事例〈大和ハウス工業「名もなき家事」〉ほか、全11の事例を収録。

■定価1980円（税込）　ISBN 978-4-88335-501-3

新 プレスリリース道場
実例を見て学ぶ

井上岳久 著

プレスリリース作成の第一人者が厳選した、37本の優れた実例を収録し、学ぶべきポイントやノウハウを解説する。メディア採用の確度を上げるリリースを書くための、いますぐ使えるテクニックが満載。

■定価2090円（税込）　ISBN 978-4-88335-512-9

雑誌広告2・0

宣伝会議 書籍編集部 編

雑誌活用マーケティングの事例のほか、編集者がどのように読者インサイトをつかんでいるか、マーケターが雑誌をどう評価しているかについて取材。雑誌が持つ、コミュニティを形成する求心力の源とは。

■定価2420円（税込）　ISBN 978-4-88335-473-3

ステートメント宣言。

岡本欣也 著

近年、多くの企業が掲げる方針や約束、声明といった「ステートメント」に着目した一冊。プレゼンや社内プロジェクトのコンセプト策定など、さまざまなフェーズで求められる「ステートメント」の技法や考え方を公開する。

■定価1980円（税込）　ISBN 978-4-88335-517-4

宣伝会議 の書籍

言葉ダイエット
メール、企画書、就職活動が変わる最強の文章術

橋口幸生 著

なぜあなたの文章は読みづらいのか。理由は、ただひとつ。「書きすぎ」です。伝えたい内容をあれもこれも詰め込むのではなく、無駄な要素をそぎ落とす、「言葉ダイエット」をはじめましょう。すぐマネできる「文例」も多数収録。

■定価1650円（税込）　ISBN 978-4-88335-480-1

面白くならない企画はひとつもない
髙崎卓馬のクリエイティブ・クリニック

髙崎卓馬 著

時代の急激な変化に対応できず、何が面白いものなのかわからなくなってしまったクリエイターたちが増加。実際のクリエイター、宣伝担当者たちの企画を、丁寧に診察し、適切な処方箋をつくり、治療していくまさにクリエイティブのクリニック。

■定価1980円（税込）　ISBN 978-4-88335-457-3

なんだ、けっきょく最後は言葉じゃないか。

伊藤公一 著

電通で中堅コピーライターのための「コピーゼミ」を主宰していた筆者が説く、もう一段上のコミュニケーション力を身につける方法。言葉を使って人の心を動かしたい経営者やリーダーにも読んでもらいたい一冊。

■定価1760円（税込）　ISBN 978-4-88335-511-2

広告コピーってこう書くんだ！読本

谷山雅計 著

新潮文庫「Ｙｏｎｄａ？」や「日テレ営業中」などの名コピーを生み出したコピーライターである著者が、20年以上実践してきた〈発想体質〉になるための31のトレーニング方法を紹介する。宣伝会議のロングセラー。

■定価1980円（税込）　ISBN 978-4-88335-179-4

詳しい内容についてはホームページをご覧ください　www.sendenkaigi.com

宣伝会議 の書籍

事業構想型ブランドコミュニケーション
パナソニック100周年の理念と実践
竹安聡 著

松下幸之助の宣伝哲学から、経済的価値と同時に「社会的価値」をつくりだす、SDGsの取り組みまで。パナソニック創業100年の、ブランドコミュニケーションの歴史をひもとく。

■定価1430円（税込） ISBN 978-4-88335-498-6

アスリート×ブランド
感動と興奮を分かち合うスポーツシーンのつくり方
長田新子 著

草創期から数々のマイナースポーツとアスリートを支え、ともに成長を続けるレッドブル。〈アスリート支援の実際〉〈イベントを主催・協賛する際の留意点〉〈イベントを通じたコミュニケーションの切り口〉などについて、レッドブル元CMOが明かす。

■定価1980円（税込） ISBN 978-4-88335-497-9

未来の授業 SDGsライフキャリアBOOK
佐藤真久 監修／NPO法人ETIC. 編集協力 著

学校教材にも多数採用された子ども向けSDGsブック「未来の授業」シリーズ最新刊！　本書では「SDGs×ライフキャリア」をテーマに、4人の主人公がSDGsについて学習、体験し、自分たちの生き方を模索しながら成長していくストーリーを描く。

■定価1980円（税込） ISBN 978-4-88335-506-8

好奇心とイノベーション
常識を飛び越える人の考え方
坂井直樹 著

未来を見据えるコンセプター　坂井直樹が人工知能、アート、ビジネス、働き方、生き方についてイノベーションの最前線に立つ8名と対談。激変する世界を逞しく乗り切るヒントがここにある。

■定価1980円（税込） ISBN 978-4-88335-495-5

宣伝会議 の書籍

見通し不安なプロジェクトの切り拓き方

前田考歩・後藤洋平 著

工学的なアプローチでプロジェクトを成功に導く方法を解説した前著『予定通り進まないプロジェクトの進め方』の実践編。共通のフォーマットに基づく「仕組み」を活用し、未知で困難なプロジェクトを切り拓くための手立てを伝える。

■定価1980円（税込）　ISBN 978-4-88335-490-0

ブランデッドエンターテイメント　お金を払ってでも見たい広告

カンヌライオンズ審査員 著
PJ・ペレイラ 編／鈴木智也 訳・監修

プラットフォームが多様化し、視聴者の時間の奪い合いが熾烈化するいま、新たな広告手法として注目される「ブランデッドエンターテイメント」を解説。世界最大級の広告祭『カンヌライオンズ』の審査員らが豊富な事例と共に、考え方や構築の仕方を解き明かす。

■定価2420円（税込）　ISBN 978-4-88335-499-3

デジノグラフィ　インサイト発見のためのビッグデータ分析

博報堂生活総合研究所 編

ビッグデータを「新しいアイデア」を生み出すために使う「デジノグラフィ」。生活者の隠れた実態やインサイトの数々を紹介すると共に、生活者の欲求や変化を読み解く独自の手法とノウハウを、誰もが活用できる「10の技法」として公開。

■定価2035円（税込）　ISBN 978-4-88335-510-5

マーケティングのデジタル化　5つの本質

横山隆治・築島亮次・榮枝洋文 著

マーケティングのデジタルトランスフォーメーションとは、デジタルを活用して構造改革を起こすこと。ビジネスの変化をとらえる5つのポイントを通じて、DXを推進するためのヒントを紹介する。

■定価1760円（税込）　ISBN 978-4-88335-474-0

広報DX
次世代の社会を担う
情報発信の新指針

発行日　2021年6月28日 初版

編著者　秋葉賢也
発行者　東彦弥
発行所　株式会社宣伝会議
〒107-8550
東京都港区南青山3-11-13
TEL. 03-3475-3010(代表)
https://www.sendenkaigi.com/

ブックデザイン　ベルソグラフィック
カバー・帯・本文使用画像　shutterstock.com
印刷・製本　精文堂印刷株式会社

ISBN978-4-88335-518-1C2063